世界政坛传奇女子

为权力而生

华　云◎著

时事出版社

序

她们都是心中有风景的女人

人们总是渴望着能从那些逝去的过往中汲取智慧。在人类的历史中，但凡有男人建立功勋的地方，就总能见到历史在女人面前转弯，这就是天性赋予女人的神奇力量。

在历史的卷宗中，在那些王侯将相的背后，总有那么一些女人是格外引人注目的，她们美丽，她们智慧，她们柔情似水，她们权倾天下。她们用恢弘大气的手笔写就自己心中的景色，她们在政坛上像男人一样纵横捭阖，显赫一时，荣光无限。她们有的是母仪天下的王妃，有的是开疆辟土的女皇，有的是独立于当今政治舞台的女强人，有的是曾经缔造辉煌时代的历史人物，她们是优秀而杰出的。

她们是骄傲的仙姝，是世人永远也读不完的故事，在属于她们的时代，她们使自己成为宇内唯一，在人类的历史上留下了浓墨重彩，她们的功绩不输男儿，她们创造了辉煌的朝代，实现了作为个体的最大化价值，她们留下的故事，值得后人永远铭记。

她们的美貌、她们的野心、她们的身世和她们的故事，都是茫茫历史长河中，久经磨洗并被留存下来的。她们巾帼不让须眉，即使经历了千载百年，那些曾经的辉煌也依旧被人们所称道。

伊丽莎白一世女王，是英国都铎王朝最出色的君主。她以柔弱的身躯，担起了一个泱泱大国的责任与命运，将英格兰从贫穷积弱的国家治理成为一代新的海上霸主，让整个欧洲都为之侧目，可是自己却终身未嫁，被尊称为“童贞女王”。

叶卡捷琳娜大帝，她是俄罗斯历史上唯一一位被与伟大的彼得大帝相提并论的女性统治者，也许也是世界历史上唯一一位被冠以“大帝”这般荣耀的女性君主。她是德意志的公主，全身上下没有一滴俄罗斯人的血液，却成为了俄罗斯最英明的一代女皇。她聪明睿智，美貌动人，风流多情，她无疑是一位杰出的女子，也是一位杰出的君王。

维多利亚女王，带着神奇的预言降生，在威廉国王身后执掌英国汉诺威王朝。在她统治时期，英国政治清明，国家富庶，自由资本主义由方兴未艾转向极度的鼎盛，她一手缔造了威名赫赫的日不落帝国，千秋万世被子民们称颂。

撒切尔夫人，被称为英国的“铁娘子”。她在世界的政治舞台上周旋，带领英国走出了政治困境，提高了英国的国际地位，给混乱处带来和谐，错误处带来真实，怀疑处带来信任，沮丧处带来希望。

伊丽莎白二世女王，是英国温莎王朝的掌门人，她在与都铎王朝的伊丽莎白女王同龄的时候，服从命运的召唤，在异国的土地上成为英国女王。她从未辜负英国民众的期许，一直兢兢业业地守护着英国，直至今天。

希拉里，本是前美国总统克林顿的夫人，她与丈夫的感情磕磕绊绊地走过半个世纪，她认为自己不仅仅应该是第一夫人，她的肩上背负着祖国的重担，所以她一直在为此奔走，并以自己的个人魅力，在世界政坛上掀起了经久不息的波澜。

朴槿惠，是韩国历史上第一位女性总统。她一生中经历的大起大落令人惊叹，但是她始终独立于风雨，将全部的身心都献给了自己的祖国和人民，却一生没有子嗣。她是一位有着太多传奇经历的女子，她在政坛上，有着永远独特的风姿与光芒。

默克尔，是德国历史上第一位女总理，被称为德国的“铁娘子”。她是一位来自民主德国的普通物理学家，在德国统一后迅速“崛起”，成为叱咤风云的政坛明星。2013年，默克尔稳健地迈入她执政的第三个任期。

赖斯，是美国的第一位黑人国务卿。她成长在民族仇恨与民权斗争的漩涡中，却能跨越重重障碍，让自己一步步走进白宫，走上权力的巅峰。

她们都是过去或者当代历史上赫赫有名、巾帼不让须眉的女强人，她们用自己的行动和作为诠释了女人的价值，她们与男人同列在世界的舞台上，像花儿一样绽放，像太阳一样燃烧，一刻不停地展示着属于自己的独特魅力。

她们是优秀的女人，她们是永恒的风景，她们让历史在自己面前转弯。

目录
Contents

维多利亚女王：欧洲的“祖母”

撒切尔夫人：比男人还强悍的第一位女首相

伊丽莎白二世：
从迷人公主到模范女王

希拉里：
为政治而生，为权力而活

朴槿惠：
“嫁给韩国”的传奇女人

默克尔：
欧盟的宠儿，德国的骄傲

赖斯：
荣耀说不尽，哀愁道不完

伊丽莎白一世

与国家和权力终身为伴

伊丽莎白一世女王，堪称英国历史上的一个传奇。她是英国历史上最伟大的一位帝王。她终身未嫁，因此被称为“童贞女王”，却以自己柔弱的肩膀担起了一个泱泱大国的责任与命运。

伊丽莎白·都铎，是英国都铎王朝的最后一位女王，她在位期间勤政爱民，不仅成功地保持了英格兰的统一，还使当时的英国在政治、经济、文化等各方面都达到顶峰，成为当时欧洲最强大的国家，将当时落后于世界的英国带入了威名赫赫的“黄金年代”，也为后来维多利亚女王开创“日不落帝国”打下了坚实的基础。

伊丽莎白女王在继承王位之前，一直生活在素有“血腥女王”之称的姐姐玛丽女王的统治之下，玛丽女王去世后，妹妹伊丽莎白成为继承人。在继位初期，英格兰的政治势力错综复杂、政治局势较不稳定，为了维护英格兰的统一和国家利益，不使英国成为其他国家的附属品，她拒绝了所有欧洲强国王室和贵族们的求婚。为了缓和国内天主教贵族和新教贵族之间的矛盾，她没有选择任何人做自己的夫婿，而是说出了那句震惊世界的话——我嫁给了英国，以自己的婚姻幸福，换来了英国国内较为长久的稳定。

都铎王朝从亨利八世起开始进行宗教改革，其主要内容包括：1534 年颁布的《至尊法案》，断绝英国教会在行政和经济上与罗马教会的联系，规定国王为英国最高统治者，拥有任命教职、召开教会、审查教规的权力；保留天主教的教阶制度、教义和仪式；没收修道院财产归王室所有。这是在欧洲三大思想解放运动（文艺复兴、宗教改革、启蒙运动）中起承前启后作用的宗教改革的很重要的一部分，在一定程度上解放了人们的思想，加强了世俗王权，符合当时新兴资产阶级发展的需要。

但是在信奉天主教的玛丽女王执政期间，新教受到压迫，天主教得到空前的发展，几乎回到宗教改革之前的天主教统治时代。玛丽女王去世后，伊丽莎白女王继续进行宗教改革，为了巩固自己的统治地位，女王一方面推行宗教改革，一方面又要时刻平衡天主教贵族与新教贵族之间的利益，缓和他们之间的矛盾。她极力推崇新教，但是也给予天主教发展空间，为以后英国的政治稳定、经济和文化的繁荣提供了基础。

在军事上，伊丽莎白女王统治下的英国，从当时欧洲一个弱小的国家逐渐发展壮大，甚至打败了当时横行世界的西班牙国王菲利普的“无敌舰队”，并取代西班牙，成为新的“海上霸主”。

在经济上，伊丽莎白女王鼓励海上贸易，纵容甚至是指使、资助海盗进行海上掠夺（这也是引发英荷海战、英西海战的导火索之一），这为英国积累了大量的财富，著名的海盗德雷克就是这一时期海盗的代表。同时，在这一时期，英国开始了早期的海外殖民和掠夺，建立了英国在美洲的第一块殖民地——弗吉尼亚。“弗吉尼亚”意为处女地，相传是为了对英国的童贞女王表示敬意，才如此命名。英国从这里开始，掀起了跨欧、非、美三大洲的“三角贸易”，这一切都为英国积累了大量的财富，为英国资产阶级的崛起提供了大量的原始资本积累，为后来英国的资产阶级革命、工业革命以及成为世界霸主的“日不落帝国”奠定了坚实的基础。

伊丽莎白一世女王统治的时期，处于欧洲文艺复兴末期和宗教改革初期，稳定的政局、开明的政治、开放的文化，使英国迈入了“巨人时代”，涌现出许许多多诸如但丁、达·芬奇、米开朗琪罗等文艺巨匠，威廉·莎士比亚和弗朗西斯·培根等文化巨擘也诞生于这个时代。他们的出现，成就了英国多姿多彩的文化格局。

总的来说，伊丽莎白一世女王统治之下的英格兰是一个积淀的时代，一个转折的时代，也是一个全力喷发的时代。这个时代的海上贸易和殖民掠夺都为英国积累了大量的资本，开放开明的文化政策，使英国在文化方面也攀升至一个历史的高度上，这都得益于伊丽莎白女王的英明统治，她的时代，注定就是一个伟人、永恒的时代！

家世身份：幼年丧母的不幸少女

伊丽莎白一世，于 1533 年 9 月 7 日，出生于英国格林威治的普雷森希宫，她的父亲是都铎王朝的君主亨利八世，母亲是亨利八世的第二任王后安妮·博林。

1509 年 4 月 21 日，18 岁的亨利八世即位成为英国国王。刚刚登上王位的亨利是一位体格健壮、身材修长又活力四射的美男子，而且他擅长骑马、打猎等体育活动，很长一段时间内被视为全英国最具有阳刚之气的男人，也让无数女人为之心生爱慕。

但是作为英格兰的国君，他当然不会长期地甘于寂寞。1509 年 6 月 11 日，亨利八世成为国王还不满两个月，他就结婚了。因为亨利八世是一个传统的信仰天主教的君主，所以他迎娶的妻子也是天主教国家西班牙的公主凯瑟琳。

凯瑟琳嫁给亨利的时候，年方 24 岁，她出身尊贵——她的父亲是西班牙阿拉贡君主费尔南德二世，母亲是西班牙卡斯蒂利亚的女王伊莎贝拉，也正是他们两人的结合，才完成了西班牙王国的统一。

这样的父母和家庭对凯瑟琳的影响自然是非常大的，所以凯瑟琳也是一个传统而虔诚的天主教徒，天主教的信仰伴随了凯瑟琳的一生。凯瑟琳公主的父亲和母亲，都是雄才大略的西班牙君主，所以凯瑟琳从幼年开始，就受到宫廷良好的教育。她的父母不满足于统治偏安欧洲西南一隅的西班牙，而希望把西班牙变成世界上最强大的国家，在当时那个以婚盟论情谊的欧洲，美貌的女儿凯瑟琳自然成了费尔南德和伊莎贝拉手里最有力的一颗棋子。

出生在欧洲王室的王子公主们，他们不仅仅有尊贵的地位和奢华的生活，他们身上还背负着在各国王室之间联姻的重任。所以，要想成为一位体面合格的国王或者王后，王子公主们必须从幼年开始就接受教育，刻苦学习，凯瑟琳公主亦是如此。也正因为如此，在亨利八世一生所娶的六位王后之中，凯瑟琳无疑是最为出色的一位，她的政治素养和文化水平都要高于亨利的其他五位妻子，即使是在极端困苦的时候，她仍然极力保持着自己作为王室公主的尊严和体面，不屈不挠地坚持着自己的信念，这与她自幼接受良好的天主教教育也是有关系的。

凯瑟琳虽然是亨利八世的第一位王后，但亨利八世却并不是凯瑟琳的第一任丈夫。凯瑟琳的第一任丈夫是亨利七世国王在位时的英格兰王储阿瑟。

1501 年 11 月 14 日，凯瑟琳公主嫁给了英格兰王储阿瑟，婚礼在英国的圣保罗大教堂举行。阿瑟是当时的英国君主亨利七世的长子，也是英国王位继承人中最具有优先权的一位。但在举行婚礼的时候，出现了耐人寻味的一幕，牵着新娘的手走上红毯的并不是凯瑟琳的新婚丈夫阿瑟，而是阿瑟的弟弟亨利。有人说这早就意味着凯瑟琳最终还是会嫁给亨利，但实际上，凯瑟琳与阿瑟的婚姻完全就是一桩政治联姻，阿瑟王子比凯瑟琳小一岁，而且身体羸弱多病，显然不是一个合适的丈夫，但是阿瑟作为英国君主亨利七世与约克公主伊丽莎白的长子，毋庸置疑地成为都铎王朝的第一顺序继承人，所以凯瑟琳公主嫁给阿瑟，能有力地巩固英格兰与西班牙的同盟关系，使当时英国的都铎王朝和西班牙的特拉斯塔玛拉王朝可以毫无顾虑地联手对付他们的劲敌法国。除了政治，凯瑟琳和阿瑟的婚姻几乎毫无意义。

婚后不久，阿瑟王子以威尔士亲王的身份，与王妃凯瑟琳被派到威尔士边境的拉德洛城堡，代表英王统治那里。拉德洛城堡坐落在一个气候寒冷潮湿的地方，而王储夫妇又是在隆冬时节造访那里的，这给他们的生活带来了不少麻烦。更加不幸的是，他们去了拉德洛不久之后，城中疫病流行，凯瑟琳和阿瑟都被传染了，凯瑟琳后来痊愈了，但是身体本来就虚弱的阿瑟却在1502年4月2日不治身亡。

这一年，王妃凯瑟琳仅仅17岁，还处在女人最美的花样年华，就成了失去丈夫的寡妇。阿瑟王子一死，英国王位的继承权顺理成章地就落在了阿瑟的弟弟亨利手里。

威尔士亲王去世，那凯瑟琳的王妃身份自然也就有名无实，一夕之间，凯瑟琳的未来变得扑朔迷离。按照费尔南德国王和伊莎贝拉女王的意思，当然希望女儿能重新回到西班牙，但是英王亨利七世却不这么认为，他认为凯瑟琳是自己在政治上的一个重要筹码，何况她嫁到英国还没有多久，作为王室公主的大批嫁妆还在路上没有运过来，如果因为王储去世，就这样放她回西班牙，他的如意算盘岂不是落空了，于是亨利七世知会西班牙君主，希望凯瑟琳王妃能继续嫁给继任的英国王储亨利为王妃。

对于这个提议，费尔南德国王和伊莎贝拉女王表示同意，但这还不够，凯瑟琳和亨利要想结为夫妻，必须要得到天主教罗马教廷的准许。按照《旧约·利未记》中的记载，作为弟弟，如果娶了自己兄长的遗孀，将会受到上帝的惩罚，这个惩罚就是他们不会生育子嗣。

但这一条记载里面有一个隐藏条文，就是所谓夫妻关系的成立，必须是在夫妻二人存在性关系的基础上，如果两个人始终没有发生性关系，这一条可以不成立。也就是说，倘若阿瑟和凯瑟琳没有发生过性关系，那亨利娶凯瑟琳就不存在以上问题。

于是一个重要的问题被提出来了，就是英国前王储阿瑟与凯瑟琳王妃到底有没有圆房。英国人当然认为他们已经是名副其实的夫妻了，因为中世纪贵族 15 岁之前结婚是再正常不过的事了，阿瑟王储怎么可能在结婚后的六个多月中都没有碰过凯瑟琳呢？如果他真的没有碰过凯瑟琳，那就只能说明阿瑟在生理方面有问题。英国人当然不能允许西班牙人这样丑化自己的王储，他们甚至搬出凯瑟琳早逝的兄长胡安作为例子，力证阿瑟与凯瑟琳是名副其实的夫妻，胡安正是在结婚后的六个月中，因为过度纵欲导致身体虚弱最终身亡的。但是凯瑟琳王妃身边的女官们却坚决否认这种说法，她们坚持说，在王储去世时，王妃凯瑟琳仍然是处女之身。

但真正的裁决权还是在罗马教廷手里，只要罗马教廷出面颁布法令说明阿瑟和凯瑟琳没有圆房，那谁也无法推翻这一说法，亨利和凯瑟琳也就能名正言顺地结为夫妻。

当时的罗马教廷也自身难保，因为法国已经侵入意大利，在法国的节节胜利之下，他们开始对罗马教廷的领地虎视眈眈，所以罗马教廷此刻只能投靠英国，祈求英国王权的帮助。因此，教皇对英国和西班牙的联盟大加鼓励，在第一时间送上了特许凯瑟琳重新结婚的法令。

拿到了教皇的特许令，年仅 12 岁的亨利王子便向 18 岁的寡居嫂嫂凯瑟琳求婚，两人在 1503 年 6 月正式订婚，凯瑟琳再次成为威尔士王妃。这当然是一个皆大欢喜的事情，所以也没人继续纠结凯瑟琳和阿瑟究竟有没有圆房的问题了，但此时没有人知道，日后，这个问题还是成了一个重要的砝码，左右了英国历史的进程。

当时亨利与凯瑟琳虽然已经是名正言顺的未婚夫妻，但是当时亨利王子尚未成年，所以不能结婚，必须等到两年后也就是他长到 14 岁的时候才能正式大婚，迎娶王妃凯瑟琳。

世事无常，1504 年，凯瑟琳的母亲伊莎贝拉女王去世，继承卡斯蒂利亚王位的是凯瑟琳的姐姐胡安娜公主。但是胡安娜公主患有精神疾病，所以接管卡斯蒂利亚政权的是她的丈夫——奥地利哈布斯堡王室的王子菲利普。本来因为费尔南德国王和伊莎贝拉女王是夫妻，所以在卡斯蒂利亚的领土上，费尔南德也拥有很大的权利，但是伊莎贝拉女王一死，费尔南德就失去了在卡斯蒂利亚的政权。对此他当然不能善罢甘休，于是决心与自己的女婿菲利普一争高下。直到 1506 年菲利普暴病而死，费尔南德才又重新掌握了对卡斯蒂利亚的统治权，但是他没有活下来的儿子，又不愿意把王位传给有着哈布斯堡王室血统的外孙，于是他迎娶了自己同父异母的姐姐、纳瓦拉女王埃莉诺的孙女热尔曼娜·德·富瓦为妻，希望她能为他生一个继承人。

就这样，费尔南德全心应付着西班牙王权的争夺战，根本无心关注在英国地位尴尬的女儿，甚至连最初凯瑟琳嫁给阿瑟时许下的丰厚嫁妆也懒得支付了。这让英王亨利七世非常愤怒，终于在 1504 年，宣布取消亨利王子与凯瑟琳的婚约。

就这样，凯瑟琳以既不是王妃又不是公主的尴尬身份在英国继续生活了五年，亨利七世减少了凯瑟琳的衣食，降低了她的生活标准，并且声称凯瑟琳之所以还能在英国生活下去，完全是来自于他仁慈的施舍。对于这样的境遇，凯瑟琳多次给父亲写信请求帮助，但费尔南德一律置之不理，凯瑟琳没有办法，为了生计，身为西班牙公主的她只能带领宫女们刺绣裁衣以换取可以维持温饱的生活用度。令人敬佩的是，即使在这样艰难的处境里，凯瑟琳仍然保持了一位公主应有的体面和尊严，坚定从容地与形形色色的人周旋。

在当时的英国宫廷中，有一个所有人都心照不宣的秘密，那就是王储亨利实际上是喜欢美丽的凯瑟琳公主的，只是迫于父王的威势，不敢公开表现出来而已。1509 年 4 月 21 日，亨利七世驾崩，亨利王子即位成为亨利八世。他即位后的第一件事，就是迎娶心仪许久的西班牙公主凯瑟琳。同年 6 月 11 日，亨利八世国王与凯瑟琳公主成婚。这个皆大欢喜的结局不但符合了都铎王朝的利益，而且也使两颗互相爱慕的心走到了一起。不久，凯瑟琳就怀孕了，但是很不幸，她没有顺利诞下孩子，而是流产了。

接下来的几年中，凯瑟琳王后也频频怀孕，但是没有一个孩子能成功地活下来，他们不是胎死腹中，就是幼年早夭。1511 年，她为丈夫亨利八世生下了康沃尔公爵亨利，但是这个孩子只活了一个多月便夭折了。1514 年，凯瑟琳再次生育了一个男孩，可是他也一样没能活下来。1516 年 2 月 18 日，凯瑟琳和亨利终于诞下了一个健康的孩子玛丽公主，但她只是个女儿。

作为西班牙的公主，凯瑟琳毋庸置疑是一位出色的王后，但仅仅是在政治上。在王后的另一个重大职责——为宗室诞育继承人方面，凯瑟琳无疑是失败的。她多次受孕，多次生产，却只有女儿玛丽成功地活了下来。所以凯瑟琳将自己全部的心血都倾注在了女儿玛丽身上，把她当作未来真正的英国的女王在培养。

但在当时的英国，一直到亨利八世即位，英国历史上还没有出现过女王。所以亨利八世自然担心玛丽这个柔弱的公主，是否有能力应付王座之下那些虎狼一般的目光。与此同时，虽然王后凯瑟琳膝下无子，但宫中的女官伊丽莎白·勃朗特却为亨利八世生育了一个儿子，亨利八世欣喜若狂，加封这个私生子为里士满公爵。里士满公爵虽然是亨利八世的亲子，但毕竟不是正统出身，在继承权上，第一顺序的继承人依然是玛丽公主。1525年，亨利八世在经过思虑之后，还是把玛丽公主送到了威尔士边境的拉德洛城堡，这代表着国王默许玛丽成为王位继承人。

此时，虽然亨利八世已经有了儿子，但是他还是非常头疼，因为儿子虽好，却是私生子，欧洲王室最重正统，传位给私生子会给贵族们留下叛乱的口实，但传位给女儿，亨利八世又担心玛丽无法很好地统治这个国家。而且这一年，王后凯瑟琳已经40岁了，不仅丧失了生育能力，而且韶华已逝，但亨利却正值34岁的精壮之年，所以他到处留情，露水情缘数不胜数。伊丽莎白一世的母亲安妮·博林就是在这样的情况下被亨利八世临幸的。

安妮·博林还有一个姐姐玛丽·博林，姐妹俩于1522年进入英国宫廷，成为服侍王后凯瑟琳的女官，也成为国王的众多情妇之一。亨利首先看上的是安妮的姐姐玛丽，玛丽也十分乐意成为国王的女人，甚至有传言说她也为亨利八世诞育了一对儿女。而历史上，玛丽也确实有一对儿女，但这一对儿女从来都没有得到过国王的承认，并且没过多久，国王就厌弃了玛丽·博林。

玛丽失宠后，国王爱上了她的亲妹妹安妮·博林。安妮·博林虽然在姿色上没有姐姐美丽动人，但她的头脑要比玛丽灵活千万倍。她知道如何运用自己的言辞、神情、手势、舞姿和服装来展示自己的魅力，这样的一个女人很快就得到了国王的爱慕和追求，亨利认为安妮是一位美貌、高雅又充满风情的女人。对于国王的求爱，安妮·博林没有像姐姐那样迅速地应允他的追求，而是反复吊着国王的胃口，对于国王写给她的那些情书，安妮或者不回复，或者模棱两可地回复，让亨利的征服欲大增，下定决心要安妮成为自己的女人。

安妮就这样把亨利的胃口吊到了 1526 年，亨利受不了了，于是明确地问安妮是否愿意成为他“唯一的情人”，这一次安妮答应了，但她是有条件的，她明确地告诉国王，自己很愿意与国王相爱，但是不愿意做他的情妇，如果国王真的爱她，就娶她做妻子，这样她才能把自己的身和心全部奉献给国王。

安妮·博林的最后通牒，让亨利不得不正视自己的婚姻。无疑，他是爱过凯瑟琳的，但是凯瑟琳始终无法给他诞育一位名正言顺的男性继承人，这一点让亨利十分烦恼，但如果要离婚，按照天主教的规定，是不被允许的。何况亨利与凯瑟琳的婚姻，已经维持了近 20 年，就算凯瑟琳不能生育，至少他们还是有着深厚的感情基础的。

对当时的亨利来说，一个是对男性继承人的渴求，一个是对得不到的安妮·博林心痒难耐，所以深思熟虑之后，亨利还是决定结束和凯瑟琳的婚姻。虽然天主教不允许离婚，但是亨利指出，凯瑟琳王后之所以多年不能为自己生育儿子的原因，应该就在于《旧约》中规定的那样——弟弟不能娶兄长的妻子，不然就会受到上帝的惩罚，这个惩罚就是他们将没有子嗣。而凯瑟琳原本是亨利兄长阿瑟的王妃，亨利娶她是一个错误，所以不能一错再错，必须离婚。

1527 年，亨利与凯瑟琳正式分居。但是凯瑟琳不同意离婚，她坚持声称自己虽然先嫁给了阿瑟王储，但是六个月中始终不曾与阿瑟有过夫妻之实。最后，在无奈之下，国王与王后只好对簿公堂。1529 年 6 月，在教廷的审判中，国王刚刚陈述完要求离婚的理由，凯瑟琳王后突然站起来，走到国王面前跪下，请求说：

“陛下，请看在我们之间曾有的[illegible]的爱恋，以及上帝的爱，请让我拥有正义和应得的权利。请赐予我一些怜悯和同情吧。我不过是个可怜的女人，还是个来自异乡的外国人……陛下，我哪里冒犯了您？哪里招致您的不满，让您竟想把我赶走？凭上帝和世人为证，我一直都是您忠诚、恭顺、谦卑的妻子，从来都是顺从您的心愿，满足您的快乐……二十年来，我一直是您忠诚的妻子。通过我，您也曾拥有过许多孩子，尽管上帝都收回了他们的生命。但那毕竟是上帝的旨意，我并没有任何过错。当初你我成婚时，我请求上帝见证、裁决，我仍是处女之身，未被任何男人染指。至于这一点是否属实，我希望您凭良心做出决断……”

但此时亨利已经铁了心要同凯瑟琳离婚，于是他坚决否认凯瑟琳与自己成婚的时候仍是处女，只是说当初因为自己对她一往情深，才没有过于在意这一点。

那个时候，亨利对安妮·博林的渴望已经达到了极点，但是安妮·博林坚持说，必须明媒正娶之后，才能将自己奉献给他，所以亨利只能不念旧情，坚决要与凯瑟琳离婚。1531 年，王后凯瑟琳彻底被罢黜，国王要求她离开宫廷。与此同时，安妮·博林被国王册封为彭布罗克女侯爵，并被允许佩戴王后专属的珠宝。

1533 年年 6 月 1 日，在威斯敏斯特大教堂，安妮·博林正式被加冕为王后，从此成为被教廷和英国承认的英国王后。

在凯瑟琳王后被废、安妮成为国王未婚妻身份被公开之后，安妮接受了国王的求欢，并且迅速地有了身孕。行加冕礼的时候，安妮的身孕已经五个月了。

此时一切已尘埃落定，安妮成了王后，她的父亲被封为威尔郡伯爵，还进入了枢密会；她的舅舅获得重用；她的支持者深得国王的信任。她只需要安心等待自己的孩子出生就可以了。安妮坚信自己肚子里的孩子是个小王子——国王、医生、占卜者、星象家、女官，都相信她会生下王子。亨利连宣布王子出生的布告都准备好了，他沉浸在巨大的喜悦中，只等待孩子呱呱坠地了。

1533年9月7日，亨利和安妮的孩子出生了。但安妮还是生了一个女儿，这个女儿就是伊丽莎白公主。

面对这个孩子，亨利和安妮都感到深深的落寞和失望。但亨利还是为这个孩子举行了隆重的典礼，接着是为新生的公主安排服侍的女官人选，此时亨利还在爱恋着安妮，所以依照安妮的意思，亨利与前王后凯瑟琳的女儿玛丽被剥夺了王位继承权，并且被列入了服侍伊丽莎白公主的名单之中。安妮以这种办法，来讨回自己作为侍女服侍凯瑟琳王后的十年时光。

因为前王后凯瑟琳的被废，原本地位尊贵的玛丽公主成了安妮·博林的阶下囚，新颁布的继承法案指出她为私生女。安妮王后对待玛丽非常恶毒，常常辱骂她是“不要脸的私生女”。

这样的遭遇对于玛丽来说当然是十分痛苦的，为了维护自己的尊严，她拒绝承认那荒唐的《继承法案》，甚至在写给亨利八世的那些措辞谦卑的信件里，她也坚持写上“玛丽公主”的署名。

但此时亨利还处在对安妮的迷恋期，所以他对玛丽的不合作非常恼怒，当初掌上明珠一样的宝贝女儿现在成了他的死敌。玛丽在痛苦和惊恐中患上了重病，在安妮的挑唆下，亨利决定不予医治，也不允许任何人前去看望玛丽。

玛丽少年时期的这段遭遇，直接导致了她继承王位后成为“血腥女王”。当然她自己也要为此负责任，毕竟后来他的妹妹伊丽莎白也曾遭受过与她相似的痛苦，但伊丽莎白继承玛丽的王位之后，却成了英国最伟大的君主。

最失望的是新王后安妮自己，她本来无比希望能生个王子来巩固自己的地位，可谁知却生了一个女儿。想当初，凯瑟琳王后就是因为生不出王子而被废黜，安妮知道，如果她也生不出王子，她将很快步上凯瑟琳的后尘。

而另一个原因在于，册立新王后没过多久，亨利又开始了寻花问柳到处留情。这种事对于亨利而言是很平常的，毕竟他是国王，而且是个多情的国王。但对安妮而言这件事却是可怕的，安妮跟凯瑟琳不一样，凯瑟琳生下来就是王室公主，如果不是她不走运的话，她可以做一辈子的王后，而安妮却是王后侍女出身，她能飞上枝头完全是因为国王对她的迷恋。既然亨利能废黜凯瑟琳立自己为后，他当然就可以再废黜了自己另立新后。

所以对于国王的多情，安妮警觉而敏感，她用如同鹰隼一般的目光紧紧盯着自己身边的每一个命妇和侍女，生怕她们中的哪一个像当初的自己一样，再被亨利看中。

但这种做法对于亨利而言，简直是不可理喻的，毕竟，安妮现在是自己合法的妻子。如果她只是自己的情妇，那么吃醋撒娇都是正常的，因为情妇是值得疼爱的。但妻子就不同了，作为妻子应该对自己的夫君恭顺而充满爱意，作为国王的妻子，更是应该把夫君奉为君上，怎么能动不动就要性子闹脾气呢？何况安妮如今的身份，不仅仅是一个男人的妻子，她更是英格兰的王后。

作为一国之后，如果没有一点容人的雅量，又如何母仪天下？这样长此以往，国王对安妮的爱意便大大减少，安妮已经从一个迷人的小女人变成了一个神经质的刻薄妇人，完全没有一国之后应该有的教养和气度。

除此之外，安妮企图把持朝政的种种行为也让国王十分不满。因为她是一个忠诚的天主教徒，所以她以王后的身份干预国王发动宗教改革，但是她根本不清楚，国王发动宗教改革的本意并不是真的反对天主教，而是身为一国之君，在其位谋其政，为了某些政治目的而不得不这样做。而如今，妻子安妮不仅不理解她，还频频指手画脚，国王感到忍无可忍——当他爱她时，她的一切都是好的，当爱逝去时，她的一切都变得面目可憎。

国王开始与克伦威尔大主教讨论如何废黜安妮，可是大主教告诉他，依据上帝的心意，要想废黜安妮，就只能与凯瑟琳复婚。对于这一点，国王也十分苦恼。也许这就是凯瑟琳和安妮冥冥之中的一种联系，当初安妮是取代了凯瑟琳的位置才得以成为王后，如今只要凯瑟琳活着，安妮的地位就十分稳固。

1535年10月，安妮再次怀孕了，这个消息让国王决定把离婚的念头暂时搁置一下，看安妮这一次究竟能不能生出王子来。但是次年一月，凯瑟琳在被废黜了五年之后去世了。

这个消息传到宫廷，安妮和亨利都十分高兴，安妮高兴的原因是自己的情敌终于彻底一命呜呼了，自己不用再担心后位会被她再抢回去，但是与此同时，安妮自己也陷入了孤注一掷的境地之中，也就是如今她的前程是好是坏，只能取决于上帝让她生出王子还是公主了。

安妮跟凯瑟琳不一样，凯瑟琳生来就是皇室公主，所以出嫁了自然就做王后，高贵的身份使凯瑟琳身上的那种王室的气质浑然天成，这种骨子里的高贵不是安妮这种半路出家的王后能学得会的。虽然后来凯瑟琳被废黜，但是她在英国民间的影响力还是相当大的，甚至有人想为她发动政变，拥立她做英国女王。如今凯瑟琳去世，安妮总算可以放心了。

而亨利高兴的原因则是自己的意志终于不用再被“上帝的旨意”左右了。如果安妮生不出儿子，他就可以轻易地摘了她的王冠，而不必再担心与凯瑟琳复婚的事了。事到如今，失去了凯瑟琳这颗幸运星，安妮的命运全部寄托在了自己的肚子上。

1536 年 2 月，凯瑟琳的葬礼在彼得波罗大教堂按照威尔士王妃的规格举行。同样在这一天，非常不幸，安妮王后流产了，当时孩子已经成形，据御医报告说，看起来像个男婴。

国王刚刚狩猎回来，就听到了这个消息，他冷若冰霜，对刚刚小产之后的安妮说，他娶她是错误的，一定是当初安妮用咒语迷惑了他，所以他才娶了她。

从这一天开始，安妮失宠了。国王再也不上她的床，取代她的是一个新贵人，名为简·摩西。

而最不幸的是，由于安妮从侍女扶摇直上做了王后，所以从一开始，她就十分张扬跋扈，为自己树敌太多。当初她没成为王后的时候，她坚信国王是爱她的，所以对待当时还是王后的凯瑟琳十分刻薄，从国王王后的离婚案一开始，她就毫不掩饰对凯瑟琳的敌意，身为侍女，服侍王后本来就是职责，可是她拒绝为王后准备换洗的衣服，还大声叱骂凯瑟琳，说希望她被吊死。这种张扬的行为固然是来自于她的性格，但更是因为她深信国王对她的爱。

因为安妮没有为自己积攒下一点好人缘，所以当国王与她开始出现夫妻不和的征兆时，那些拥护凯瑟琳的人就都开始报复了，恨不得马上把安妮弄死。他们公然辱骂安妮是“御用婊子”，公开怀念已故的凯瑟琳王后，没有一个人愿意为安妮王后说话。

不久之后，克伦威尔大主教向国王提交了一份资料，是有关王后安妮与她的五个情夫通奸的证据。这五个男人分别是：马克·斯密顿、亨利·诺里斯、弗朗西斯·威斯顿、威廉·布伦兰顿和乔治·博林。其中乔治是安妮·博林的亲弟弟，而告发他的，正是与他感情不和的妻子简·帕克。

早就希望废黜安妮的国王深信这份证据是真实的。5 月 2 日，安妮被逮捕。审讯的过程中，不知是巧合还是国王故意为之，安妮坐着船，沿着几年前被国王看上时同样的路途，抵达伦敦塔，然后被监禁在 3 年前她加冕前住过的房间里。在度日如年的等待中，安妮几欲崩溃。

5 月 15 日，安妮·博林被控犯有通奸、近亲通奸和叛国罪。通奸罪是指控她身为王后却背叛国王，叛国罪则是指控她意图和她的情夫们谋杀国王。审判当天，安妮·博林出席了自己的审判，她驳斥了自己所有的罪名和指控，但是这并不能改变她的命运。1536 年 5 月 19 日，安妮·博林和她的五个情夫被处死。

这一天清晨，安妮在伦敦塔中迎来了自己的死期。在上断头台之前，她做了一个简短的演讲，再次申述自己的清白。她说：

“善良的基督徒们，我到这里是来受死的。因为按照法律规定，我被判处死刑，所以我无意对此进行任何反驳。我来到这里并不想指责任何人，也不想就有关判决我死刑的事做任何申诉。我请求天佑我王，让他能享国长久，因为他是有史以来最温和、仁慈的君主。对我，他更是位英明、和善的国王。

如果有人为我鸣不平，请你们做出正确的判断。我就要离开这个世界，离开你们所有人了。我衷心地希望你们为我祈祷。上帝啊，赐福于我吧。我向您献上自己的灵魂。”

就这样，安妮·博林走完了她35年的人生路程，留下了一个女儿伊丽莎白·都铎。她不知道，这位伊丽莎白公主在历尽坚辛之后，将成为英国历史上最伟大的一位君主。

蓄势待发：辛苦隐忍的时光

当安妮·博林被处决时，伊丽莎白公主才两岁零八个月。因为母后被定罪处死，所以伊丽莎白的命运与姐姐玛丽一样，被褫夺了公主的身份，成为国王的私生女。当时负责抚育伊丽莎白的是布莱恩夫人，她不知道应该如何看待这个孩子，不知道是应该按照公主的方式抚育她还是按照平民的方式抚育她。

幸运的是，伊丽莎白母亲的背叛并没有让国王放弃对这个女儿的疼爱，国王依旧非常喜欢伊丽莎白，她的聪慧让她更得国王的欢心。据说，伊丽莎白在6岁的时候，就已经成熟稳重得像一个30岁的妇人了。

安妮王后的继任者是简·摩西，亨利国王在处死安妮的第二天就与她结婚了。简成为王后之后，做的第一件事就是恢复了玛丽公主的身份，玛丽对此感到很满意。现在已经没有任何讨厌的法令可以剥夺她的公主身份而强令她称妹妹伊丽莎白为“公主殿下”了，她也不用再去觐见自己的妹妹，她和伊丽莎白住到了同一所宫殿里，她在写给国王的信件里恭顺地说：

“妹妹伊丽莎白是一个如此温顺的姑娘，我相信父王陛下应该感到由衷地高兴。”

从那一时期开始，玛丽和伊丽莎白姐妹俩经常一同参加舞会，出入公共场合，伊丽莎白也开始接受教育，她最幸运的地方就是生在了英国掀起文艺复兴热潮的时代，这使她可以接受良好的开放式教育。秉承着基督教的宗旨，伊丽莎白被教授拉丁文、希腊文、英语、法语、西班牙语和意大利语。威廉·格林德尔被任命为伊丽莎白的老师，格林德尔去世后，他的老师阿萨姆又成了伊丽莎白的老师。在阿萨姆教导伊丽莎白学习的这段时间，每天上午，伊丽莎白学习希腊语版的《圣经》，然后阅读和翻译诸如埃索克拉蒂斯、索福克勒斯、德漠斯蒂尼斯等大家的作品，她把这些作品先从希腊语翻译成英语，再从英语翻译成希腊语。下午，她则学习拉丁文，阅读西塞罗和李维的著作。此外，她还挤出时间学习法语和意大利语，老师阿萨姆这样评价伊丽莎白：

“就我卓越的女主人而论，很难说究竟是她的天赋还是幸运最值得人羡慕。亚里士多德所赞美的优点，诸如美丽、善良、勤奋、谨慎，都集中在她的身上。她才刚过16岁生日，就已经显示了如此庄严、优雅的气度，从她的年龄和地位来看，这是非常了不起的。她抱着一种十分热衷于学习的态度，认真地钻研宗教和学问，她没有一般妇女所具有的那些缺点，她坚韧不拔的精神可以与男子媲美，她的法语和意大利语讲得和英语一样好，她能应对自如地用拉丁文和我交谈，希腊文也能讲到中等水平，她的书法漂亮极了。她演奏音乐的水平也极好，在衣着修饰方面，她优雅而不浮华。”

在简·摩西成为国王亨利的妻子之后，她终于为国王诞下了他渴求的男性继承人——爱德华王子。1547年亨利国王驾崩之后，作为王子的爱德华即位成为英国国王。但是爱德华的身体非常虚弱，玛丽公主对这一点心知肚明，于是她十分安心地居住在伦敦郊区，静静地等待着爱德华国王驾崩的消息。果然没过多久，爱德华六世就病逝了。

在爱德华六世病逝之后，最具有王位继承资格的就是玛丽公主和伊丽莎白公主了。在此之前，英国还没有尝试过女王的统治，但现在的皇嗣只有公主，而玛丽又排在伊丽莎白之前，所以在爱德华国王驾崩之后的1553年，玛丽顺理成章地成为第一位英国女王，史称玛丽一世女王。

在玛丽成为女王的这一年，她已经37岁，她的身材瘦弱矮小，圆脸，长着一头红发。据说玛丽公主的容貌一度是非常迷人的，但是由于安妮·博林的迫害，她最宝贵的青春少女时光充满了痛苦，因为长期缺乏营养，又不能好好休息，她失去了美丽的容貌，成了现在这个充满怨憎的样子。相比之下的伊丽莎白公主则是非常美丽的，她身材高挑，体态绰约有致，长着一头金发，橄榄色的皮肤也十分动人。她的眼睛和手都很美，处处显示出一位王室公主的迷人风姿。

在成为女王之后，玛丽再也没有对妹妹友爱过，相反地，她非常痛恨伊丽莎白，她称伊丽莎白的母亲安妮为贱人，经常历数安妮对自己做下的种种恶行和自己少女时期是如何辛苦地逆来顺受。1554年7月，玛丽女王嫁给了西班牙国王菲利普二世，但因为身体原因，她始终无法怀上自己的孩子，玛丽认为这一切的痛苦都来源于伊丽莎白的母亲安妮对自己的虐待，所以在她执政的这几年里，与妹妹伊丽莎白的关系极度紧张。

在政治上，也许是因为玛丽在被安妮王后压迫的那些年里，宗教是唯一可以让她释放内心痛苦的所在，所以她拥护传统天主教到狂热的地步。在登上王位后，她立即宣布恢复天主教，并对新教徒采取了高压政策，屠杀其中的激进分子。在她统治五年中，有 300 余人被烧死在火刑柱上，包括那个敢于宣布她父母的婚姻为无效、她为私生女的克伦威尔人主教。除了被处死的，被迫逃亡在外的新教徒也不计其数，她的残忍手段，让英国上下称她为“血腥女王”。玛丽女王在位五年，大概有 300 名新教徒被处死。

1558 年玛丽女王病死时，整个伦敦都爆发出欢呼声，人们甚至敲响了伦敦的大钟来庆祝“血腥玛丽”的统治结束。而下一个有资格继承王位的，就是玛丽的妹妹，安妮·博林所生的伊丽莎白公主了。

玛丽女王临终前，一度想以叛国罪处死妹妹伊丽莎白，但是妹妹的恭顺让这对姐妹俩的关系缓和了不少，玛丽最终也没有在处决令上签字。玛丽要求伊丽莎白在成为女王之后，一定要尽可能地维护天主教的权益，不要“驱赶为人民造福的圣母玛利亚”，伊丽莎白答应了。

玛丽女王一死，伊丽莎白就不再遵守这个承诺了。在玛丽女王执政的时候，为了避免迫害，聪明机智的伊丽莎白被迫处处对女王假意顺从，从不参与任何政治活动。

有一次，玛丽女王派了个密探，装扮成过路的一位绅士，在伊丽莎白住的庄园附近，因为马车坏了请求借宿一夜。喝咖啡的时候，密探故意流露出对天主教和玛丽女王的不满之意，可伊丽莎白却装得茫然不知的样子，说她从不谈国事。正是靠着机智和伪装，伊丽莎白才得以幸存下来，在庄园里过着近似隐居的生活。

在玛丽女王去世的当天，伊丽莎白公主被尊为女王，称为伊丽莎白一世。人们为新君登基而欢呼，在 1000 名禁卫军的护卫下，伊丽莎白女王从哈特菲尔德离宫出发，奔赴首都伦敦。从车窗里，她看到沿途家家户户门口都飘着国旗，表示向她效忠。进了伦敦城，城里更是万人空巷，临街的阳台上、房顶上都站满了人，争相一睹新女王伊丽莎白一世的风采。欢呼声此伏彼起，一浪高过一浪。

新女王的登基让伦敦的市民、贵族及各阶层群众沉浸在狂欢之中。史官这样记载说：

“玛丽一世女王狂风暴雨般的统治时代结束后，不愉快的愁云被驱散，难忍的痛苦像迷雾一样消失，迫害成为过去。感谢上帝给英格兰送来一个平静的季节、一个明媚的太阳、一个受到伊丽莎白女王保佑的世界。”

1559 年 1 月 15 日，伊丽莎白女王正式在威斯敏斯特大教堂加冕，成为大不列颠及北爱尔兰的女王和领主。史官记载道：

“如果说曾有人具有一种天赋和风采能赢得人民的心的话，那这个人就是伊丽莎白女王。她把温和和尊严结合在一起，庄严地俯身向她最卑微的臣民致意，她的眼睛望着一个臣民，她的耳朵在倾听另一个臣民的声音，她的内心在对第三个人做出判断，同时又在和第四个人交谈。她不责备任何人，也不忽略任何礼仪，她向众人微笑，展示自己的优雅仪态，她的臣民也加倍地表示着他们的欢乐，以最高的语调来谈论这一切，让人们经常能听到对他们君主的赞美。”

君临天下：上帝保佑女王

伊丽莎白女王即位之后，整个欧洲高度关注她的婚事，因为当时的英国十分弱小，军队的枪火弹药不足，国库空虚，外有西班牙和法国紧盯着英格兰这块“肥肉”，内有一样拥有继承权的苏格兰玛丽女王试图争夺王位，这个国家此时几乎危机四伏。身为一国之君，各皇室认为伊丽莎白只有通过自己的婚姻才能改变这一局面，当时的西班牙和法国皇室都向伊丽莎白女王求婚，他们都拭目以待，看伊丽莎白最终会嫁给谁。毕竟作为女人，即使是女王，也必须要嫁人，就像她的姐姐玛丽，虽然即位的时候已经 38 岁了，但不还是马上嫁给了西班牙国王菲利普吗？人们认为，一个女性统治者总是因为政治上的软弱无力而去结婚。大臣菲利亚说：

“最后，一切都取决于她挑选的那个丈夫。因为在英国，国王的意愿在一切事情上都是至高无上的。不然，你觉得一个由女王、由一位虽然聪明但缺少深谋远虑的年轻姑娘来统治的国家，你又能期待什么呢？”

这一时期，向英国女王求婚的人有法国国王的弟弟安茹公爵、瑞典王储埃里克，神圣罗马帝国的皇帝也为他的两个儿子参与了求婚竞争，甚至连西班牙国王菲利普二世，也就是伊丽莎白的姐姐玛丽女王的丈夫也向伊丽莎白求婚，但被女王以国教不同作为理由拒绝了。

几乎所有的官员和臣民都在谈论女王的婚事。1559年1月底，下议院极力要求女王结婚，但出乎意料的是，最终，伊丽莎白没有嫁给任何皇室，在一次朝觐仪式上，她缓缓地对大家说：

“从今天开始，我嫁给了英国。”

女王说：“到了我人生的最后，只要你们用一块大理石告诉世人，一位女王在这段时期曾治理过她的王国，而她终身都是一个处女，这就足够了。”

对此，自认为最有希望娶到伊丽莎白女王的法国安茹公爵非常愤怒，他把准备献给伊丽莎白的订婚戒指狠狠地摔到地上，咒骂伊丽莎白，说她是一个“古怪的老处女”。

但另一种说法认为，伊丽莎白女王心中一直有一个深爱的男人，就是莱塞斯特伯爵。他从1559年开始就与女王朝夕相处，此后一直担任女王的贴身警卫。女王深爱他，并且在自己即位当夜就把自己的童贞交给了他，但莱塞斯特伯爵却并不是一个适合与女王达成政治婚姻的人，所以女王坚持守护心中所爱，一生都没有结婚。

1559年7月，苏格兰女王玛丽·斯图亚特的丈夫即位成为法国国王，年仅16岁的玛丽从法国回到苏格兰，与伊丽莎白暗中竞争，争夺英格兰王位的继承权。

与玛丽一世女王一样，苏格兰玛丽女王是个传统的天主教女王，所以，她的出现成为天主教人士新的希望，他们日夜祈祷，希望玛丽可以推翻伊丽莎白，继承英国王位，与玛丽一世女王相比，斯图亚特的优势在于她不仅得到了教皇的支持，而且作为法国国王的妻子，她更得到了法国的有力支持。就这样，玛丽·斯图亚特利用苏格兰和法国的支持，联合力量去反对伊丽莎白女王的统治。

玛丽·斯图亚特的外祖父是伊丽莎白的祖父亨利七世国王，这就是说，玛丽与伊丽莎白是有血缘关系的。由于罗马教廷表示过，英国王位应由苏格兰女王玛丽·斯图亚特继承，所以天主教徒们声称要执行教皇的法旨，于是英国内部发生了一系列政变，企图推翻伊丽莎白统治，拥立玛丽·斯图亚特为英国女王。

斯图亚特没想到的是，伊丽莎白虽然看起来是一个柔弱的女人，但是她具有一颗帝王应该有的坚定的内心，她绝不会饶恕敢于与自己争夺王位的人。她以凌厉的手段平息了各路叛乱之后，由于考虑到斯图亚特已经成为天主教人士叛乱和不服从她统治的一面旗帜，就像当初玛丽一世女王在位时，新教团体以自己作为旗帜反对玛丽女王一样，只要斯图亚特还活着，叛乱就不会彻底消失。因此，伊丽莎白女王决定处死玛丽·斯图亚特。

1587 年，玛丽·斯图亚特被送上断头台。处死一位外国君主在当时也是一件罕见的事，伊丽莎白过后似乎有些后悔，她把此事怪罪于手下的官员，连女王最亲近的大臣也没能幸免。但这也是伊丽莎白女王的统治手段。

伊丽莎白的王位稳定之后，她首先宣称，自己“不会在人民的灵魂上开窗子”，与姐姐玛丽女王相反，伊丽莎白女王采取极为宽容的宗教政策，推行一种伸缩度很大的宗教教义，适时恢复了英国国教的独立地位，建立起了一个信仰基础广泛的国家。

她的仁慈，让人们对女王寄予了无限的希望与憧憬，诗人用诗句来颂扬她，表达了人民对她的拥戴和热情：

“当人们横遭火刑的灾难，我们期盼着伊丽莎白！”

伊丽莎白还下令释放了大批的新教徒，也允许流亡在外的新教徒回到祖国，她一边限制天主教的权柄，一边也要求新教徒不要做出任何过分的举动。这种温和的宗教改革，既满足了资产阶级和新贵族反对天主教的愿望，也满足了大多数信奉天主教的农民们的宗教热情，终于使国内的形势稳定下来，可以为英国的工商业发展进行原始资本积累了。

在外交政策上，女王采取了相对稳定的手段，与法国交好，尽量平息各种战争，给英国人民带来了可贵的和平。

1559年，伊丽莎白女王制定《国王权力至上法案》和《统一信仰法案》，规定最高权力属于国王，国王有权干涉教会事宜。

1560年，女王采用格莱谢姆的建议，改良并统一货币。1571年，在伦敦设立王室交易所，承认西班牙公司、勒凡特公司、威尼斯公司和东印度公司的贸易垄断权，大力发展国际贸易。另外，女王还给予经营煤矿、玻璃、盐业、钢铁等产业人士的产业垄断权，并颁布《工匠法》和《救济法》以促进就业。

伊丽莎白女王统治的时期是英格兰海权向外扩展的重要时期，女王鼓励海盗进行海上掠夺，她以铁腕手段支持海上冒险行为，把海盗活动看作是打击西班牙海上霸权的重要手段。她还多次接见当时著名的德雷克海盗，甚至加封他为爵士。这些举措，使英国船队的触角不仅延伸到了新大陆，更到达了遥远的东方——印度和中国等古老的国家。

女王的支持，不仅使英国海盗得以掠夺大量的财富，更是打通了东西方之间的贸易通道。英格兰希望能找到一条由西欧到达美洲的路线，但是却遭到了当时的海上霸主西班牙海军的阻碍。这让女王认识到，英国如果试图在海上扩张，就必须与西班牙竞争，必须摧毁他们的强大舰队。

这让英国与西班牙的关系不断恶化，因为女王一直在暗中鼓励海盗航海家德雷克在南美洲抢夺西班牙的商船和殖民地，对此，西班牙要求严惩德雷克，而伊丽莎白女王不仅不加以惩罚，反而封德雷克为爵士，这让菲利普二世怒发冲冠，决心要“好好教训一下这个女人”。自此两国矛盾更加激化，一场争夺海上霸权的战争已不可避免。

虽然当时的英国只是偏安一隅的欧洲小岛，但伊丽莎白女王已经下令要整改海军，将海船改造成轻式帆船，并且装备远程火炮，举全国之力发展强大海军。而对于当时的西班牙国王菲利普二世而言，本来他向小姨子伊丽莎白女王求婚遭到拒绝，就使他窝了一肚子火，如今却又要面临英国海盗的骚扰，使他忍无可忍。1588 年 5 月，为了报复英国的挑衅，西班牙国王菲利普二世派出他最为得意的“无敌舰队”，从里斯本出发，集结在属地尼德兰与陆军运兵船会和，对英格兰实施进攻。

面对满载着士兵和军火的西班牙“无敌舰队”，女王毫不畏惧，她将皇家海军、各大船主、商船甚至海盗船集结在一起，组成了一支强大的舰队，舰队共计有舰船 197 艘，水兵 14500 人，步兵 1500 人，以霍华德勋爵为总司令，航海经验丰富的德雷克爵士为副司令，准备迎接西班牙的宣战。

为了鼓舞士气，伊丽莎白乘着白色的高头大马，身穿白色长裙，外面套着银白色的盔甲，手握权杖，亲临阵前发表演说鼓励将士们。女王在呼啸的海风中掷地有声地说出了令整个大不列颠民族都引以为傲的庄严誓言，她说：

“我或许只有妇道人家的柔弱身躯，但是我有着囊括四海的帝王胸怀，一个英格兰国王的胸怀。我鄙视帕尔马还有西班牙人的入侵，或是任何欧洲国王进入我们帝国边境的行为，对于这些我会看成是不可容忍的莫大耻辱，所以今天我要亲自披挂上阵，我要担任你们的将军，我们大不列颠民族是高贵和永不屈服的，面对任何强敌，伟大的大不列颠人民将永远不会退缩，上帝会赐福给你们大家。”

也许真的是上帝保佑女王，在与英格兰的海战中，一向威风凛凛横扫欧洲的西班牙无敌舰队出师不利，在远征的途中遭遇大风暴，战争尚未开始便损兵折将。立足未稳，无敌舰队又接连受到英格兰机动舰船的打击。

8月7日，英国舰队趁着海面上刮起大风，放出了六艘纵火船袭击无敌舰队。这些轻便的舰船装满了茅草，茅草浇透了油，它们驶近西班牙大舰后，水手们便点燃茅草，游水拖船前进。风助火势，海面上顿时浓烟滚滚，火光冲天，许多西班牙舰船来不及避让，被烧得七零八落，火势借着风力不断地四处蔓延，刹那间，西班牙的舰船纷纷砍断缆绳，呼喊声、哀号声、谩骂声和泼水声交织在一起，士兵们忙着逃生，乱成一团。

与此同时，英国水兵开始用远程火炮对西班牙的舰船进行雨点般的狂轰，不可一世的无敌舰队瞬间被打得千疮百孔，西班牙人还没有来得及做出反应，就已经葬身海底了。

在英国新式舰船的打击下，西班牙国王引以为傲的无敌舰队就此灰飞烟灭。无敌舰队被迫退入北海。在绕道苏格兰沿海回国途中，无敌舰队又遭台风袭击，勉强回到西班牙港口的船只，已所剩无几。自此一战，西班牙彻底被英国打败，英国也取代了西班牙成为新的海上霸主。直到今天，英国的人民依旧缅怀伊丽莎白女王的功绩，他们经常说这样一句话：

“如果没有伊丽莎白女王，英国人现在讲的就是西班牙语了。”

伊丽莎白女王对国家的治理，更多凭借智慧而不是暴力，这让英国的臣民们衷心爱戴她。在她执政的时期，宽容远远大过专制，在封建主义向资本主义过度的时代里，她是一位杰出和英明的君主，甚至为现代的政治文明也做出了榜样。就连嫉妒仇恨她、宣布将他驱逐教籍的罗马教皇都说：“她肯定是一位伟大的女王，要是她再是一个天主教徒，就会成为我们心中爱戴的人。看看她把自己的国家治理得有多好就足够了。她不过是一个柔弱的妇女，可是她却让西班牙、法国、苏格兰都畏惧她。”

女王鼓励英国商人积极建立各种商业贸易公司，并且身先士卒亲自示范。1600年，女王创立东印度公司，这是有史以来最大的商业贸易公司，为英国向东方的资本扩张打下了坚实的基础。由此可见，伊丽莎白女王不仅是一位称职的君主，同时也是优秀的政治家、军事家、外交家，还很有经济头脑，以女人柔弱的肩膀，担起了英格兰整个天下的重担。

而在国内的政策上，伊丽莎白一世女王不仅使亨利八世制定的出卖土地财产的政策更加合法化，还进一步大量出卖教堂和王室的属地，使更多的土地转移到资产阶级新贵族手中，土地的经营方式也由封建庄园制转变为资本主义性质的农场和牧场，并且，为了保障新贵族的利益，女王于1563年颁布《徒工法令》，规定那些没有土地或者土地收入少以至于没有固定职业的人都必须接受雇主的雇佣以发展生产力。

伊丽莎白一世的时代，是英国走向强盛的开端。海上通道的打开，为以后英国掠夺殖民地的财富提供了条件。在文化方面，女王也以王者的宽阔胸怀来接纳各家的不同学说，在她的统治期间，她不遗余力地倡导文艺复兴运动，重视科学文化事业，使得那一时代，英国的艺术领域百花齐放百家争鸣，空前繁荣。著名文学家莎士比亚、思想家培根、哲学家埃德蒙·斯宾塞等许多优秀的人才都在当时涌现。女王为哲学家培根提供保护，使他免于迫害，也为意大利科学家布鲁诺提供有利的条件，让他安心在伦敦进行科学研究。女王对待科学文化的态度和做法，足以见证她的英明。

孑然飘零：荣耀却孤独的伊丽莎白

伊丽莎白一世女王，无疑是大不列颠民族的历史上最为杰出的一位君主，她翻手云覆手雨，是一位君临天下的女王，但私下里，她也是一位孤独的、甚至可怜的普通女人。作为女王，处在权力斗争的最高峰，使她不得不放弃自己的爱情而选择将自己的全部献给自己的国家。她是孤独的，她的个人生活也是黯淡的，女王一生都没有嫁人，所以被后世人尊称为“童贞女王”。

在伊丽莎白即位成为女王、在威斯敏斯特大教堂的加冕仪式上，女王曾经自己给自己戴上一枚戒指，表示自己已经嫁给了英格兰，加冕典礼即是她的婚礼。戴上的这枚戒指，是象征无上权力的王权戒指，这枚戒指后来一直伴随伊丽莎白女王 44 年，直到她最后去世。

伊丽莎白生来的身份就是王室公主，对于一位王室公主来说，婚姻可谓是头等大事，那么为何女王一生都没有结婚呢？有说法认为，女王的成长经历非常悲惨，她亲眼看见自己的父王亨利八世一生中娶了六个妻子，尤其是自己的母后安妮·博林王后，在自己幼年的时候就惨遭屠戮，这些事情从很小的时候起就在她的心里留下了阴影，再加上姐姐嫁人即位之后的血腥和暴虐，使她对婚姻有一种本能的恐惧感，导致她惧怕男人，惧怕爱情，故而选择终身不嫁。

还有观点认为，女王终身不嫁是因为早已心有所爱，她深爱着的那个男人就是英俊潇洒的莱塞斯特伯爵，但是，嫁给莱塞斯特伯爵对政治和国家毫无益处，作为一国之君，婚姻是为百姓谋福祉的一个手段，这也是君王的责任。既然爱情和责任不能合二为一，女王宁愿终身独身不嫁。所以说，她保持独身是出于对政治的考虑。

伊丽莎白从做公主的时候就天生丽质，而且刚刚登上王位的伊丽莎白正值青春妙龄，几乎整个欧洲的王室都在争相向她求婚，以期得到一个王国。心怀国家和人民的女王，因此把婚姻当成了一种获取最大利益的手段。登基后的20多年中，女王始终吸引着一个个求婚者，她将自己的婚姻当作英国最大的筹码和外交政策的一部分。伊丽莎白利用未婚这个条件吸引来自欧洲各个王室的求婚者，分化瓦解她和英格兰在欧洲的敌人，从中获取实实在在的政治利益和丰厚的礼品，而一旦与谁缔结婚姻，这个手段就化为乌有了，所以女王终身未嫁，以此保障英格兰的安全和自己的统治。

试图得到女王芳心的，第一个就是她的姐姐玛丽女王的丈夫、西班牙国王菲利普二世。伊丽莎白对这个人一向没有好感，所以自然不会考虑他的求爱。但是，当时英法正在和谈，和谈的关键是苏格兰和加来港问题，伊丽莎白希望利用西班牙作为谈判的筹码，她对这桩婚事迟迟不做答复。因此西班牙大使只得在伦敦一天天沮丧地等下去，他向菲利普二世报告说："我成了全伦敦消息最闭塞的人。"待谈判有了眉目之后，伊丽莎白立即拒绝了菲利普二世求婚。这为后来两国交恶埋下了伏笔。

另一个是法国国王查理九世的弟弟安茹公爵，1577年公爵出兵攻打尼德兰的新教徒时，苏格兰女王玛丽派人代替自己夫君的弟弟安茹公爵，向伊丽莎白求婚。伊丽莎白心里飞快地盘算着，因为如果让公爵在尼德兰调转枪口同当地的新教徒联合起来攻打西班牙镇压者，英国就不用出兵援助他们的新教徒教友了。于是，一场新的爱情戏开始上演了，女王这次投下了高额赌注，她答应了公爵的求婚，但是拒绝马上举行婚礼。最后的结果是，女王成功地摆脱了在尼德兰的困境，而安茹公爵则不幸患病身死，鸡飞蛋打落了一场空。女王的婚姻和英格兰的外交就这样丝丝入扣地铰合在了一起。

伊丽莎白受到很好的教育，她的教师包括英国文艺复兴时期著名的人文主义者罗杰·阿斯坎。她受到古典、历史、数学、诗歌和语言的教育。她精通六种语言：英语、法语、意大利语、西班牙语、拉丁语和希腊语。在凯瑟琳·帕尔和她的其他教师的影响下，伊丽莎白成了一名新教徒。爱德华六世国王驾崩后，简·格雷郡主被拥立为女王，但是她只做了九天的女王，就被玛丽一世女王送上了断头台。

玛丽是一个虔诚的天主教徒，她逼迫伊丽莎白改信天主教。伊丽莎白表面上虽然皈依，但内心仍然是一个新教徒。玛丽对此非常不满。有一小段时间里，伊丽莎白甚至被关入伦敦塔。有观点认为，她就是在这里认识了她后来爱了一生的莱塞斯特伯爵罗伯特·达德利的，但更可能的是他们在童年时代就相识了（罗伯特·达德利与女王不仅童年相识，两人还是同月同日生，当初伊丽莎白被关进伦敦塔时，罗伯特是为了追随她，与她一起被关进伦敦塔，所以，罗伯特之后被封为莱塞斯特伯爵也是与这密不可分的）。

没有女人是不需要爱情滋润的，伊丽莎白将自己的爱情作为政治上的筹码，自己也承受了比别人更多更深刻的孤独和苦恼。她终身未婚，晚年生活孤独寂寞，伴随她的是来自英格兰和欧洲各地的各种谣言。有谣言说她有许多情人，甚至生过许多孩子；还有谣言说她是一个怪物，是一个半男半女的阴阳人。但这些消息不过是为了博人眼球罢了，伊丽莎白宽容睿智的治国之道才会引起我们更大的兴趣和思考。伊丽莎白女王的一生，于国来讲是伟大的君主，但是于个人而言，不过是一个可怜的孤独女人罢了。

为了纪念这位伟大的女王，英国航海家将他们在北美开拓的第一块殖民地命名为“弗吉尼亚”，意为“处女地”，即今天的美国弗吉尼亚州。

在一次被赞颂为“黄金演讲”的国会演讲中，伊丽莎白说出了自己女王生涯的终极期盼，她说：

“我不希望永远执政，因为我的生命也不允许我这样做，我执政永远是为了各位的幸福，过去，各位大概遇到过有魅力的贤明君主，但我想，迄今为止还未曾有过像我这样爱护各位的君主，而且我想，以后也不会有了吧。”

由于女王一生未婚，也没有生育继承人，所以在女王病危的时候，臣子们请求，允许苏格兰国王继承英格兰王位，女王思索良久，最终表示同意。

1603 年 3 月 24 日，伊丽莎白一世女王安静地离开了这个世界，离开了热爱她的臣民们。女王在位共 45 年。在她执政期间，英国的王权得到了绝对的巩固，商业迅猛发展，还打败了西班牙成为新一代的海上霸主。

女王刚刚即位的时候，英国只是一个国库空虚、兵力弱小的贫苦国度，但经过了女王 40 余年的智慧统治，英国的强大和富庶，令整个世界刮目相看。也为后来维多利亚女王缔造“日不落帝国”打下了坚实的基础。那个时代，是文明灿烂的伊丽莎白时代，犹如一颗明珠，至今都在英国的历史上熠熠生辉。

叶卡捷琳娜大帝

从民女变身完美女沙皇

叶卡捷琳娜二世，是俄国历史上唯一一位可以与彼得大帝相提并论的君主，她曾是俄国总统普京最为推崇的一位女性。她虽然只是个三尺小女儿，但是她拥有像男人一样的雄心，睿智和钢铁般的意志，她聪慧又美丽，而且有如神助——她的运气好得令人难以置信。

1729 年，叶卡捷琳娜诞生于普鲁士帝国，她是普鲁士一位公爵的小女儿，父母给她起名为索菲亚·腓特烈·奥古斯塔。她 15 岁就远嫁到了俄罗斯，丈夫是精神和智力都有疾患的俄罗斯彼得大公。嫁到俄罗斯之后，索菲亚改名为叶卡捷琳娜。

这桩婚姻显然是一个悲剧，但是聪明勇敢的索菲亚改写了自己的命运，不仅推翻了残暴痴傻的丈夫彼得的统治，还获得了俄国人民的支持，取而代之成为沙皇俄国的女主人。1762年6月28日，叶卡捷琳娜二世在宫廷政变中废黜彼得三世，并登上皇位。从彼得三世的残暴统治中得以解脱的百姓们感激地称她为“俄国的小母亲”。

叶卡捷琳娜推翻丈夫的统治之后，即位为女皇，称“叶卡捷琳娜二世”（因为之前俄罗斯的历史上已经有过一位叶卡捷琳娜女皇）。因为她的祖辈曾经与俄罗斯留里克王朝有姻亲和血缘关系，所以叶卡捷琳娜二世女皇被视为留里克王朝的后裔。

女皇制定了宏伟的计划，要给她统治下的大帝国带来兴盛与繁荣、秩序与公正，然而她身上没有一滴俄罗斯的血，但是她却努力为俄罗斯的繁荣而筹谋，她鼓励发展教育，积极地寻求一种能让当时落后的俄国与欧洲列强媲美又适合俄国国情的先进文化模式。

而她也确实做到了——她创建了学校和医院，改革了许多省份的政府，但不得不说，废除俄国沿袭了很久的农奴制度是一件危险的事情，这种行为大大地触动到了俄国旧贵族们的利益，叶卡捷琳娜意识到，如果她执意想要废除农奴制，她将面临贵族们的叛变。

虽然叶卡捷琳娜估计到了这些问题，但仍然没能阻止1773年哥萨克的起义，他们声称他们的首领是死去的彼得三世，如今是来推翻那个外国女人的宝座的。这次起义很有号召力，成千上万的农奴也加入了起义的队伍，浩浩荡荡向莫斯科进发。当然最后女皇的军队粉碎了起义，但叶卡捷琳娜还是十分震惊，她深知，她的臣民们需要一位深知沙皇俄国利益的铁腕统治者，所以她就要做这样的统治者。

与同时代的许多杰出的统治者一样，叶卡捷琳娜也希望能通过战争来扩大自己帝国的版图，她也确实是这么做的——在将近 20 年的时间里，她通过战争，为俄罗斯夺取了超过 20 万平方公里的土地（大概有今天的美国德克萨斯州那么大），她吞并了波兰的大片国土，并一直打到了奥斯曼土耳其帝国。她对外两次同土耳其作战，三次参加瓜分波兰，把克里木汗国并入俄国，打通黑海出海口，她建立了人类历史上空前绝后的俄罗斯帝国。

毫无疑问，叶卡捷琳娜在各方面都是一位杰出的女皇，她有着极高的文化素养，在她的主持下建立起来的莫斯科艾尔米塔什博物馆至今为止都是世界上最棒的博物馆之一。她的思想深邃，在位的时候，曾经与许多优秀的思想家和哲学家有过交往，其中还包括法国著名的思想家伏尔泰。

伏尔泰将叶卡捷琳娜评价为“仁慈的暴君”，因为她对待人民胸怀仁慈，但是对待自己的儿子和继承人却从来都不那么和蔼。女皇在位期间，为沙皇俄国鞠躬尽瘁，可谓一代明君，在沙皇俄国的历史上，叶卡捷琳娜是唯一一位可以与彼得大帝相提并论的女皇。

命运召唤：自命不凡的普鲁士公主

1729年4月21日，在普鲁士辖地波莫瑞一个名叫什切青的地方，在一个贵族人家的高门大院里，随着一阵婴儿响亮的啼哭声，女主人诞下了一个小女儿，这就是索菲亚·腓特烈·奥古斯塔。

索菲亚是普鲁士帝国贵族的后裔，她的父亲是德意志安霍尔特·策尔布斯特王族的军官和公爵，母亲是德意志霍尔施坦戈多普王族的公主约翰娜·伊丽莎白。但伊丽莎白夫人却并不因为孩子的出生而感到高兴，因为她心心念念期待的都是能生一个男孩儿，对于这个违背她心愿来到世上的女儿，她感到十分懊丧，甚至都没有去爱抚一下摇篮里粉雕玉琢的小女儿，并且在小索菲亚成长的过程中，伊丽莎白夫人也始终不是很疼爱她。

在小索菲亚出生之后的第二年，她的父母亲欣喜若狂地迎来了一个儿子，这使索菲亚显得更加黯然失色，因为她的母亲将对女儿仅有的一点点关爱也分给了儿子，小索菲亚的童年辛苦而孤寂，她在回忆录里写道：

“我只不过是个受气包。他们经常以粗暴、偏见，而并不总以公正来对待我。”

与母亲相比，索菲亚更加依赖父亲，因为父亲采尔布斯特的亲王凯斯蒂昂·奥古斯塔在军务不那么繁忙的时候，还是会尽可能地陪在女儿身边的。对于这一点，索菲亚自己后来这样形容说：

“我的母亲不怎么关心我，而我的父亲却把我视为天使。”

在母亲约翰娜看来，女儿索菲亚是一个十分傲慢的人，而她非常不喜欢这一点，所以对女儿也就更加冷淡。之所以说她傲慢，是因为曾经发生过这样一件事：在一次宫廷舞会上，小索菲亚在尊贵的普鲁士君主威廉一世国王面前，不仅没有丝毫胆怯和紧张，甚至敢于拒绝像其他小姑娘那样，去亲吻国王王袍的贴边，她还高声为自己辩解说：“他的衣服那么短，我哪能够得着呢？”

索菲亚的举动让约翰娜非常不满意，她认为，决定女人命运的只有婚姻，而若想获得美好的婚姻，就必须具有柔顺的美德，而女儿恰恰与之背道而驰。

母亲的另眼相看，与父亲常年不在身边这双重的压抑，让索菲亚内心经常非常失落，从而也影响了身体的健康。7岁时，索菲亚患了胸膜炎，这个病几乎夺走了她的生命。后来虽然胸膜炎治好了，但她的脊柱却发生了偏斜，在当时的医生们看来，这是种奇怪的变形疾病，对此，他们毫无办法，最后终于有一位凶狠的正骨大夫肯为索菲亚医治，这段经历简直是索菲亚的噩梦。这个可怕男医生命令索菲亚必须日夜都穿着一件由他特制的紧身褡，只在更换内衣时才能脱下。但欣慰的是，经过近四年的“治疗”，索菲亚终于在11岁时，脊柱得到了矫正，随后她的身体也逐渐好转。

在索菲亚的病基本康复了之后，父亲为她请了一位家庭教师卡德尔小姐，教她读书学习，常年内心压抑，使小索菲亚渴望得到父母和其他长辈亲友们的爱抚，她认为自己并不是一个很漂亮的女孩，甚至她经常把自己不受宠爱的原因归为自己不漂亮。

从容貌上说，她额头高，鼻梁长，下巴尖，瘦得像只鸟，她认为自己长相丑陋，这使得她加倍渴望得到别人的爱怜和赞许。并且，她日渐发现，她那炯炯有神的眼神和敏捷的思维是最能取悦于人的。这一发现激励她热心学习和阅读。在家庭教师卡德尔小姐的帮助下，她喜欢上了阅读高乃依、拉辛和莫里哀的作品，凭着天性中的聪颖和勤奋，她学习到了许多知识。她热爱文学和哲学，对历史也兴趣浓厚，但唯独不喜欢音乐，并且始终未能对音乐产生兴趣。对于索菲亚而言，再美的旋律都不能使她动感情。她形容说：

“在我的耳朵里，那些音乐只不过是一些噪音而已。”

但即便如此，在其他知识领域，她的长进算是神速，她喜欢提一些使老师为难的问题，比如在接受传统新教的教育时，索菲亚就会追着老师问，为什么许多故事里的英雄全被罚入地狱？最初的混沌是什么意思？上帝既然无限仁慈，为什么还有最后裁判？总是噎得老师们哑口无言。

索菲亚是个聪明的孩子，并且一向很有个性，虽然她缺少关爱，并且生活在制度并不合理的家庭里，但她并没有被这些事情所影响，反而过早地变得成熟起来。在她还是小孩子的时候，她就已经可以像一个成年人那样缜密地去思考了。她认为，自己比同龄的孩子们要成熟许多，只是没有被给予施展自己的才华和抱负机会。她后来在《回忆录》中写道：

“在没有得到任何机遇之前，我深信自己不会向受治于人的方向发展，而会向治人的方向发展。”

如同古人说过的那句话一样，机会总是喜欢垂青有准备的人。1739年，索菲亚跟着母亲约翰娜·伊丽莎白参加了一次由约翰娜的表兄弟瑞典王储荷尔斯泰因·腓特烈·阿多发举办的一次晚宴，并且在这场晚宴上，认识了一个后来改变她命运的重要人物——俄国彼得大帝的外孙彼得·费奥多罗维奇。

彼得大帝的这个后裔可远远不及他自己。彼得这个小伙子长得瘦小畸形，不学无术、胸无点墨，而且据说天生大脑就有问题，每天只会摆弄木偶兵。但对于女儿能与彼得攀谈交流，约翰娜还是感到非常开心，因为这个彼得将来会是俄罗斯或者瑞典的王位继承人。虽然他没有英俊的外表，也没有超人的才智，但是他有着显赫的出身和血统，许多欧洲的贵妇们都期待着能够和他缔结婚约。

索菲亚清醒地知道，在眼下的欧洲，出身比她高贵，容貌比她美丽的小公主们数不胜数，所以，自己并没有把握能与瑞典及俄罗斯的未来王储结婚，但她相信命运，相信自己总会时来运转。她很早就认为，人只要有志气，就能得到一切自己想要的东西，只要有毅力，丑小鸭会变成白天鹅，灰姑娘能嫁给王子。

所谓女大十八变，随着年龄的增长，索菲亚变得一日比一日美丽动人，小时候那个消瘦的丑样子再也不复存在了。这让索菲亚非常开心，她认为这是上天送给她的礼物，她一定可以凭借自己姣好的外貌和睿智的头脑为自己争得一个似锦的前程。这一点，是家里的老师们和管家都认可的。

有一次，凯斯蒂昂公爵的管家谈到萨克森·哥达的奥古斯塔公主同威尔士王子的婚事时说：“这位公主和我们公主比起来教养差多了，长得也没我们公主漂亮，可她倒成了英国王后，谁知道我们公主往后会成什么人呢？”

也许是天命使然，一次，索菲亚遇到了一个奇怪了占星家，这个怪人盯着索菲亚的手看了一会儿，告诉索菲亚说，他看到，她的手里握着一顶王冠，并且称呼她为王后。对于这件事，索菲亚后来写道：

“尽管那时我还是个孩子，可是王后的称号使我很开心。此后我周围的人都拿他（荷尔斯泰因——年轻的彼得·费奥多罗维奇）和我开玩笑，渐渐地，我也习惯于认为我是属于他的。”

缔结婚盟：成为俄罗斯彼得大公的夫人

虽然没能见过几次面，但索菲亚却始终没有忘了彼得这个小伙子，她坚定地认为自己以后将会是彼得的妻子。

1741 年 12 月 6 日，俄罗斯国内发生了政变，彼得大帝的第二个女儿伊丽莎白·安娜推翻了不伦瑞克的小伊凡的统治和他母亲的摄政，并且宣布自己即位成为俄罗斯帝国的女沙皇，称伊丽莎白二世。

在此之前，这位女皇曾经与索菲亚母亲的一位兄弟有过婚约，但是没等伊丽莎白过门，这位兄弟就死了。俄国发生宫廷政变的消息传到什切青后，约翰娜立刻给女沙皇发贺信并表示了忠诚。女沙皇给她回了一封热情洋溢的信。接着，好消息再次传来：伊丽莎白女皇即位为沙皇之后，把姐姐的孩子彼得·费奥多罗维奇接到了彼得堡，并立他为皇储。转瞬之间，俄罗斯与什切青之间的距离缩短了许多。1742 年 7 月，凯斯蒂昂公爵收到腓特烈皇帝的封赏，晋升为陆军元帅。9 月，奉腓特烈皇帝之命，约翰娜带领女儿索菲亚去找宫廷画师画像，画师受命既要画得逼真，又要尽量美化画中人，因为这张像是要上呈俄国伊丽莎白女皇的，也就是说，伊丽莎白女皇在为皇储彼得挑选皇储妃。

1744 年 1 月 1 日，凯斯蒂昂·奥古斯塔元帅夫妇接到了一封来自俄罗斯的信笺，信笺封皮上赫然写着：特急件！请交采尔布斯特城堡高贵的安哈尔特·

埃尔布斯特的约翰娜·伊丽莎白公主亲启！

约翰娜满腹狐疑地打开信笺阅读，并且很快眼中就涌出了激动喜悦的泪水，原来这封信是俄国皇储彼得大公的宫廷大元帅布鲁默尔写来的。信中写道：

“夫人，遵照伊丽莎白·彼得罗芙娜女皇陛下的特谕，我谨通知您，庄严的陛下希望殿下偕同长女公主毫不延缓地尽早莅临鄙国的皇宫所在地……殿下的聪颖足以领悟女皇陛下急欲会见您和您的公主千金的真实意图，关于您女儿的才能在此已经广为传颂。”

当时索菲亚就坐在旁边，她看见母亲激动得泪水横流，不禁生起了好奇心，于是偷着瞟了几眼信的内容，就看到了“偕同长女公主”这几个字。接着，元帅夫妇离开，回到卧室去进行秘密商谈。其间，他们又收到了一封来自普鲁士腓特烈皇帝的信笺，皇帝在心中写道：

“我直言不讳地告诉您，我特别尊重您和您的公主千金，我总希望能为她创造一个飞黄腾达的良机。因此，我考虑可否把她许配给她的第三亲等表兄，即俄罗斯大公……”

这两封信的内容让约翰娜激动万分，但此时，一切还没有尘埃落定，如果她带着女儿千里迢迢去了莫斯科，却没有被女皇看中，铩羽而归，那她全家将会遭受失败的屈辱。然而女儿如果真的被选中了，她在那个遥远而陌生的国家里，能够凭借自己的能力出人头地吗？既然伊丽莎白女皇能在政变中把一位德国公主不伦瑞克的安娜和她的儿子、小沙皇伊凡投入大牢，如果女儿不顺她的心意，她也一样会这样对待索菲亚不是吗？如果索菲亚真成了这位拥有绝对权力而且暴戾无常女皇的儿媳，会不会招来灾祸呢？德意志的传统信仰是新教，而俄罗斯人信仰的是东正教，如果女儿真的远嫁俄罗斯，那宗教信仰问题又该如何解决呢？

这一连串的问题，让元帅夫妇在惊喜激动之余又充满了苦恼。索菲亚眼见着父母秘密讨论了好几天但似乎没有任何结果，她也对母亲在自己的这样一件终身大事上都不征求她的意见而感到十分不满，于是她很直接地告诉母亲说，他们瞒着她这种做法是荒唐的。母亲让她猜一下信中写的是什么，索菲亚不假思索地脱口而出："我想陛下来信，是希望我能嫁给他的表兄彼得。"她停顿了一下，接着说："我会同意嫁给他的。"

母亲约翰娜在惊讶之余，又想起了另外一个问题，她问索菲亚说："如果你真的去了俄罗斯，那我的乔治兄弟会说什么呢？"

约翰娜有个兄弟叫乔治·路易，在索菲亚十二三岁的时候，他就喜欢上了索菲亚，并且向她大献殷勤甚至提出求婚。但索菲亚对他毫无感觉，只好推辞说："我父母不同意。"

如今面对母亲这样的问题，索菲亚感到非常难堪，但她很快就冷静下来，大声说："除了祝我洪福齐天，他还能说什么！"

对于此事，索菲亚的父亲凯斯蒂昂元帅只有一条告诫，就是希望索菲亚嫁到俄罗斯之后，一定要忠诚于信仰，绝对不能改信东正教。索菲亚满口答应。

腓特烈国王得到了约翰娜母女的答复后，他希望能面见索菲亚，把俄国宫廷的一些事对她面授机宜。于是，索菲亚和母亲应国王的邀请来到柏林王宫，在王宫富丽堂皇的接见厅里，索菲亚早就不是多年前拒绝亲吻国王王袍贴边的那个小姑娘了，她容貌清秀美好，举止彬彬有礼，柔弱又惹人怜爱，国王见之大喜，深信自己选择索菲亚是没有错的。在当天的晚宴上，国王降恩浩荡，把索菲亚的座位安排在自己身边，并且在宴会上，国王请索菲亚把一碟蜜饯递给站在她椅子后的一位廷臣，并对廷臣大声说："收下这来自爱神和美神之手的礼物吧！"国王的爱念和恭维让索菲亚非常开心，她深信自己嫁到俄国之后一定会获得好运。

在觐见国王之后，约翰娜和索菲亚就坐着马车出发了。当时是冬天，天寒地冻，虽然马车里生了火，母女俩和随行女仆裹了皮大衣，戴了防护面罩，可还是冻得四肢麻木，剧烈的颠簸还使她们感到腰背酸痛。索菲亚后来这样写道：

"由于卧室内不生火，我们只好挤到驿站主人屋子里过夜，那间屋子与猪圈没有多大差别：丈夫、妻子、看门狗、鸡、娃娃们都横七竖八地分别睡在摇篮里、板床上、火炉旁和床垫上。"

为了御寒，索菲亚喝了过量的啤酒，却引起消化不良。越往北走，旅途也越艰难。总算到了米多，那里驻扎着俄国的一个军营。车内半死的人们受到有礼貌的接待并被护送到里加城。在那里，一位沙皇宫廷大元帅和里加城副州长来到两位德国公主面前，深深鞠躬，并以女皇名义向她们馈赠貂皮大衣，接着把她们安稳地送进城堡。

衣冠楚楚的众多官员们的殷勤恭候抵消了她们长途跋涉的极度疲惫。索菲亚贪婪地观察着俄罗斯这个几年来让她魂牵梦萦的国度，她喜欢这个地方，渴望与这个帝国水乳交融。

在里加城稍事休息之后，索菲亚一行又要启程了。这次的目的地是圣彼得堡。此时，伊丽莎白女皇已前往莫斯科，她指示贵宾先在圣彼得堡休息数日，然后添置行装，去新建的皇宫所在地莫斯科谒见女皇。女皇吩咐地方负责人给索菲亚一行人换了新的马车，新马车宽敞豪华，车内异常舒适。风停了，天晴了，四野白雪皑皑，红日高悬，远处不时传来清脆的铃声，这一切使母女俩觉得置身于仙境。在前往莫斯科的路上，约翰娜和索菲亚母女在离圣彼得堡不远的地方迎面遇上了几辆黑色的破旧雪橇，雪橇左右两侧有几名卫兵把守，索菲亚好奇地问雪橇里坐着的是谁，但卫兵们支支吾吾地不肯回答。直到后来，索菲亚才知道，那天的雪橇里坐着的，是刚刚被废黜的小沙皇伊凡六世和他的母亲前摄政王后安娜。伊丽莎白女皇逮捕了他们，并将他们押送至可怕的奥拉宁堡，把他们囚禁在黑暗不见天日的地堡里，从此痛苦地度过余生。

同一条路上，索菲亚正在走向俄罗斯帝国的辉煌宝座，而伊凡和安娜母子却在走向万劫不复的深深苦难。

1744年2月14日中午，索菲亚一行人抵达莫斯科。约翰娜给腓特烈国王写信说：

“我的女儿出奇地不怕疲劳，就像不畏艰险的年轻战士一样，因为初生之犊不畏虎，她为身边的豪华场面欣喜若狂。”

2月20日晚8点，索菲亚一行人抵达圣彼得堡。在克里姆林宫雄伟的宫殿前面，两位德国公主由黑森·霍姆堡亲王引进下榻的宫殿，在母女俩刚刚稍事休息之后，彼得大公来了。索菲亚一看见他便浑身颤抖起来，不是因为久别重逢控制不住的激动，而是因为彼得长得太过可怕而产生的一种生理上的憎恨。在上次索菲亚见到彼得的时候，他长得还不是这么吓人，后来因为他得了一场天花，才变得这样奇丑无比的。面前的他，面孔瘦长，眼珠突出，嘴巴松弛，整个一身心衰竭者的容貌。他那深深陷进去的眼睛发出像死鱼一样无神的光。索菲亚在回忆录中这样写道：

“他的五官都变粗了，脸还浮肿着，以后肯定会留下许多皱纹。由于剃了头发，他戴着一个大得出奇的假发套，这使他的容貌变得更加奇丑无比。幸亏他主动走过来，问我还能不能认出他来。我支支吾吾地祝贺他贵体康复……”

接着，彼得带着她们去拜见女皇。伊丽莎白女皇是一位漂亮女人，年方35岁，她身材修长，肤色红润，体态丰满，穿着一件内衬裙环镶饰金边的裙子，显得雍容华贵。索菲亚这样形容女皇说：

“她的头部一侧插着一根笔挺的黑色羽毛，发饰上镶有许多钻石……”

索菲亚毕竟是贵族出身的德意志小公主，她知道在伊丽莎白女皇面前应当保持什么样的礼节，她躬下身去，十分优雅地向女皇行了一个屈膝礼，女皇则因为在索菲亚的脸上见到了自己不幸的已故未婚夫的容貌，感到十分亲切，她坚定地认为索菲亚作为皇储彼得大公的佳偶是十分合适的。至于彼得能不能给这个小美人幸福，这个问题在她看来无关紧要，最主要的是秤杆能配得上秤砣，索菲亚嫁进来的最大用途就是为俄罗斯皇室传宗接代而已。

约翰娜的一个弟弟本来是伊丽莎白女皇的未婚夫，可是伊丽莎白还未过门，他就不幸薨逝了。这让女皇对约翰娜和索菲亚母女的态度十分特殊，决心让索菲亚嫁给皇储彼得大公。

不知道是否因为太过伤痛，失去了未婚夫的伊丽莎白女皇生活很是混乱。她把懒散固执、风骚残忍、虔诚淫荡莫名其妙地揉捏在一起，形成俄罗斯宫廷生活又咸又淡又苦又甜又酸又辣的新风尚。她奢靡无度，同样的饭菜不吃两次，同样的服装不穿两回，却敬畏上帝，对圣像顶礼膜拜。出于仁慈，她废除了死刑，却因洛普金伯爵夫人和别斯杜捷伯爵夫人涉嫌阴谋案件而割去了她们的舌头。大臣们都怕她，因为一怒之下她轻则削人官职，重则将人打入地牢。外国使节们极难笼络她，因为她专横刚愎，反复无常。她视百姓如粪土，却毫不怀疑自己对俄国人民拥有神圣的合法权利。她易怒、敏感、虚荣，睚眦必报。法国国王路易十五的密使埃翁骑士写道：

“陛下酗酒成性。她有时喝得酩酊大醉，不省人事。此时不得不割开她的长裙和紧身褡进行抢救。她还殴打她的奴仆和侍女。”

但此刻她对索菲亚这位德意志小美人却有着极高的兴趣。可是面对这样丑陋而又奇形怪状的未婚夫，索菲亚在情爱方面已经彻底绝望了。是啊，跟这样的丈夫生活在一起还会有什么幸福可言吗？但索菲亚问自己说，难道你不远万里，经历了一个多月的艰辛跋涉来到俄罗斯，就是为了情爱缱绻和儿女情长的吗？不，她要的是雄心壮志，是许多男人也可望不可即的东西。所以从得到女皇的青眼相加开始，索菲亚就开始了全力以赴的准备，为自己成为俄罗斯皇储妃做准备。

虽然在出发去俄罗斯之前，索菲亚的父亲请求她无论如何都不要背弃信仰，但索菲亚还是决心要改信东正教。她全神贯注地加速学习俄语和东正教礼仪，并在东正教教堂起誓皈依。她的虔诚让女沙皇感动得泪流满面，授予她圣·叶卡捷琳娜勋章，并在皈依东正教的仪式上，给索菲亚改名为叶卡捷琳娜·阿列克塞耶芙娜。

对于自己改变信仰的事实，索菲亚写信告知了父亲，她说：

“由于我发现在希腊教和路德教之间几乎没有任何差别，因此我在深思了殿下的教诲之后，决定皈依，并将在我皈依的当天把我的宗教信仰写信禀告，我能聊以安慰的是殿下一定会对此感到满意。”

信虽然这样写，但索菲亚知道父亲看了信一定会非常难过，因为在他看来，改信就等同于背叛。然而对索菲亚来说，什切青已远在天边，光阴不会倒转，旧梦不可重温，如今既然要成为俄罗斯的皇储妃，她当然要把全部心思都投入到自己的新国家里去。德意志和什切青对她来说，已经是遥不可及的过去。

大冬天里，索菲亚光着双脚起床挑灯夜读，她因此着凉，发烧，直至晕倒在地。醒来时，她发现自己坐在女沙皇的怀抱里。几天之内，几乎整个俄罗斯都知道了公主为学习俄语累得晕了过去的感人事迹。经历了重重艰辛，索菲亚公主和彼得大公的婚事终于被提上了日程：1744 年 6 月 28 日，为索菲亚皈依东正教的日子，6 月 29 日，也就是圣彼得和圣保罗日这一天，为彼得大公与索菲亚定亲的日子。

订婚仪式当天，女皇亲自出席，皇家教堂的大主教亲自主持典礼。女皇领着两个年轻人登上教堂中央挂着天鹅绒帷幕的平台，由大主教拉着他们的手开始典礼。仪式庄严漫长。站了整整四个小时之后，累得摇摇晃晃的两个年轻人总算交换了戒指。索菲亚在日记里写道：

“他送给我的价值 11000 卢布，我送给他的价值 14000 卢布。”

典礼结束，礼炮齐发，金钟齐鸣，索菲亚，这个来自普鲁士什切青的德意志小公主，自此摇身一变，正式成为了俄罗斯的皇储妃，彼得大公的夫人叶卡捷琳娜，而叶卡捷琳娜则以平静的微笑和适度谦逊接受了这一荣耀。

御座光芒：来自德意志的俄罗斯女沙皇

1745年8月21日，皇储彼得大公正式与叶卡捷琳娜举行了结婚典礼。婚后的彼得大公并不像一般新婚丈夫一样与妻子恩爱缱绻，而是自己玩自己的，完全不搭理叶卡捷琳娜。她在日记中记载道：

“我那亲爱的丈夫完全把我抛在一边，整天和他的侍从玩玩具兵游戏，或者叫侍从在他自己的卧室里进行军事训练，或者每天换服装20次。我连连打哈欠，感到十分无聊，因为我连一个可以谈心的人都没有。”

婚后数月，叶卡捷琳娜的肚子完全没有动静。女皇不高兴了，但她不仅不批评自己的侄子彼得大公，却只反过来指责叶卡捷琳娜不尽妇道，不给皇室诞育继承人。叶卡捷琳娜有口难辩，只好把一腔怨愤和着泪水往肚里咽。她觉得俄罗斯的皇宫就是一座大监狱，虽然自己名义上是皇储妃，但实际上就如同囚徒一样，因为伊丽莎白女皇无时无刻不在派人监视她，她觉得自己的尊严和自由已经完全被剥夺了。在叶卡捷琳娜看来，俄罗斯的皇宫荒淫可笑，伊丽莎白女皇本人的纵情声色，整个贵族阶级也荒淫腐败，他们注重形式甚于内容，讲究表面装潢而不顾及事情的实质。叶卡捷琳娜后来写道：

“人们经常可以看到这样的情形，一位装束入时的妇人乘坐一辆由六匹鞍辔肮脏的劣马牵引的豪华车，进出于这样的人家：宽敞的庭院里尽是污泥垃圾，屋舍也是用木板搭起来的简陋房子。她的仆从，一个个蓬头散发，不修边幅，然而却穿着极讲究的制服。他们的粗俗举止同身上的那套服饰极不协调。在地球上，没有任何地方能像这个国家那样更容易培养一个人的专横禀性。当人们还在孩提时代，就目睹了自己的父母是怎样残酷地对待家里的仆人。这在他们幼小心灵里留下难以磨灭的印象。因为，哪一个家庭里没有枷锁、锁链、皮鞭或者其他刑具，用来折磨由老天安排到这个悲惨阶层中的人？他们稍有不慎，便受到严刑拷打，有谁砸开自己身上的枷链，等待着他的就是更严厉的惩罚。”

然而就在这样的环境里，叶卡捷琳娜渐渐明白了，“天将降大任于斯人，就必先苦其心志，劳其筋骨，饿其体肤，空乏其身”的道理，为了自己伟大而遥远的目标，叶卡捷琳娜只能冷静下来，继续谨言慎行地走下去。面对自己那位灵与肉都发育不完全的丈夫，她还要像陪小孩一样陪他做游戏。当时的彼得大公已经18岁了，但是对爱情和漂亮的妻子没有兴趣，却只喜欢整天训练他的玩具兵。结婚数月，叶卡捷琳娜仍然是一位处女。她感到很悲哀，原来那些木偶竟然比风华正茂的自己更能诱惑丈夫。但她从来不在颜面上表现自己的不满，她在日记中这样鼓励自己：

“我眼看着自己一天天出落得漂亮起来。我纤腰袅娜、亭亭玉立。我只是稍欠丰腴，略嫌消瘦。我喜欢不施粉黛，我的头发是棕色的，浓密动人。”

叶卡捷琳娜正值妙龄，身体上的冲动和欲望都是有的，但是作为皇储妃，她不能亲近别人，丝毫的越轨行为就会被定罪为不忠贞，但是自己合法的丈夫却又对自己不理不睬，这让叶卡捷琳娜痛苦万分。叶卡捷琳娜明白自己的处境，但她不能一味屈辱地忍受下去，她要利用机会，主动出击。就在这样的情况下，叶卡捷琳娜认识了自己人生中的第一位好朋友兼情人——谢尔盖·萨尔蒂柯夫。但这段爱情并不长久，后来谢尔盖理智地离开了皇储妃，但是却给她留下了一个孩子，就是保罗·彼得洛维奇。

伊丽莎白女皇毫不怀疑这个男孩儿是叶卡捷琳娜和自己的侄子彼得大公的。在诞下了这个孩子之后，女皇对叶卡捷琳娜的态度又恢复了以往的温柔。俄罗斯宫廷中的争斗，使叶卡捷琳娜变得成熟了，她羽翼丰满，决心建立自己的力量。1760 年，伊丽莎白女皇因为纵欲无度，健康状况一日不如一日，在她的若干宠臣中，一个叫朱瓦洛夫的面首知道，如果女皇一旦驾崩，他的好日子就到头了。于是朱瓦洛夫理智地决定投靠新主人，而这个新主人就是皇储妃叶卡捷琳娜。

在外人看来，朱瓦洛夫只不过是伺候够了年老色衰的女皇，想从女皇的龙床转移到皇储妃的凤榻上，但朱瓦洛夫当然不这样认为。不过即使如此，叶卡捷琳娜也认为这个人不堪重用，于是对他也只是敷衍了事。

1976 年 12 月 23 日，伊丽莎白女皇在身心功能极度衰竭的情况下接受了临终的忏悔和涂油礼。12 月 25 日，也就是圣诞节当天的下午 4 点，伊丽莎白女皇与世长辞，临终嘱托将皇位传给皇储彼得大公。在一片真真假假抢天哭地的号啕声中，大臣尼基塔·特鲁别茨科依宣布彼得三世登基。彼得立刻被拥护起来，接受所有人的跪拜和朝觐，叶卡捷琳娜被人忘记了，但她仍然保持冷静，因为此时她正有着五个月的身孕。需要提到的是，此时彼得已经通晓人事，知道了这其中的乐趣，但他仍然很少搭理自己美丽的妻子，却十分宠爱一个面相丑陋的情妇伊丽莎白·沃伦佐娃，每天拼命与她做爱，至于叶卡捷琳娜，她只是偶尔才“临幸”一下。叶卡捷琳娜早就对他灰心丧气了。

彼得三世是一个昏庸无能的皇帝，在即位后不久，也就是1762年4月24日，他与普鲁士的皇帝腓特烈签订了合约，不光保证要归还一切占领的土地，还要同普鲁士联合兵力，共同对付昨日盟友奥地利。早在他做上皇帝的当天晚上，就已经急不可待地向各部队下达命令，立即停止敌对行动；占领东普鲁士、彼莫瑞、勃兰登堡新道的军队撤离这些地区；刚夺到手的科尔贝格城也要归还。

彼得三世疯狂崇拜普鲁士的腓特烈三世皇帝，在私人信件中，他向腓特烈反复重申景仰和友谊，在日常生活中，他胸前只佩带普鲁士黑鹰勋章，还经常狂吻戒指上镶嵌的腓特烈皇帝的头像。有一次他还醉醺醺地对普鲁士公使说：

“为您的国王、我们的主人的御体康泰干杯！承蒙他把一团士兵交给了我，让我替他效力，我感到不胜荣幸。但愿他不要辞掉我。您可以转告他，只要他一声令下，我将亲率我的整个帝国甚至为他到冥府去作战。”

英国大使在给英王的报告中这样写道：

“沙皇陛下对普鲁士皇帝的友谊，或者说狂热，已不能用语言来形容。”

而对于自己的俄罗斯军队，彼得三世可谓极尽侮辱之能事，他扬言要在军队中强制实行普鲁士军纪，军人必须改穿普鲁士军服。对军队如此，对教会他也倒行逆施，他认为老百姓信仰宗教是迷信活动。作为欧洲的文明人，他自认有责任改变这一切。他下令：一切做祈祷的地方，除基督和圣母图像外，其他圣像一律摘除；用牧师礼服取代教士长袍；强迫教士剃掉胡须，甚至下令没收教会财产。

彼得三世的这些行为，背叛了信仰也背叛了广大俄罗斯人民。一时之间，主教们义愤填膺，神甫们猛烈抨击彼得是异教徒，乡下的农民们也发生了动乱。与此同时，彼得三世还加紧迫害皇后叶卡捷琳娜，他任命他唯一的情妇伊丽莎白·沃伦佐娃为宫廷首席女官，不分白天黑夜地与她欢爱，希望她能生出孩子，这样就可以取叶卡捷琳娜而代之，可是沃伦佐娃的肚子根本不争气，让彼得愁眉苦脸。一位宫廷女官这样记载说：

> “她是一个缺乏头脑的女人，若论容貌，她是世上奇丑无比的人。不管从哪个角度看，她都像一个劣等客栈的女佣人。如果陛下能同情妇生一个男孩，不少人相信，他会使情妇成为皇后，使那个男孩子成为继承人。可虽然陛下与沃伦佐娃频繁做爱，她就是无法生出孩子来。”

1762 年 2 月 21 日，在一次宫廷晚宴上，彼得当众命令妻子把伊丽莎白女皇授予她的圣·叶卡捷琳娜勋章送给沃伦佐娃。叶卡捷琳娜竭力控制情绪，毫无怨言地照办了。这在当时也是唯一可行的做法。在这样的压迫和屈辱中，叶卡捷琳娜终于生下了孩子，但她的日子愈加艰难了，迫害在变本加厉。1762 年开始，彼得拒绝承认叶卡捷琳娜属于皇室成员，大家认为，这是他休妻的第一步。接着，彼得下令把叶卡捷琳娜幽闭在舒吕塞尔堡要塞。在他叔叔荷尔斯泰因亲王的恳求下，疯狂的彼得才放弃了这种极端做法。

此时叶卡捷琳娜明白了，她已经到了生死存亡的关头，摆在她面前的只有两条路，或者推翻丈夫自立为帝，或者被丈夫废弃，可能要在黑暗恐怖的地牢度过一生。布雷德依在给舒瓦瑟尔公爵的信中写道：

“皇后处境极其困难，受到最无理的对待。大人，我已提请您注意，她正力图用哲学武装自己，我也曾给您报告过，这种精神食粮不大适合她的性格。我深信不疑，她对皇帝的无理行径和沃伦佐娃小姐的跋扈傲慢已经忍无可忍了。我了解她的勇气和性格，我敢肯定她迟早要铤而走险的。我认识她的一些朋友，他们正想方设法使她平静下来，但如果她提出要求的话，他们愿意为她牺牲一切。”

就在彼得倒行逆施激起民愤的时候，叶卡捷琳娜正在塑造一个圣女和伟大皇后的形象。她全身着黑纱前往教堂，一连几小时在灵台前深跪并哭泣。在络绎不绝的百姓们前往教堂向女沙皇的遗体告别时，在摇曳的大蜡烛光焰之下看到的是一位悲痛欲绝、既无皇冠又无首饰的天仙。通过她划十字和跪拜的姿势，人们感到，这位天仙般的皇后浑身上下流的就是纯净的俄罗斯民族的鲜血。布雷德依男爵写道：

“皇后赢得了所有的人心，没有任何人像她那样经常去教堂为已故女皇做各种仪式，根据希腊教规，那些仪式不仅烦琐，而且充满了迷信色彩。她分明对此持嘲讽态度，但神职人员和百姓却认为她从中受了触动，因而对她感激不尽。在熟悉她的人看来，她以非凡的记忆力准确地观察着各种节日、封斋日、守斋日，总之，凡彼得皇帝掉以轻心的，她都认真对待，而在这个国度里，这些都不是细枝末节。作为一个女人，她决不会忘却，也不会原谅皇帝当大公时曾经常威胁要把她削发幽禁，像彼得一世对待他的头房夫人那样。除此之外，她每天还得遭受种种凌辱，这一切不可能不在一个像她那样的人心中酿成宿怨，一有机缘就要爆发。”

做好了这些准备工作，叶卡捷琳娜终于要开始行动了。可是此刻荒淫可笑的彼得三世还毫无察觉，每天只知道拥着他那面貌丑恶的情妇寻欢作乐。1762年6月12日，彼得前往奥宁拉堡避暑。一些清醒的顾问劝他不要离开首都，因为留下敌对势力在首都十分危险。他崇拜的腓特烈皇帝也劝他应该先去莫斯科加冕，得到教会认可后，在人民心中才有稳定地位。但彼得三世将这些话一律当成耳边风。

在沙皇彼得去了奥宁拉堡后，叶卡捷琳娜独自去了彼得霍夫，她于6月19日抵达那里。住进一个名叫“逍遥津”的宫殿里。这个地方既容易同奥尔洛夫兄弟联络，又可随时逃避彼得派来的爪牙。过了两天，彼得下旨说29日将去彼得霍夫，要叶卡捷琳娜准备接驾。叶卡捷琳娜明白此时就是最好的时机。

6月28日天刚刚破晓，阿列克谢·奥尔洛夫就来到叶卡捷琳娜的寝宫门前，叶卡捷琳娜刚刚睁开眼睛便看见了满脸杀气的阿列克谢。他对叶卡捷琳娜说：

“您该起床了。宣布您为女皇的一切工作都已准备就绪。帕塞克已被捕，您得赶快离开这里。”

他恨不得背上衣衫不整的叶卡捷琳娜立刻就走。当叶卡捷琳娜身穿丧服出现在士兵们面前时，军队爆发出欢呼："乌拉！我们的叶卡捷琳娜小母亲!"

看到士兵们的热情，叶卡捷琳娜终于可以放心地把自己的生命托付在他们手里了。她挺身走向队列整齐的士兵。格里戈利立在马镫上，像一尊战神一样举着剑向她致意。士兵们跪在地上亲吻她的手和衣服，随军神父手持十字架，大声宣布叶卡捷琳娜是上帝授意的女皇。在激昂的欢呼声中，军队向叶卡捷琳娜宣誓效忠："乌拉！叶卡捷琳娜，我们的小母亲！我们誓死捍卫她!"

震天动地的喊声几十里之外充耳可闻。浩浩荡荡的队伍走上了涅夫斯基大街，这里已经水泄不通。市民们不断加入到士兵的行列，和他们一起纵情欢呼。到处看到的都是手臂、军刀和枪支。马车终于穿过人群，来到了喀山大教堂。在教堂中，主教为叶卡捷琳娜加冕，使她成为女沙皇，她的儿子保罗·彼得洛维奇成为皇储。

随后，叶卡捷琳娜女皇发布了废黜彼得三世和自己登基的诏书：

"朕叶卡捷琳娜二世诏谕尔等：凡我俄罗斯国家忠诚臣民已见近日事态发展使国家濒于存亡危境。我希腊东正教教会亦已遭逢大难，临于险地，因有人企图以异端邪说取代我古老东正教义。其次，同我国不共戴天之仇敌腓特烈二世媾和，实有损我俄罗斯祖国多次浴血奋战所树之赫赫国威，使我国已完全受制于人；且我社稷和所赖以存续之内部秩序亦尽遭摧伤。朕有鉴于此，唯有上体天意，俯顺我忠良臣民意愿，统摄至尊大权，践登帝座。仰尔等忠顺臣民一体庄严宣誓效忠。”

叶卡捷琳娜已经成为俄罗斯的新主人，而那边彼得到达了彼得霍夫，不见叶卡捷琳娜前来“接驾”，他大为震怒，接着听说叶卡捷琳娜已经发动政变登上皇位，他又吓得一屁股坐在地上号啕大哭。身边的官员们请求他像个皇帝那样去争取，但是彼得却不愿与情妇分开，并且很快晕了过去。

晚上10点，彼得乘坐的双桅帆船在月色依稀中驶进了喀琅施塔得港。帆船上的士兵通报说：“沙皇陛下驾到!”

守港的士兵说：“滚开！已经没有沙皇了！我们已经向女皇宣誓效忠了!”

刚成为女皇的叶卡捷琳娜跨上一匹白色的高头大马检阅军队，她头戴套着花环的貂皮软帽，褐色长发随风飘动，她擎剑在手，活脱脱一尊战争女神的雕像。

此时士兵们多数脱下了彼得强令他们穿上的德国军装，换上了彼得一世时代的旧式军服。

检阅了军队，叶卡捷琳娜躺在草地上休息，这时早已成为了阶下囚的彼得写了书信过来，承认了过去对待妻子过于薄情寡义，希望叶卡捷琳娜能看在几年的夫妻情分上，放自己一马，他一定会与皇后同掌朝政。

看到丈夫的书信，叶卡捷琳娜哈哈大笑，彼得已经尽失人心，连他派来的使臣们都纷纷归顺女皇，港口驻军甚至不让彼得上岸。在这场女子与男人的较量中，叶卡捷琳娜大获全胜。她立即签署了一份以彼得口气拟就的退位诏书：

“朕在短期专擅俄罗斯帝国朝政时深感才力绵薄，难胜重任……故几经深思后，特向俄国及天下自愿庄严宣布，朕将永生永世放弃统治俄罗斯帝国。”

彼得彻底被原来的妻子吓傻了，他乖乖听从她的一切安排。在准备软禁他时，他痛哭流涕地请求让情妇与自己同行，但女皇当然不会同意了。她命令将沃伦佐娃押送到莫斯科，而把彼得送到距离圣彼得堡27俄里的洛普莎别墅监禁。没过几天，彼得又写信来请求女皇撤走卫兵，相信他不会去做反对她的事情，并且请求女皇能让他和一个叫伊丽莎白·沃伦佐娃的女人一起去德国。女皇对此置之不理。第二天，叶卡捷琳娜忠诚的手下阿列克谢·奥尔洛夫写信，诚惶诚恐地禀告女皇说：“他已经不在人世了。”

至于彼得究竟是如何死的，众说纷纭。但此事令叶卡捷琳娜始终愧疚，因为彼得毕竟是俄国人民尊敬的彼得大帝的后裔。彼得的死，让叶卡捷琳娜背上了谋杀亲夫的罪名，叶卡捷琳娜对此感到痛不欲生。当然她不是因为不舍得彼得死而痛不欲生。她呼天喊地地说：“我的荣誉全完了！”

传奇生涯：与彼得大帝齐名的女沙皇

叶卡捷琳娜接手的俄罗斯帝国千疮百孔，危机四伏。对此，女皇自己在日记本中写道：

“现在俄国国库空虚，军中已三月无饷。商贸日益凋敝，多有囤积垄断之现象。国政松弛，军机各部亦有欠款之举，海政疲惫，几近崩溃。司法沦为铢两悉称，律令之行惟强者是瞻。”

叶卡捷琳娜知道，要想树立君威，她必须要用铁腕手段来治理国家。鉴于这种情况，叶卡捷琳娜提出了一系列施政目标，旨在强调恢复国家行政秩序，强化国家机器，促进商贸繁荣，增加国库收入，等等。更重要的是，在施政目标中，叶卡捷琳娜提出了一个新观点：如果俄罗斯想要获得自身民众和周围邻国的尊重，俄罗斯就必须成为一个令人生畏的强权国家。

最能体现她的治国方略的，大概就是波兰问题了。

1772 年，俄国与普鲁士、奥地利第一次瓜分波兰，得到了白俄罗斯和拉脱维亚的一部分。1791 年，波兰爱国党通过了《五三宪法》，宣布废除自由选王制和自由否决权，结果遭到俄普两国的联合打压。叶卡捷琳娜的军队攻占华沙，宣布《五三宪法》无效，并与普鲁士一起签订了第二次瓜分波兰的协议，得到西乌克兰、白俄罗斯和立陶宛的一部分。1794 年，叶卡捷琳娜带头，第三次瓜分波兰。三次瓜分行动，让俄罗斯总共侵占了波兰 46 万平方公里的国土。她将夺取到的波兰帝国慷慨地赠送给了自己的一位情夫，而这个男人也用了他的一生来效忠和爱恋着女皇，为她终身未娶。

叶卡捷琳娜热衷于扩张版图，她还完成了彼得大帝在位时没能完成的打通黑海出海口的愿望。1768 年，在叶卡捷琳娜的挑逗下，土耳其宣布对俄罗斯宣战，叶卡捷琳娜的军队所向披靡，在多瑙河、克里木、高加索和爱琴海四条战线大获全胜。签订合约时，土耳其除了割地赔款之外，还承认克里木汗国独立，并承认俄商船可以自由出入黑海的出海口。

1787 年，土耳其和俄罗斯两国战争再次爆发。这一次，苏沃洛夫率领俄军在伊兹梅尔一战中歼敌 2 万多。土耳其再次签约，割让南布格河和德涅斯特河之间的土地，克里木地区被迫割让给沙俄。曾经不可一世的奥斯曼土耳其帝国在沦为任人宰割的"西亚病夫"的过程中，叶卡捷琳娜是最大的催化剂。

看着自己统治下的俄罗斯巨大的版图，叶卡捷琳娜豪情万丈，她说：

"假如我能够活到 200 岁，全欧洲都将匍匐在我的脚下！"

叶卡捷琳娜做的第二件大事，就是解决俄罗斯的财政赤字。在她执政的 30 多年的时间里，叶卡捷琳娜印发了大量的卢布证券。断然取缔权贵们对某些专利的垄断，例如朱瓦洛夫等家族对大企业利润的独吞，制约了权贵敛财的问题。她还一系列措施：建立税收制，发行国债券，提高税率，终于使俄罗斯的财政状况一天一天地好了起来。

叶卡捷琳娜的另一个美德，就是凡事必躬亲处理。在女皇的统治下，臣僚们则心甘情愿地埋头苦干。她本人每日独坐宫中，事无巨细都要过问，不知疲倦地审批公文、国家的报告和外交信件，亲自主持御前会议和国家杜马会议。她每天清晨5点就起床，要工作12–14个小时才会休息，可谓勤政。她思想开明，注重实际，她在日记中说：

“要待人温和、仁慈、和蔼可亲、富于同情、豁达大度。在身居高位后，仍应深入下层体察民情。这既无损于你的尊严，又不减少他们的尊敬。”

女皇曾读过许多西欧启蒙思想家的作品，曾与伏尔泰有过密切的书信联系，还曾资助过“百科全书派”的代表人物狄德罗。她兴办各类学校，提倡文学创作，对资本主义工商业的发展采取鼓励的政策，取消对贸易的限制。思想家伏尔泰还写了一首长诗来歌颂女皇：

呵！上帝！还给我吧，
您何必夺我视听，
因为我也即刻同行！
呵！叶卡捷琳娜！
能目睹您的丰功盛业，
聆听您的谆谆教诲者，
他才是三生有幸！
受人爱戴，又为人君上，
唯您才独擅此雄才！

尤其是前一个特点，
更使我衷心崇拜！
您的睿智，
使圣贤也惊诧感慨，
圣贤得识您后，
也甘把下风拜。

对于这样的恭维，叶卡捷琳娜十分受用。她与伏尔泰保持书信来往，一直持续了15年，持续到伏尔泰去世。

1773年，农民普加乔夫假扮沙皇彼得三世起义，虽然这次起义被叶卡捷琳娜用铁腕手段镇压了下去，但还是使她感受到巨大的威胁。她进一步加强了中央集权，如：改“省、州、县”三级制为“省、县”二级制，并给予贵族更多更大的权力。

1787年，她颁布《俄国贵族自由和特权诏书》，确立了贵族的权益。在统治过程中，叶卡捷琳娜虽然也曾经试图废除农奴制，但在第一次失败和感受到这个事件的危机后，她就放弃了。后来，是她的孙子亚历山大大帝在她身后完成了这个历史任务。

在叶卡捷琳娜执政期间，俄罗斯人口由1763年的2320万人上升至3740万人，无论领土面积，还是人口数量，都是欧洲第一大国。据历史学家克留切夫斯基记载，俄罗斯军队人数也从16万人上升到31万，海军战列舰数量由21艘上升至67艘，巡洋舰数量由6艘上升到40艘，国库收入由最初的1600万卢布上升至6900万卢布，对外贸易额和俄罗斯货币周转总量也得到了成倍增长。

叶卡捷琳娜是一位杰出的女皇，也是一个十分风流的女人，她宠爱过的情大据说数不胜数，格里哥利·奥尔洛夫、波将金、波尼亚托夫斯基等，都是她曾经宠过的男人。

从 1976 年开始，67 岁高龄的叶卡捷琳娜女皇愈发感到身体不支，她对身边的女官们说：“看啊！这就是我要归天的前兆！”自此之后，她很少外出，也尽量不做超出体力支撑的事情。1797 年 11 月 16 日早晨，女皇像往常一样早起洗漱梳妆，独自一人进了更衣室，并且再也没有出来过。

女皇叶卡捷琳娜就这样去世了。她在位期间，俄罗斯得到了空前的滋养和繁荣，版图扩大，实力增强，以王者的姿态伫立于世界上。这位德国血统的俄罗斯女沙皇，成功地完成了她的使命，缔造了她的大帝国，成为了唯一一位能与彼得大帝相提并论的女性君主，她无疑是出色的。

维多利亚女王

欧洲的“祖母”

维多利亚女王，英国汉诺威王朝的君主，也是英国最负盛名、在位时间最长的一位君主。维多利亚女王统治时期，英国加大侵略扩张力度，在世界范围内建立和占领了无数殖民地。正值英国自由资本主义由方兴未艾转向鼎盛，进而过渡到垄断资本主义的阶段，在她统治英国的60余年中，英国的经济、文化空前繁荣，君主立宪充分发展，所有这些，都使维多利亚女王成了英国和平与繁荣的象征。她一手缔造了威名赫赫的“日不落帝国”，成就了前无古人的维多利亚时代。

维多利亚女王18岁的时候继承英国王位，1840年，女王与她的表弟阿尔伯特亲王结婚，夫妻一生恩爱，共生育了九个子女。但不幸的是，因为欧洲各王室之间近亲通婚的规则，女王本人就是血友病的携带者，她的孩子们中也有三个患有先天性的血友病。

在她与丈夫阿尔伯特亲王结婚时，她还是一位年轻的少女，她深爱着她的丈夫，依赖他并采纳他的许多意见，但1861年阿尔伯特亲王因病逝世，这让女王非常悲痛，她没有再嫁，用了整整40年的余生来怀念他。

维多利亚女王的子嗣繁盛，她的血脉几乎遍布整个欧洲，因此被亲切地尊称为“欧洲的老祖母”。女王的长女，维多利亚长公主嫁给了普鲁士的腓特烈三世皇帝为皇后，长公主的儿子是德国威名赫赫的威廉二世国王，长公主的女儿索菲则嫁给了希腊国王做王后。

女王的儿子威尔士亲王爱德华，后来即位成了英国国王爱德华七世，爱德华七世娶了丹麦国王克里斯蒂安八世的爱女亚历山德拉公主，他们的二儿子乔治后来成为英国国王乔治五世，也就是如今英国女王伊丽莎白二世的祖父，他们的女儿莫德公主嫁到了挪威，是国王哈康七世的王后。

女王的次女爱丽丝公主嫁给了德国西南黑森达姆斯塔特亲王为王妃，他们生育的儿女中，大公主维多利亚的大女儿后来成为瑞典王后，二女儿是现在英国女王伊丽莎白二世的丈夫菲利普亲王的外祖母，小女儿则是俄国末代沙皇尼古拉二世的皇后亚历山德拉·费奥多罗芙娜，还有一个女儿嫁给了维多利亚长公主的儿子，而唯一的儿子则娶了阿尔弗雷德王子的女儿。

女王的其他三个儿子中，阿尔弗雷德王子娶了俄国沙皇亚历山大二世的女儿玛丽公主，他们的女儿玛丽嫁给罗马尼亚国王为王后；亚瑟王子娶了普鲁士的玛格丽特公主，他们的女儿玛格丽特公主后来成为瑞典的王太子妃并且生了儿子继承了瑞典王位，她生的女儿是现任的丹麦女王玛格丽特二世的母亲；而女王最小的儿子利奥波德王子后来被封为利奥波德亲王和奥尔巴尼公爵，他娶了瓦尔德克－皮尔蒙特家族的海伦娜公主。因为他不幸遗传了母亲维多利亚女王的血友病，英年早逝，他的遗腹子利奥波德继承了他的爵位，并成为萨克斯科堡的大公，他的女儿是现任瑞典国王的母亲。

女王的其他三个女儿中，海伦娜公主嫁给了德国北部石勒苏益格·荷尔斯泰因亲王为王妃；比亚特丽斯公主嫁给了德国南部巴登堡公国的亨利王子；露易丝公主嫁给了英国阿尔盖公爵约翰·坎贝尔。其中，比亚特丽斯公主的女儿维多利亚公主嫁给了西班牙国王阿方索十三世，成为后来的西班牙王后。

因此，在 1901 年维多利亚女王去世之前，她其实就已经是名副其实的欧洲的老祖母了，据说她还有过一张和这些晚辈亲戚们的全家福合影。

维多利亚女王在位期间，英国的经济迅速成长，不断繁荣强大。这一时期，也是大英帝国对外扩张领土最辉煌的时期。在女王的统治下，英国不惜一切手段进行领土扩张，英国与法国争夺苏伊士运河的控制权，还获得了印度的统治权，自此，女王成为英国君主中，第一个被称为“大不列颠及北爱尔兰联合王国女王和印度女皇”的君王。这一时期，英国的繁荣和富庶，令整个世界刮目相看。为了展示英国的昌盛和强大，第一次万国博览会于 1851 年在伦敦开幕，成为当时的举世盛事。

在文化和科学方面，《雾都孤儿》、《双城记》的作者、世界闻名的英国作家查尔斯·狄更斯，《昆虫记》的作者、英国博物学家查尔斯·罗伯特·达尔文，都是维多利亚时代的风云人物。女王在位的时候，英国的社会文明已经达到了空前高度，义务教育已经开始推行，英国人也逐渐享受到科技发展进步带来的便利生活，一切都是在飞速发展的，维多利亚时代的英国，堪称世界上最令人羡慕的国家。

在维多利亚时代，英国虽是君主立宪制度，维多利亚女王对大臣们的影响力依然很大。如今，以“维多利亚”冠名的河流、湖泊、沙漠、瀑布、城市、港口、街道、公园、学校、建筑物等，遍布全世界，这些都是为了纪念这位日不落帝国的君主，英国前无古人的维多利亚女王。

“日不落帝国”，是维多利亚女王最优秀的一件作品，也是女王给英国人留下的最宝贵的遗产。在历史上，很少有坐上王位的女人，能够像维多利亚女王这样，既能出色地完成自己的职责，又能拥有作为一个平凡女人的普通幸福。她是一个有血有肉的女人，作为女王，她尽忠职守；作为妻子，她始终忠于自己的夫君，用爱来相携走过人生；作为母亲，她慈爱又严厉，培养出了许多优秀的子女，她的一生，堪称所有女性的楷模。

神秘预言：注定君临天下的孩儿

1817年的英国，虽然还处在国王乔治三世的统治之下，但是这位国王患有精神疾病，经常神志不清，处事疯癫，根本没有能力治理国家。他常年幽居在温莎，英国的朝政被当时的摄政王——他的大儿子乔治四世实际掌控着。摄政王与夫人卡罗琳生有一个独女，即1796年出生的夏洛特公主。

1820年，摄政王正式登基，称乔治四世国王。但此时的乔治四世虽然能够掌握大权，但年岁不饶人，他已经在垂垂老去，他的身材逐渐变得肥大臃肿，身体机能也日益衰退，所以举国上下最关注的事情自然就是国王的继承人问题。在当时的王室中，按照继承资格排序，国王没有儿子，只有夏洛特公主一个女儿，所以夏洛特公主自然就是当时王位的继承人，英国的女王储。

1815年，德国萨克森公国的王子利奥波德获取了夏洛特公主的芳心，夏洛特公主告诉父王说，她相信，只有利奥波德王子才能给予她幸福和快乐。于是乔治四世按照女儿的意愿，于1816年1月，将女儿嫁给了利奥波德王子。

但是婚后不久，王子就发现，夏洛特公主的涵养似乎与她的尊贵身份并不十分匹配，如今成为萨克森王妃的夏洛特有很多他不能接受的习惯，比如喜欢取笑别人和跺着脚走路。利奥波德王子对妻子的仪容和处事的要求是非常高的，他认为，她至少要像一位公主和一位王妃那样尊贵地行事。但公主性格叛逆，始终也无法做到。多年后，利奥波德王子的侄女这样形容他们说：

“他出入过欧洲上层社会的各种交际场所，对于法国人所谓的‘上等人’，他当之无愧。由于性格上的差异太大，他们之间争吵不断，但是每一次争吵的结果都是一样的，她像一个叛逆的少女站在他面前，穿着裙子，身体前倾，手放在背后，脸颊绯红，眼中闪烁着光芒，声称自己会按照他的要求来做事。”

但如同王子的私人医生所认为的那样，王子和公主之间的夫妻感情还是很美满的。1817年春天，夏洛特公主有了身孕，但公主的御医认为，为了让公主能健康生产，应该采取节食的方法保胎。但是王子的私人医生认为给孕妇节食这个做法非常荒谬，他曾经劝谏王子，但最终他的建议没有被采用。就这样，节食治疗进行了数月，但结果非常不幸，当年的11月，夏洛特公主在经历了撕心裂肺的50个小时的阵痛和产痛之后，只是产下了一个死了的男婴，并且分娩后没过多久就去世了。

妻子去世的消息让利奥波德王子觉得如同五雷轰顶，毕竟他是很爱他的妻子的。而且，明明几个小时前他还去了床前照顾产后虚羸的夏洛特，怎么才回到房间里休息，妻子就去世了？但他还是不得不艰难地接受了这个事实。夏洛特公主的薨逝，除了让萨克森公国失去了王妃之外，还代表着英国要重新选立王储——因为现在国王的身体状况已经越来越不好了，为了国祚绵长，国王必须重新挑选一位继承人。

而按照英国王位继承的规则，国王死后有权继承王位的是其子女，而如果国王无后嗣，继承者将按男女长幼顺序从国王兄弟的子女中产生。而值得一提的是，乔治四世国王（当时还是摄政王）与妻子卡罗琳早已感情不和，在生下夏洛特之后，两人就分居了，面对如今王座后嗣无人的情况，即使是摄政王与王妃重归于好，此时的摄政王也基本没有生育能力了。也就是说，夏洛特公主的去世，意味着乔治四世国王去世之后，新国王只能从乔治四世的侄子辈中产生。

而事实上，摄政王的兄弟姐妹们的情况也不是很乐观。国王共有六位兄弟，他们分别是约克公爵、克莱伦斯公爵、肯特公爵、坎伯兰公爵、苏塞克恩公爵和坎布里奇公爵。

其中，约克公爵是个浪荡公子，常年与情妇克拉克夫人厮混，他的妻子是普鲁士的大公主，但是这位公主并不热衷于享受爱情，她只喜欢养宠物狗、宠物猴子和鹦鹉，因此他们也根本没有生育儿女。

克莱伦斯公爵也是一个花花公子，他没有结过婚，但他似乎有过一位妻子，就是演员乔丹夫人，乔丹夫人虽然给克莱伦斯公爵生了许多儿女，但是由于他们的婚姻从未得到国王的批准和认可，所以他那些子女只能被归为私生子女，当然是没有资格入宗室族谱的，所以也无法产生继承人。

坎伯兰公爵被认为是一个心术不正的人，大家怀疑他曾经猥亵男仆并且最后杀死了那个男仆。他的妻子是一位日耳曼的公主，但他们的婚姻名存实亡，并没有生育孩子。

苏塞克恩公爵是一个才子，他爱好文学，喜欢藏书，还颇有绅士风度。他的妻子是奥古斯塔·默里小姐，他们生育了两个儿女，但遗憾的是，这桩婚姻也因为没有得到国王的批准和同意，成为无效婚姻。在奥古斯塔小姐去世后，他续弦娶了塞西莉亚·巴根夫人，当然这也是一桩无效婚姻。

而兄弟中排行最小的坎布里奇公爵住在汉诺威，他整天披着一头长长的金色假发，疯疯癫癫自言自语，人们都认为他是遗传了父亲乔治三世国王的精神疾患。没有女人愿意嫁给他，当然更谈不上生儿育女了。

在摄政王的众多弟兄中，唯有肯特公爵爱德华是一个品行端正的人，他也没有结婚，但是他已经与他心爱的女人劳伦斯夫人一起生活了 27 年，劳伦斯夫人与他年岁相同，情深意笃，难舍难分。劳伦斯夫人是一个好女人，用肯特公爵自己的话说就是“她出身名门，从未做过女伶，我是第一个、也是唯一一个和她同居的人。她的无私一如她的忠贞”。

所以肯特公爵认为，如果他为了政治婚姻和为王室生育继承人而必须离开劳伦斯夫人，她和他都会悲痛欲绝无法接受。肯特公爵说：“每逢想到结婚将成为我的义务，上帝才知道我要做出的是怎样的牺牲。”

但也许这就是命运，冥冥之中，肯特公爵早就与另外一个女人牵系在了一起，他们注定要结婚，而她们即将生育的那个小女儿，也注定成为英国历史上最辉煌显赫的一代女王。而这要从许多年前的一个神秘预言说起。

早在 1802 年，肯特公爵被派往直布陀罗的一个军营去服役，在那里，他是一位训练有素、作风严谨的军纪官。他在军营服役的时候，曾经有一位吉卜赛的占卜家专程找到他，为他预言说，他以后将会在安乐中离开人世，并且，她将有一位独生女儿，这个女儿会成为英国最伟大的一位女王。

从直布陀罗回来之后，爱德华始终没有忘记这个预言，最后，他因为这个预言而决心缔结政治婚姻。

谈到结婚，很多事情都是必须考虑的。首先，他的身份是一位王子，其次，按照皇室的规定，王储的母亲必须是出身高贵的王室公主，当时被提名的公主有两位，一位是巴登公国的公主，一位是萨克森·科堡公国的公主。经过协商，肯特公爵最后迎娶了萨克森的维多利亚·玛丽·路易莎公主。

多年之前，爱德华曾经向萨克森的维多利亚公主求婚，但是被拒绝了。而如今，几乎整个欧洲都知道，肯特公爵结婚是为了生育王室继承人，所以这一次，已经丧夫孀居的维多利亚公主毫不犹豫地应允了爱德华的求婚。1817 年 5 月 29 日，英国肯特公爵爱德华与萨克森·巴登公国的维多利亚公主正式结婚。

本来，肯特公爵心中打着一个如意算盘，那就是在他结婚后，王室应该拨给他一笔多达 2.5 万英镑的奖励款项，因为他忍痛放弃自己爱的女人劳伦斯夫人而缔结政治婚姻，这本来就是为国家考虑，为了改变王室后嗣无人的荒凉景象，而且摄政王也应允了他结婚后会给他报偿。可是在他真的结婚后，他发现状况发生了改变，一直浪荡未婚的克莱伦斯公爵也突然赶在这个关头结婚了，迎娶了萨克思·莱宁根大公的女儿。这让王室和下议院觉得，能生育继承人的不仅仅只有肯特公爵夫妇了，所以肯特公爵婚姻的价值瞬间跌落，他什么都没有得到。他增加年薪的提议在下议院遭到了否决，肯特公爵的如意算盘落空了。

肯特公爵夫妇未免失望，他们过着捉襟见肘的生活，公爵夫人甚至没有华丽的衣裙去参加舞会，她的侍女也长相丑陋。他们在英国的生活很不愉快。最后，他们只能搬回公爵夫人在萨克森原来的领地阿蒙巴赫去居住。但这里因为刚刚被法国皇帝拿破仑的铁蹄践踏过，所以也没有多好的前景，庄园荒芜，土地贫瘠。

在窘迫的生活中，唯一一件让肯特公爵夫妇觉得快乐的事情就是，公爵夫人有喜了，并且肚子一天天平稳地大了起来。看着妻子隆起的肚腹，肯特公爵不禁又想起了吉卜赛预言家的预言——他的女儿在日后将成为英国最伟大的女王。

为了让这个孩子安全健康地来到这个世界，公爵决定带着妻子回到英国去。他们雇了一辆便宜的马车，公爵亲自驾驶，载着怀孕的妻子，车里还有妻子和前夫那 14 岁的女儿以及宠物狗和金丝雀，就这样，他们带着希望启程了。

马车走过了法兰西的国土，缓缓行在西欧广袤的平原上。此时此刻，还没有人知道，这是一队有着特殊身份和特殊使命的人马，他们是英国“日不落帝国”的缔造者、伟大的维多利亚女王的父亲和母亲。

惨淡童年：生命之初的艰辛与磨难

经过漫长而辛苦的跋涉，公爵夫妇终于抵达了英国伦敦。刚回到伦敦，他们就得知了一个消息，克莱伦斯公爵夫人 1 个月前刚诞下了一名女婴，这个消息让肯特公爵多少有些担心，但此时公爵夫人维多利亚的身孕已经非常明显了，这让摄政王和王室都感到欣慰。为此，王室在肯辛顿宫给他们安排了一个套房，公爵就陪着公爵夫人在王宫里安心待产。

1819 年 5 月 24 日，公爵夫人开始坐卧不安，出现临产的征兆。幸运的是，她肚子里的孩子并没有让她痛苦很久，一切都很顺利，公爵夫人于当天诞下了一个小女儿。女儿的哭声非常响亮，似乎在向世界宣告自己的诞生。

看着襁褓里娇嫩的婴孩，公爵想起了克莱伦斯公爵新生的女儿，也再一次想起了吉卜赛预言家的预言，他感到有些欣慰，又有些复杂，一切都在沿着既定的轨道运行，不是吗？

也许冥冥之中，万事早有天定。在肯特公爵的女儿出生不久，克莱伦斯公爵的女儿就夭折了，小家伙才两个月大。这让肯特公爵更加坚信，自己的女儿一定就是未来国王的继承人。他们决定给女儿起一个优美的名字——毕竟这个小姑娘以后会是英国女王，应该有一个高贵又好听的名字。他决定给女儿起名为伊丽莎白，因为这是英国一位最伟大的女王的名字。

但这个名字让摄政王非常不高兴，他认为肯特公爵居心不良。现在他都没有正式即位，他就想给女儿命名为伊丽莎白了。因此摄政王决定向他示威，他亲自去参加小公主的洗礼和命名仪式。

按照规定，孩子的名字必须在他的洗礼上，由大主教择定宣布。在公主洗礼之前，摄政王早就授意过大主教，要给小公主起个什么名字。

洗礼上，摄政王对主教明知故问地说：“这孩子叫什么名字好呢？”

主教恭谨地回答：“亚历山德拉。阁下。”

不能给女儿起名为伊丽莎白，肯特公爵很是失望。但是面前的这个人是自己的兄长，现在的摄政王，未来毫无疑义的国王，他又能有什么办法呢？于是他只好请求说：“阁下，能不能再加上一个名字？”

摄政王面无表情地说：“好啊，你认为就叫乔治娜怎么样？”

公爵小心翼翼地问道：“叫伊丽莎白呢？”

摄政王的脸色瞬间变得非常难看，他站起来，一边向外走一边说：“她的母亲叫维多利亚。好了，就叫维多利亚吧。但是亚历山德拉必须放在前面。”

就这样，小公主的名字确定下来，叫作亚历山德拉·维多利亚。这个名字在当时的英国是如此的普通，没有人能够想到，在乔治四世去世之后，这个名字成了欧洲最伟大的名字，几乎响彻了整个世纪。

可是女儿的出生也没有改变肯特公爵夫妇经济窘迫的现状，他们依然生活艰难。尽管如此，他还是觉得，夫人刚刚为他诞下了女儿，一定十分疲累辛苦，她建议夫人到德文郡去做海水浴，这样会对夫人的身体大有裨益。为了陪伴夫人出行，公爵染上了风寒，但是他毫不在意也未及时加以救治，导致最后风寒变成了肺炎。

在那个年代，肺炎还是要命的病。肯特公爵很快就无力回天了。在他病危之际，他头脑清醒地签署了文件，把女儿的监护权和抚养权交给了夫人维多利亚。在他努力确认了自己的遗嘱条款之后，他才安心地闭上眼睛。

父亲去世了，从此小维多利亚的惨淡童年就开始了。陪伴维多利亚的只有孀居的母亲，她们生活窘迫，而且在这个关头上，克劳伦斯公爵夫人却再次怀孕了。这个消息让维多利亚这位日耳曼公主非常迷惘，她不知道前方等待自己和女儿的到底是什么样的命运。

1821 年初，克莱伦斯公爵夫人再次生了一个女儿，但很不幸，她的这个女儿同上一个女儿命运相同，也是刚出生不久就夭折了。此时，摄政王乔治已经正式即位成为国王，在这样的形势下，小维多利亚的命运开始变得清晰起来——因为她是王室活下来的唯一血脉了。为了抚养公主，肯特公爵夫人的年金增加了一倍，并拥有 3 万英镑经费作为维多利亚公主的抚养费，公主的成长，成为人们日益关注的焦点，这个未来的女王储，牵动着从王室到平民每一个英国人的心。

此时，古老的英国正发生着翻天覆地的变化，在肯特公爵咽下最后一口气后不久，老朽疯癫的乔治三世国王就结束了那漫长而又极不光彩的一生。随即，摄政王即位，成为乔治四世国王。对于英国而言，这不仅仅是王位变化更替，更是强大的力量和猛烈的冲突正隐隐约约地震荡在皇家那个仍旧温暖的摇篮的四周，此时，日月更替，斗转星移，新的自由主义运动正以不可阻挡之势滚涌而来。而强权者却依然端坐在王位上，固执而自傲。新的热情与新的希望正在泛滥，同时旧的热情与旧的希望也如强大的阴霾，丝毫没有消散的迹象。新旧的力量交织着，皇家的摇篮悬在其中。躺在这摇篮里的，就是未来英国的女王维多利亚公主。

不得不说，肯特公爵是一个幸运的男子，他在受命生育王室的继承人之前，劳伦斯夫人与他琴瑟和谐 27 年，深爱并始终忠诚于他；后来他为了生育皇嗣，与维多利亚公主成婚，维多利亚公主为她生儿育女，在他去世后，她忠贞地守护着丈夫的意愿，悉心培养女儿，慈爱地看着她成长。公爵夫人丝不苟地继承着丈夫的事业，她虽为公主，却历经风浪，坚韧不拔。公爵夫人是一个杰出的女人，她美丽但不骄矜，除了拥有独立的性格和顽强的毅力外，她的计划是周密的，她的行为是扎实的。她决心要把女儿培养成真正的英国女王。

她给女儿请了许多老师，教导女儿如何成为一位高高在上的女王。费洛珍·莱恩小姐是维多利亚的启蒙教师，她身上似乎有一种神奇的力量，让维多利亚如痴如醉地跟着她学习，她教她识字、骑马、看歌剧；而莱恩小姐的闺中密友斯巴特男爵夫人则教维多利亚女工技巧；泰格里尼小姐负责教导她作为一位王室公主应该烂熟于心的优雅仪态和礼节；拉布拉奇小姐则用自己浑厚的低音来训练她的尖嗓门。统领这些教师的是如同教务长一般的诺瑟姆伯兰公爵夫人，除此之外，王室还派遣切斯特副主教来亲自教授公主基督教的课程。

小公主天生颖慧，学习的内容几乎都能熟练掌握。她说得最好的语言就是英语和德语，因为这是她的两门母语。除此之外，她的法文和拉丁文也掌握得不错，还可以用意大利语与人交流。这得益于公爵夫人对公主的严格教育，在维多利亚公主 11 岁时，公爵夫人要求伦敦和林肯的主教对女儿进行一次考核，为此，她写信给当时的国王说：

“我觉得时间已到。该对小德玲娜（维多利亚公主的乳名）来一次考核，如有出自判断失误的措施应该加以纠正，未来的计划还应给予审议修订……”

此时的国王已经不是乔治四世，因为，在 1920 年乔治四世正式即位的时候，他的身体就已经不行了，所以他在王位上没坐多久，就去逝了。当时小公主尚在襁褓中，不能即位，所以继任的国王是原来的克莱伦斯公爵，新国王和王后始终没有活下来的子女，所以维多利亚公主已经成为假定继承人，肯特公爵夫人也被得到了假定女儿成年之前国王去世时的摄政权，夫人和公主的地位已非昔日所能比，她们几乎是全英国最有权势的人，以前经济窘迫的状况自然也就不复存在了。

所谓假定继承人，就是说如果直到现在的国王和王后寿终正寝，他们一直都没有生育子女，那么维多利亚公主就是王储；相反，如果国王和王后生育了继承人，那维多利亚的王位就只能旁落了。但克劳伦斯公爵夫妇在成为国王和王后之后，虽然多次生育，但始终没有健康生存下来的孩子，所以假定继承人维多利亚就是事实上的继承人。

于是，考验未来女王的一次严肃的考试开始了，两位主教如期来到宫中，提问的范围不加限制，十分广博，从基督教义经典著作到历史、政治、语言文字到各细密的自然科学，11 岁的小维多利亚对答如流，她清脆的童声在幽深的宫院飞扬，两位严肃稳重博学的主教很是惊讶，怎么也掩饰不了内心的那份欣喜与激动。在回答主教提出的大量问题时，小公主显示出了对基督教史诸般最重要特征，以及英国国教所讲布的基督教各主要真谛与原则的精确认识，她对于编年史和英国史中的各大事件亦很熟悉，这对于像维多利亚公主这样年仅 11 岁的小女孩来说，是十分难得的。更难得的是，公主不仅熟读诸般经史，她对于地理学、地球仪的应用也很灵活，对于外语教学和拉丁语法等诸语言问题，她的回答也是相当令人满意的。小公主的聪颖早慧，由此可见一斑。

作为整个英国的希望，维多利亚公主身上担负着重大的责任，公爵夫人决心让自己的女儿从尽可能早的时刻起，就做好身居高位的准备，这种准备，除了广博的知识储备，更重要的在于培养出一种足以博得人们尊敬的风范，也就是举手投足间的朴素、规矩、守礼、诚实和尊贵。一直是一位传统虔诚的基督教徒的肯特公爵夫人坚定地认为，成为举止尊贵的未来女王的唯一方法就是虔诚地皈依传统的基督教，接受上帝的教诲。

于是她为女儿请来了著名的教育家、拉格比学校的校长阿诺德博士，亲自来教授公主关于基督教的信仰和礼仪课程。在教堂的长椅上，纯真的小公主似乎是一个天生的基督教徒，她穿着一身洁白的衣裙，头上戴着白色玫瑰花环，依偎在母亲身边，听着教师喋喋不休的讲授。她是那样的文静、温柔，如一泓舒缓而清明的溪水，又如清晨林间的空气一样清新动人。

她与母亲一起参加了为她举办的基督教坚信礼，并且将她的一颗纯真虔诚的信心记到了日记本中：

“我觉得我的坚信礼是我一生中最重要、最庄严的事件，我也确信它将对我的心灵产生良好的影响。我对过去所犯的一切过错深感悔恨并坚信万能的上帝会给我心灵的力量，使我舍弃一切的恶，追随一切的善与真，我将带着坚定的决心去做一个真正的基督教徒，竭尽全力地安慰亲爱的妈妈的一切悲苦忧愁，做她孝顺柔情的女儿，我也要听亲爱的莱恩的话，她为我操了那么多的心。”

在课堂上，小公主知道了她未来庄严的使命，随着时间的流逝，她越来越像一个天生的女王。有一次，与她同龄的将军千金简·爱丽丝小姐与祖母一起来到肯辛顿宫，简去找维多利亚公主玩儿，简小姐年纪小，不懂得客套，她随意地拿起公主的玩具玩了起来，但是公主觉得简小姐的做法实在是无礼而随意，于是她高傲地昂着头，严肃地、一字一顿地告诉简小姐说：“你不许碰这些玩具，因为它们是我的！还有，你记住，我可以叫你简，但你不能叫我维多利亚，因为我是公主！”

她的威严把同龄的小姑娘吓得花容失色。

小公主的高贵气质似乎是与生俱来的。曾经在乔治四世国王还在位的时候，有一次国王在温莎的城堡里接见小维多利亚公主和她的母亲公爵夫人。那一天，国王坐在王座上冷冷地看着公爵夫人，大声命令她说：“把她（维多利亚公主）的小手给我。”

公爵夫人脸色苍白，她还清楚地记得，在维多利亚的洗礼上，自己的丈夫是如何不得不迫于乔治四世的淫威而不能给女儿起名为伊丽莎白，如今他要用他那双肥硕的手掌去抓女儿幼嫩的小手，他到底是想干什么？公爵夫人正在心里紧张地思索着对策，小维多利亚已经自己走上前去，登上御座的台阶，大大方方地自己把手递给了老国王。

看见小公主自己走上了御台，国王的眼中闪过了一丝惊讶，那架势和气场，好像不是在面对一位国王，而只是与朋友握手而已。小维多利亚高贵自如，她柔软白净的小手，似乎传递着一个新时代的气息。

出乎意料，国王并没有惩罚小公主，并且在第二天早晨，当老乔治四世和格罗斯特公爵夫人乘着敞篷马车，在公园再次遇到肯特公爵夫人和小维多利亚的时候，他扯开喉咙命令道“把她抱上来”，随即他就抱着小公主策马奔驰。小公主完全不害怕，她坐在老国王的怀里，咯咯笑得非常开心。

这让经常感到生活无趣的老国王也非常开心，他一生没有子嗣，唯一的女儿还早早就夭折了，他自己在寂寞和空虚中度过了这么多年，如今在垂垂老矣的时候，他终于尝到了所谓的天伦之乐，与这种快乐相比，争吵、算计、虚荣、权势，都渐行渐远了，这个他以前从未放在眼里的小姑娘很轻松地就把他征服了。

当时在弗吉尼亚湖边，有一条载着皇家乐队的船，老国王爱怜地抱着小公主，问她说：“你喜欢听什么歌？我可以让乐队为你演奏。”

“天佑君王，陛下。”小公主清脆响亮地回答道。

老国王不禁大吃一惊，又重新打量了一下小公主，她浑身上下似乎带着一种与生俱来的君王气质，她不惧怕任何人和事，那种无畏的天真让老国王都为之叹服。

御座光芒：从公主到女王

维多利亚丝毫没有辜负母亲的期许，随着时间的流逝，她也成功地成长为一位美丽又端庄的少女，她学识渊博，举手投足之间带着与生俱来的高贵气质。1837 年 5 月 24 日，维多利亚公主年满 18 岁，按照传统，宫廷将为她举办成人典礼。

未来女王的成人典礼当然是宫廷中的头等大事。这个盛大的仪式由原来的克莱伦斯公爵、现在的威廉国王亲自主持，典礼庄严、宴会丰美，无数尊贵的客人从世界各地应邀而来。在仪式结束之后，威廉国王宣布，从这一天开始，将发给维多利亚公主每年一万英镑的年金，而这一笔钱将由维多利亚公主自行支配。

命运一步一步地走近了。在维多利亚公主的成人典礼之后不久，国王威廉就病倒了。他的身体状况极差，已经无力回天。维多利亚公主在房间中慢慢地踱着步，她似乎已经知道，属于她的时代就要到来了。她对此毫不意外，因为这是命中注定的。吉卜赛预言家的预言已经实现，母亲的辛苦培养没有付诸东流，而自己期待已久的时刻也正在到来。

维多利亚又想起了舅舅利奥波德的谆谆教诲：

“对那个迫近的重大时刻，不必惶恐，不必匆忙，要勇敢、坚决、真诚。”

那边，威廉国王已经进入了弥留状态。这边，维多利亚公主十分平静地对身边的侍从们说：

“既然天置我于此位，我将竭尽全力对国家完成我的义务；我还年轻，虽说不是全部，但在很多事情上也许还很缺乏经验，不过我相信，我比任何人都更有去做好正当合理事情的真情实意。”

1837年6月20日，威廉国王去世。维多利亚公主即位为维多利亚女王。

墨尔本勋爵穿戴整齐，进宫朝谒新女王。他吻了女王的手，女王表现得镇定自若。11点30分，新女王第一次公开露面，处理政务，以墨尔本勋爵为首的王公大臣们都在等待着她。只见厅门缓缓开启，一位身材纤细、个子不高的姑娘平稳地走出来，庄严而娴雅地一步步走向金碧辉煌的御座，稳稳地坐了上去。

大臣们知道，这就是他们的新君主，维多利亚女王。从这一天开始，维多利亚女王长达64年的执政生涯开始了。

新女王给人们的第一感觉是极其完美而深刻的。她如此娴静美丽而又不失威严，她是那么年轻，那么漂亮，金色的头发，嫩红的脸蛋，欢快的步伐，如同来自纯净的天外，如同一个活泼的天使，她敏锐的感觉，明智的决定，谨慎的言谈以及她的单纯、多情与浪漫在无数臣民之间流传。

臣民们希望女王的登基可以给英国带来新鲜的血液和新鲜的空气。他们压抑得太久了，虽然这段时间他们不断地更换国王，可是不论乔治三世、乔治四世还是威廉国王，都不过是爱好声色的龌龊老头，他们淫逸而又贪婪、愚蠢而又荒谬、自负而又懦弱，永远背负着债务、霉气以及各种各样的丑闻，把人们的期待一次又一次地击得粉碎。

维多利亚也很高兴，她终于获得了君主的至高权利，她还获得了自由，不必每日规规矩矩地待在肯辛顿宫中，她喜欢舞会，于是在最初成为女王的那段时间，她就举办了很多次舞会。她拥有权力与财力。如今她的年金已经从做公主时的1万英镑增加到了现在的38.5万英镑，除此之外，她还享有兰切斯特的采邑，年收入在2.7万镑以上，她很轻松地偿还了父亲在世时欠下的债务，感到浑身轻松。

而在政治方面，女王也事事都有着坚定的主张。虽然当时的英国已经是君主立宪的体制，但在政治上，她还是更多地倾向于代表上层资产阶级利益的辉格党，目标很简单：维护王室的权威，展示君主立宪的威力。

女王维多利亚用一种表面上适应时代潮流的方式对抗着她所处的那个时代。特别是当她登上王位的宝座以后，君临一切的威仪使她感到这是她的一种责任与义务。

在成为女王之后，维多利亚颁布的第一道命令，就是将自己的卧房与母亲的卧房分开。

以前在做公主的时候，维多利亚始终生活在母亲严格的管束之下，不论母亲让她如何做她都只能听话，因为作为女儿，她的反抗是无力的，母亲的阴影是威严而巨大的，她无法走出这威严而巨大的阴影。可如今不一样了，她已经是尊贵的英国女王，整个天地，整片山河，都牢牢地控制在女王的股掌之中。对于公爵夫人来说也是一样，如今的公爵夫人的身份不仅仅是女王的母亲，更重要的是，她是女王的臣民。

本来公爵夫人以为，等自己的女儿做了女王，她的身份也会跟着得到提升，可是女儿的威严与叛逆让这一切都成了泡影，在女王命令侍从将自己的床从母亲的卧室里搬出去的那一刻，她就知道，从今以后维系着她和女王的，只能是朝仪和孝道了。

随后做了女王立威工具的，是女王的舅舅，比利时国王利奥波德。在他看来，本来英国的王位是自己的夫人夏洛特公主的，如果夏洛特公主能即位，他也就能获得英国实际上的统治权。而夏洛特没有这个福气，但现状看起来似乎也不错，因为即位的是自己的外甥女，那个年仅 18 岁的小姑娘。而且最重要的是，这个小姑娘对自己这个舅舅一向百依百顺，维多利亚曾经说过“利奥波德舅舅是我的第二个父亲，甚至，他是我唯一的父亲”。

所以利奥波德志得意满，他认为自己一定可以掌握英国的实权。在利奥波德看来，如果不能使一国之君克服宪法的障碍，去左右外国的政治，那么皇室的攀亲意义何在？英国的女王是他的外甥女，既然如此，他当然要将自己的意志强加到英国的外交政策上。

对此，利奥波德充满了信心，因为在他的眼中，外甥女维多利亚还是个不成熟的孩子，她是那么的孱弱而温和，幼稚而单纯。

也许是过分的自负蒙蔽了自己的双眼，也许是那份急于实现的野心使他失去控制，也许是外甥女那一向单纯幼稚的外表欺骗了他，总之，他错误地估计了眼前的这位年轻的姑娘，他写信给女王说：

“在你要对任何重大的事情做出决定以前，最好能和我商量：这也会使你有从容不迫的时间。”

对此，女王嗤之以鼻，与你商量？女王提笔回信说：

“你的忠告对于我来说总是最重要的，但是仅此而已。”

利奥波德国王有些吃惊，他认为他是对他的外甥女太过和蔼了。于是他再次写信，以命令的语气对维多利亚女王说：

“你从来就晓得，我从未求过你任何事情。但是，如我先前所说，假若我们不当心，后果将是严重的，它将多多少少影响到每一个人，而这应该是最值得我们思虑留心的事情。我亲爱的维多利亚，我依然是你亲爱的舅舅利奥波德。我是你的舅舅，难道你能把我的建议与忠告当耳边风吗？”

这一次维多利亚甚至懒得写回信。在拖了一周多之后，她才写了一封回信，只是把墨尔本勋爵为她拟好的标准回信重新抄写了一遍，再加上几句诸如“亲爱的舅舅”、“代我给舅母问好”之类的恭维语气。对利奥波德真正关注的问题，女王始终在“顾左右而言他”。

这次，利奥波德无计可施了，他在自己的外甥女面前彻底败下阵来。他知道，从此，这个天下，只能是女王的天下。而女王没有在回信中以女王的身份严厉呵斥或者惩罚他，已经算是恩惠了。

所以利奥波德只能知趣地再也不插参与英国国政的事情了，面对态度明确但处事方式柔婉的女王，他彻底黔驴技穷了。他只能给女王回信说：

“是的，我亲爱的维多利亚。我那样深情地爱你，我爱你只是为着你自己，我把你看作一个可爱的孩子而爱，对你的幸福我曾那样深切地关心着。”

从小时候与将军千金简·爱丽丝小姐相处的时候，维多利亚已经表现出了她独断专行的性格，她的内心中，那种强烈固执的自我中心意识越来越明晰可辨。她施威的，不仅仅是母亲和舅舅，那些企图介入她的生活，企图对女王的行为施加任何影响的“危险分子”，都被她毫不犹豫地一一挥退。从登基的那一天起，她就是女王，永远都是。

幸福婚姻：与阿尔伯特亲王缔结良缘

女王登基的时候已经是18岁的少女，这在当时的欧洲，已经到了法定的婚龄。但是因为君主的更替是一件大事，所以这件事暂时被搁置。在女王即位两年之后，这件事情再次被提出来并作为最重要的事情列入了国家的日程。几乎整个英国都在期盼着女王能够早日完婚，王公大臣们更是认为，女王结婚是头等重要的国家大事，因为对于英国国民来说，他们看惯了那些老气横秋的前几任国王们的龌龊的表演，他们真想一睹年轻女王豪华隆重的令人振奋的婚礼，他们渴望着女王能有完美的幸福的爱情与婚姻，以此给全国人民做表率。

而且女王现在已经是双十年华的美丽姑娘，她的内心深处自然也是渴望着来自男人的呵护与怜爱。早在1833年，也就是女王14岁的时候，当时她还是公主，还要任何事情都听从母亲严厉的安排，母亲不允许她经常外出走动，也不让她随意去各大交际场所参加舞会，维多利亚的大部分时间只能规规矩矩地待在肯辛顿宫里读书学习，那一段时光，真是又无聊又寂寞。在那段时间里，维多利亚唯一愉快的回忆就是1833年的一个春夏之交的时日，符腾堡公国亚历山大王子和欧内斯特王子来到英国拜访，他们下榻在肯辛顿宫。

宫中突然出现了两位高大俊朗的王子，当他们站在维多利亚公主面前时，维多利亚心中那一泓春水便开始莫名其妙地荡起涟漪，维多利亚偷偷抬起眼睛看着两位王子，他们的面孔漂亮而不失刚毅，他们的谈吐友好得体却深沉有力，这让公主面颊绯红，内心柔软，似乎有一种说不出的感觉。后来，两位王子陪伴着公主一起划船玩耍，为了娇小柔弱的公主不会不小心掉到河里去，两位王子一左一右地紧靠在公主身边，保护着她，而维多利亚也是第一次感到了男人那坚实的臂膀与宽厚的胸膛是如此神奇而有力，她为这个过去从未触及过的领域而感到沉醉，在心底生出深深的向往。

后来，亚历山大王子和欧内斯特王子完成公务要离开了，活泼随和的公主第一次感到悲伤，她第一次尝到了失去的滋味。她目送着他们走进船舱。在岸边她遥望着他们远驶而去，心中升腾起无限的哀伤。

从那一次开始，维多利亚的心扉就被打开了。维多利亚在心中憧憬着男人和爱情，她的这种憧憬，在第一次见到萨克斯·科堡大公的儿子阿尔伯特王子时，被激发得尤为彻底。

当时的阿尔伯特王子是一个英俊的小伙子，魁梧高大的身材，大大的蓝色眼睛，漂亮的鼻子，长着一副好牙齿的可爱嘴巴，以及那充满了和善与甜蜜的动人的微笑和一口流利的英语，这所有的地方都让维多利亚为之沉醉。阿尔伯特在维多利亚心中有着无限的魅力，只要能挨着他坐，公主就无比开心，他们在一起有着做不完的事情，无论是挤在沙发上指点着他们彼此所作的画，还是静静地聆听他们幽雅的钢琴弹奏，或者和他们一起逗弄着欧伯斯特舅舅带来的那只驯良可爱的叫洛里的鹦鹉，或者干脆在一起谈论一些严肃而深奥古怪的问题，都能让公主笑靥如花。她真是无比崇拜表弟阿尔伯特，他的知识是那么的渊博，其实不管她能不能听懂他说的是什么，仅仅是那略显粗硬的男子的声音以及那宽厚稳重的男子的体态，就足够她陶醉了。

公主和阿尔伯特兄弟在一起度过了三个星期，那几乎是她来到世上以来最快乐的日子，她把她对他的仰慕和喜悦全部写在了日记本里，毫不掩饰心中的那份愉悦：

“和我亲爱的舅舅和那最亲爱的表兄弟在一起，我真是非常非常地爱他们，远远地胜过爱世上的任何别的表兄弟，我虽然深爱着费迪南德，也爱好心的奥古斯特，但我更爱欧内斯特和阿尔伯特，哦，是啊，更爱多了……”

是啊，阿尔伯特真是个优秀的青年，他说话风趣幽默，机灵诙谐，做事却沉稳得体，无可挑剔。维多利亚把这一切看在眼里，内心的波涛不停地翻滚着。这个英俊的、充满了美德和才气的阿尔伯特王子，给维多利亚这位含苞欲放的少女留下的印象太深刻，太深刻了……

也许正是源于少女时期的这份爱恋，让缘分在冥冥之中，终于把阿尔伯特和维多利亚牵系在了一起。如今，维多利亚公主成了维多利亚女王，在谈及女王的婚嫁大事时，被选中提出来的，就是阿尔伯特王子。

让女王嫁给阿尔伯特，这是女王的母亲肯特公爵夫人和女王的舅舅利奥波德的主意，不过女王本人对此也十分欣然。于是一桩好事就这样做成了，1840 年 2 月 10 日，维多利亚女王与阿尔伯特王子正式成婚。这一天，整个伦敦、整个英国都为之沸腾，祝福的赞歌与教堂的钟声在伦敦的上空久久地回荡。

婚后，女王的丈夫阿尔伯特被封为亲王。无疑地，女王和亲王是一对标准的模范夫妻，他们相依相爱，水乳交融，他们的感情非常令人羡慕，虽然维多利亚是女王，是一国之君，但是在阿尔伯特亲王面前，她几乎从来都不摆女王的架子。在女王看来，阿尔伯特是一个学识渊博的迷人男士，宫中许多女眷称他为“移动着的百科全书”。她对自己能嫁给他感到非常幸福。

在他们结婚的当年，女王就担负起了为丈夫和英国孕育下一代的重大责任。新婚不久，女王就怀孕了，当年年底，女王诞下了她和丈夫的第一个孩子——维多利亚长公主。小公主刚刚诞生，女王尚在产后的辛苦疲惫时，她的第一句话就是问阿尔伯特：“男孩还是女孩？”

阿尔伯特说：“是个女孩，亲爱的。”

女王抓着他的手问：“你满意吗？”

阿尔伯特说：“当然，亲爱的，不过英国百姓应该会有点失望。”

女王把亲王的手贴在自己的面颊上，说：“下一次，我保证生个王子。”

一年后，女王再次怀了孕，这一次，她果然生了儿子，就是当时的威尔士亲王，后来的英国国王爱德华七世。

维多利亚虽然是女王，但是她一直都努力在朝堂上提高阿尔伯特亲王的地位，原因很简单，因为她是一个深爱和忠于自己丈夫的女人。随着时间的流逝，女王和亲王的爱情日渐深刻，亲王对维多利亚以及国事的影响力不断提高。女王原本是个守旧的人，但是亲王热衷于科学技术，他鼓励女王要勇于接纳新时代的科学技术。当时，火车运输开始流行，英国北部开始铺设火车轨道，女王害怕坐火车，正是在亲王的鼓励下，她才决定要发展铁路运输，也认识到铁路运输不可限量的前途，使女王成为在国内推行工业化的坚定倡导者。1851 年，由于阿尔伯特亲王的提议，女王在伦敦举办了第一届万国博览会。为了迎接这次博览会，海德公园建起了用玻璃装饰的巨大钢结构建筑——这就是著名的“水晶宫”。

关于维多利亚和阿尔伯特，还有一个许多人都知道的故事。

有一次，女王和亲王在政务上发生争执，两人各执己见，互不相让。最后，亲王怒气冲冲地大步回到卧房，并且把房门反锁起来。

不一会儿，女王也怒气冲冲地来到卧房外面，攥起拳头狠狠地敲门。

“是谁?”亲王在卧房内明知故问。

“维多利亚！英国女王!”女王在外面充满傲气地高声回答。

接下来是长时间的沉默。门的对面静悄悄的，没有任何反应。

女王再次敲门。里面的亲王再次问道：“外面是谁?”

“是维多利亚!”女王高声回答。

门依然紧闭，里面的人依然沉默。

等了许久，女王终于按捺不住再次敲门，但是这一次，她用的力气明显轻了许多。

亲王第三次发问：“外面是谁?”

“维多利亚，你的妻子。”这一次女王没有火气了，她的声音轻柔动听。

这一次，阿尔伯特亲王立即打开了门。

这件事情之后，维多利亚和阿尔伯特度过了他们感情的最危险期，自此之后，他们愈加恩爱。为了展示丈夫的才华，女王在朝堂上为丈夫扫除了一切可能的障碍，让亲王可以真正将自己的才华和作为女王丈夫的内在价值体现出来。在女王厚厚的日记本和书信往来中，找不到任何一件事是女王和亲王的观点相悖的。

女王给舅舅利奥波德写信，热情洋溢而满足地说：

“噢，我亲爱的舅舅，我想您一定知道我是多么快乐、多么幸福、多么骄傲，因为我有阿尔伯特这样一个完美的人做我的丈夫。”

任何人的人生，都有其幸福和不幸，维多利亚即使贵为女王也是如此。在阿尔伯特亲王42岁那年，他患了重病，并且不幸去世了。亲王英年早逝，这对女王是极其巨大的打击，作为女人，女王失去了自己的爱情和深爱的丈夫，作为女王，她失去了自己最得力的谋臣和助手，她觉得自己丢了所有的一切。

丈夫去世，女王将自己禁锢在房间里，闭门不出。她说：“世界对我来说已经没有任何意义。”她在给舅舅的书信中写道：

“世界已经死去了。”

在失去丈夫之后的日子里，女王再也不穿颜色鲜艳的衣服，黑色和灰色成为女王着装的主要色调，她甚至不戴王冠和珠宝首饰，总是一身素服出现在公众的视野中。

她脸上的表情经常是悲伤的、冷漠的，有时还呈现出焦躁不安，那背后隐藏着的，是她对丈夫的永恒怀念。

女王自幼就有记日记的习惯，在阿尔伯特亲王去世后，她写下了厚厚的回忆录，记录她和他曾经有过的幸福生活和甜蜜爱情。在她的倡议下，英国各地建起了规模宏大的文化中心、滨河大道、桥梁、造价昂贵的纪念碑，以表达对阿尔伯特的纪念。

女王的野心也随着丈夫的离去而离去了。她认为，此后她活着的意义，就是延续丈夫未竟的心愿。“他的观点就是我的法律”，女王曾经这样说道。

1900 年 2 月，英国举国上下都在纪念阿尔伯特亲王去世 38 周年。女王在日记里写道：

“你的去世是一个巨大的悲剧，我的世界从此支离破碎。”

女王用了整个后半生，来怀念自己亲爱的丈夫，她对他的哀悼，一直到她离开人世。

帝国荣耀：维多利亚光辉的一生

失去丈夫之后的维多利亚女王在权力的路途上走得举步维艰。但是她仍然背负着作为一国之君的责任始终走了下去。在英国，她统治的年代被称为“维多利亚时代”。在这一时期，英国自由资本主义从方兴未艾达到空前的鼎盛，进而过渡到垄断资本主义，那些年，英国的经济和文化极尽繁荣，君主立宪体制得到充分的发展，她继承伊丽莎白一世女王的遗志，将英国打造成为赫赫威名的“日不落帝国”，令整个世界对英国刮目相看。

维多利亚女王的统治长达半个多世纪，在海外不断扩张新领土，形成了“日不落”的大英帝国。英国还获得了印度的实际统治权，维多利亚女王成为印度女皇。在女王的统治下，国家的稳定和尊严使君主制深得人心。

女王一生生育了九个儿女，女儿们远嫁欧洲各大皇室，王子们也纷纷迎娶了各国的公主，几乎欧洲所有国家的王室都流淌着维多利亚女王和阿尔伯特亲王的血脉，她被亲切地称为“欧洲的老祖母”。

在维多利亚时代，英国虽是君主立宪制度，维多利亚女王对大臣们的影响力依然很大。她在位期间，大英帝国极度扩张，达到空前的繁盛，深深影响中国历史的鸦片战争也是在她刚即位不久发生的。但即使是中国，也不得不承认维多利亚女王是一个成功的君主，她做得比许多男性君主还要优秀。

进入 20 世纪，昔日活泼美丽的维多利亚已经垂垂老去。1900 年，女王感到身体状况极差，但是她还是坚持要去怀特岛。在许多年前，女王的丈夫阿尔伯特亲王曾经陪着女王待在怀特岛，他们的膝下围绕着可爱的儿女。在这个美丽幽静的岛上，女王写下了自己的遗嘱和葬礼的细节，她吩咐在自己死后，给她穿上白色的衣裙。

1901 年 1 月 22 日，女王在她当年和丈夫一起欢笑的怀特岛去世。那是她一生中最喜爱的地方。女王弥留时，她的儿子兼继承人爱德华七世陪在床边，她的孙子德国皇帝威廉二世和几个专程赶来陪伴母亲走完最后路程的女儿们也在身畔。

英国人得知维多利亚女王的死讯，悲伤欲绝，如同世纪末日到来了一样。在女王的统治期间，英国空前繁荣与强大，并且在那之后也在不断地发展，日益繁华。“日不落帝国”，是女王留下的最丰厚的遗产，同时也是对女王一生最圆满的评价。

维多利亚女王是幸福的，没有一个女人能像她那样，出色地完成了作为女王的职责，又得到了普通女人的幸福。琴瑟和谐，儿女满堂。她的一生，可谓是一段传奇。

撒切尔夫人

比男人还强悍的第一位女首相

支持者们坚信她带领着英国走出了经济困境，维护了国家的形象，提高了英国的国际地位；反对者则宣称她就是一个不折不扣的独裁者，是工人阶级的仇敌，几乎毁掉了英国的福利制度。

谁也不能忘记在 1979 年的那个夏天，她站在唐宁街 10 号的台阶上说出的一番震撼人心的宣言："混乱处我们带来和谐，错误处我们带来真实，怀疑处我们带来信任，沮丧处我们带来希望。"

可谁也不能忽视，25 年以后，英国《卫报》仍对此大加调侃："即使是她最坚定的支持者恐怕也很难举出一个例子，可以证实她执政 11 年中给我们带来的'和谐'。"

她是玛格丽特·撒切尔，一个雄踞在英国权力巅峰11年的“铁娘子”，西方世界的第一位女首相，继丘吉尔以后对英国影响最大的政治家。

她手腕强硬，处事干练，自信、威严、果敢、决断，雄辩排山倒海，令政敌闻风丧胆；施政单刀直入，挽大厦于将倾；改革力排众议，引领时代风潮；行事高瞻远瞩，创造的政治哲学仍旧主导着英国政坛，对两大政党都影响甚巨，被奉为英国精神的典范！

近半个世纪以来，英国人对撒切尔夫人爱恨交加，他们至今仍旧迷惘：撒切尔夫人给英国带来了什么？是进步，还是落后？但是即使人们一再宣布“撒切尔时代过去了”，但时至今日，英国的每一个角落都打上了撒切尔式的烙印。她的“撒切尔主义”在世界各地赢得了大量拥趸者。

世界上各国居民大都对撒切尔夫人十分敬重，尤其是在全世界女性心中，撒切尔堪称20世纪最杰出的女性，在男性主宰的世界里肆无忌惮，不仅完成了自我价值的解放，还给性别的歧视还以最有力的反击：女人不仅可以做到男人能够做到的事，而且还可以完成男人所不能完成的事业。

她以强硬的姿态荣登首相宝座；毫不妥协坚决地打赢了马岛战争；不顾非议削减福利，推动自由经济；剑拔弩张对付苏联和伊拉克；最终因武断推行人头税而下台。她加快了英国发展的进程，也留下了诸多难以根治的后遗症。

在政治强人越来越罕见的时代，这个刚刚逝去不久的“铁娘子”给人类留下的是一笔财富，还是灾难？

爱的启蒙：边陲小镇的温饱之家

在一个阳光明媚的日子里，格兰瑟姆镇如往常一般繁忙，斑驳的色彩，嘈杂的人群，川流不息的车辆，交织在一起。一个小女孩坐在婴儿车里，感受到这一切，觉得美妙极了。那是撒切尔夫人关于这个世界第一次清晰的记忆。

对于许多人而言，童年让人怀念。在撒切尔夫人的记忆中，格兰瑟姆镇地势平坦，坐落在一个小山谷中，周围是小山丘，是一个重要的铁路枢纽，自己的童年是一种田园诗般的朦胧。阳光透过菩提树叶照进居住的房间，母亲、姐姐或者在店里干活的人们，不时地过来亲昵地抱抱自己，或塞一块糖果来哄自己开心。

父亲罗伯茨先生从小就想成为一名老师，但因为窘迫的家境不得不在13岁时就辍学去工作。1913年，他终于当上格兰瑟姆镇一家食品店的经理，并在四年后和一个年轻的女裁缝比阿特里斯·埃塞尔·斯蒂芬森结为连理。又过了四年他们生下了第一个女儿穆里尔。当穆里尔4岁时，她的妹妹玛格丽特·希尔达·罗伯茨在1925年10月13日出生了，这个乖巧的小女孩就是故事的主人公——在英国政坛上叱咤风云的巾帼首相撒切尔夫人！

虽然罗伯茨先生的店面一再扩张，已经雇了四个伙计，但依旧和许多开杂货铺的家庭一样，这一家人总是在工作中，不管是深夜还是周末，只要人们缺少咸肉、糖、黄油或鸡蛋，就来敲开他家的门。当时她家既没有浴室和独立的卫生间，也没有热自来水，厨房面积很小，家具都是一些从旧货市场上买来的廉价商品或者是二手货，到女儿 20 多岁时，罗伯茨先生才买了一栋有一个长条花园的房子。

这是一个讲求实际、严肃认真、宗教气氛浓厚的家庭，每个礼拜天，全家都前往教堂做礼拜，教堂里的活动很多，有几次玛格丽特都偷懒不愿意去，她对父亲说，小伙伴们不去教堂，他们能够出去散步。父亲回答说：“不要因为别人这么做，你也这么做。”这是罗伯茨先生最喜欢说的一句话。当玛格丽特提出想学跳舞时，他这么说；当玛格丽特提出想去看电影或外出游玩时，他也是这么说。她坦言：“不管当时我的感受如何，这种情操正如对我父亲一样对我也起了良好的影响。”

那时候全世界面临着战争的威胁，一心报国的罗伯茨先生因为身体原因屡屡被军队婉拒，穷人的生活十分窘迫，即使是那些略有积蓄的勤恳人家，也并不轻松，都面临着破产的危险。朝不保夕的生活使得许多人缺乏宽容，甚至是冷酷无情。但是罗伯茨先生心地仁慈，主张宽容。有一次罗伯茨先生在和朋友谈到一位挥霍无度的“浪子”时，坚定地表示：“儿子就是儿子，当他上门求援时，应该用家庭的全部爱和温暖来欢迎他。即使天塌下来，人总得有家可归。”这给年幼的玛格丽特留下了不可磨灭的印象。玛格丽特两岁时，她父亲就当选为格兰瑟姆市镇自治议会的议员，而且一干就是 25 年。1945 年，罗伯茨先生成为格兰瑟姆市市长，罗伯茨先生“总是坚持他的原则”，却反对在坚持原则时影响别人的生活，不论处理政事还是处理家事，都显得理性而不失人情味。

玛格丽特的母亲是一个十分普通的勤劳妇女，母亲常常早起为一家人烤饼做饭，到孩子们8点左右下楼时，第一炉饼子已经烤好了。她非常能干，她既要在食品杂货店里十沽，常常外出收取订单，还要十家务、做饭和手工洗熨所有的衣被，整天都没有过片刻空闲。

玛格丽特从上小学时起就表现得与众不同，她5岁时就被送进一英里外的亨廷顿托尔路小学就读，而不是离家很近的公立小学，每周还要去上三次钢琴课，曾在当地的音乐会上得过几次奖，遗憾的是16岁时她为了准备大学入学考试，不得不停止音乐课，从那以后就再也没有弹过钢琴。玛格丽特热爱诗歌，10岁时就参加了格兰瑟姆举行的诗歌朗诵比赛，那清丽的童声在众人面前将约翰·德林克沃特的《月光下的苹果》和沃尔特·德拉梅尔的《旅行者》声情并茂地吟唱出来，打动了在场的观众，为她赢得了威尔士诗歌朗诵奖，玛格丽特一直以此为傲。在后来战争爆发之时，她还随一个演唱队到附近的村子里去演出，朗诵《牛津英国诗歌集》中的诗歌。11岁时，她通过了县中学的奖学金考试，升入凯蒂文女子中学。玛格丽特阅读范围比班上的多数同学要宽阔，是同学们之中最关心时事、参加社会活动最多的那一个。

整个童年时代，最令玛格丽特兴奋的事情就是在12岁时到伦敦的旅行了。她在母亲一个朋友的照料下乘火车到达国王十字架车站，罗伯茨先生的朋友斯金纳牧师夫妇到车站来接她，并负责在伦敦照顾她。初见伦敦，玛格丽特不由得感到头晕目眩：国王十字架车站车水马龙，却像一个巨大的山洞；城市里被烟囱熏黑的高楼鳞次栉比，熙熙攘攘，呈现出一派国际大都会的气派，穿着印度或非洲的服饰的外国人令人感到新奇。斯金纳夫妇带玛格丽特去了伦敦的主要景点：特拉法尔加广场、动物园、牛津街、圣保罗教堂、大本钟、唐宁街、卡特福德剧院……

玛格丽特喜欢长时间散步，经常独自在乡间的小路信步游玩，并陶醉在自己思考之中。除此之外，她经常跟父亲一起探讨问题。父亲对政治的热衷，使年幼的玛格丽特很早就对政治萌生了兴趣，父女二人经常去听那些来到格兰瑟姆访问的政治家的谈话，并与他们交谈，因此玛格丽特很早就褪去了小女生的腼腆与稚气，大方得体地在许多政治议员面前侃侃而谈。玛格丽特对法律也有着浓厚的兴趣，经常跟随当时担任市治安官的父亲一道去地方法院；在读中学时，还经常去旁听法庭的案件审理，大学毕业后不久就以自学的方式，顺利通过了法律考试，成为一名专业律师，这些都为她后来向政治巅峰攀登打下了坚实的基础。

50 多年后，当撒切尔夫人登上英国政坛的最高峰时，她感慨地说道："我把我的一切成就都归功于我的父亲。""他教导我必须首先寻求我的信仰，然后把它付诸实践。在关键问题上不要妥协让步。"不得不说，正是这个边陲小镇里的小业主家庭，塑造了玛格丽特鲜明的个性与坚忍的品格，培养了那不畏艰险的勇气与强烈的责任意识。

第二次世界大战爆发时玛格丽特已经将近 14 了岁，在此后的六年中，她紧密地跟踪了战争的重大事件。她记得，在慕尼黑危机期间，战争如同悬在头顶的达摩克利斯之剑，但当时英国和法国却毫无作战准备，令人不禁悲叹，当政府宣布危机得到解决时，每个人都松了一口气，不打仗了，尽管每个人都认识到当时的绥靖政策是一场毁灭国家的灾难，但是英国人并不愿面对战争，在格兰瑟姆也存在着强烈的反战情绪，许多人都反对 1939 年 5 月的政府征兵，甚至一直到战争爆发甚至爆发以后，和平主义者还在镇上宣传他们的主张。9 月 1 日，德国入侵波兰，3 日星期天上午 11 点，按照英国的最后通牒，德国人应该撤兵，玛格丽特和家人守在收音机旁，翘首以待，但希特勒拒绝撤兵。这是她的记忆中，青年时期唯一没有去教堂的一个星期天。首相张伯伦从唐宁街10号的内阁办公室现场播出命运攸关的讲话，告诉整个英国：战争开始了。

从战争中成长起来的那一代人，许多都认为战争的“教训”是国家必须在国民生活中起首要作用，而且无论在和平时期还是战争时期都要唤起集体行动的精神。但玛格丽特却从不这样认为，她坚定地表达了自己从战争中汲取的教训：

第一，战前格兰瑟姆人们的生活是体面而健康的。他们的价值观念是由全体居民，而不是政府铸造的。第二，既然像德国这样一个笃信基督教义、富有文化传统的发达国家也能够沦落到希特勒的手下，就不该把文明看作自然而然的东西而不予重视，它必须不断培育，也就是说正直的人们必须维护他们的信念。第三，我得出了一条显而易见的政治结论，对独裁者的绥靖导致了战争。这种思想来自认识错误但动机良好的人们，如格兰瑟姆卫理公会的和平主义者，但也来自动机不良的人。不管大事还是小事，离开常识是不行的。最后，我必须承认，我有这样的爱国信念，有了如同我们从无线电广播中听到的温斯顿·丘吉尔这样的领导人，英国人民几乎没有做不到的事情。

在1943年玛格丽特上大学以前，她在格兰瑟姆过的战时生活应该说与无数的其他家庭相类似。人们在服务餐厅等场所做着各式各样的志愿工作，但心中牵挂的是前线，如饥似渴地了解每一条能够得到的消息，此时罗伯茨一家还非常担心在伯明翰工作的穆里尔。虽然格兰瑟姆镇地处边陲，但比起伦敦等其他城市，它要安全得多。人们对此充满侥幸与感激之情，即使大家心里清楚，自己实际上被置于旁观者的地位。覆巢之下，安有完卵，因为镇上的军火工厂——英国制造与研究公司，格兰瑟姆镇也遭受了德国纳粹军 21 次空袭，造成 78 人丧生。罗伯茨先生经常担任防空值班员，在晚上出门巡逻。当空袭来临时，大家都躲在桌子底下，警报解除后爬出来。有一次，玛格丽特和朋友们正在放学回家的路上，就见到德国轰炸机正在空袭，连忙带着防毒面具跑到一棵大树底下躲避。1941 年 1 月玛格丽特曾在一次轰炸过后得知有 22 人丧生，她问父亲，能不能去看看遭受破坏的情况，但是罗伯茨先生不愿她见到这残酷的局面，拒绝了她的请求。

在战时，格兰瑟姆的政治并不是静止的。和平主义者的声音骤然沉默下来，英苏友好组织迅速发展，罗伯茨一家还出席了在市政厅举行的英苏友好晚会。虽然玛格丽特依旧关心着时事，但 1942 年这年她很少参加竞选活动，而是在紧张地准备入学考试，以期到牛津大学萨默维尔学院学习。紧张的准备工作让她转移了注意力，一度无法抽空去关注关于战争的消息。不过在 1942 年春天的一个傍晚，她和父亲散步的时候，玛格丽特问父亲，战争会在什么时候、以什么方式结束，父亲非常镇静地说：“我们不知道如何结束，也不知道什么时候结束，但没有疑问，我们必将胜利。”

负笈牛津：辛勤耕耘初涉政坛

玛格丽特一直认为，牛津大学就是最好的大学，如果想要有所作为，就必须始终如一地追求，没有必要降低自己的标准。从 1943 年开始，她在这里度过了珍贵如黄金般的四年大学时光。

牛津大学距离格兰瑟姆虽然只有二三百英里的路程，但是只身来到这里，玛格丽特遇到了数不清的困难，就连她自己也不得不承认，对于自己而言，牛津大学这个地方并不讨人喜欢，一切都显得冰冷而森严。

刚入学时，玛格丽特带有浓郁的林肯郡的口音，屡屡受到同学们的讽刺挖苦。在当时的英国，语音是否纯正，是衡量一个人出身和教育的重要标志。经过顽强努力与不懈的练习，玛格丽特的发音总算得到了一定的调整，但是也有些“夹生饭”一般的不伦不类。后来，她在成为英国下院反对党领袖时，特地邀请了公关专家帮助纠正她的发音。

最要命的是，这位罗伯茨小姐显得有些不合群。得益于父母的教育，她的言谈举止比同学们都成熟一些，但有时说话做事显得幼稚可笑，让人们觉她是一个十足的“乡巴佬”。这样奇特的差距使得初来乍到的玛格丽特被同学们逐渐疏远了。在感受到新世界的恶意和独在异乡的孤独以后，她的乡愁一发不可收拾。牛津大学有众多的学院与社团，玛格丽特完全有机会在各个领域自由地穿梭，见识到广阔的科学世界与结识社会精英，但是她一直独来独往，没有交到什么知心好友，甚至在最后一年干脆搬出了学校，与两名同学一起租公寓生活，但是她们也没有成为知音。或许这是因为她的见识过人，也或许是因为她并不屑于与大众相处，她逐渐得出一个明确的结论：如果要使人的才能得到最好的发挥，就应该鼓励他们融入人的小群体中，而不是在无数陌生的面孔中间徜徉。

这一切的困难与孤独并没有让玛格丽特对学习有丝毫懈怠。面对繁重的课业和杂乱的社会活动，她总是精力充沛，把一切都安排得那样井井有条，然后依照时间表一丝不苟地完成，上课从不迟到，上交作业也从不拖沓，经常到凌晨两三点钟才能入睡，早上不到六点半钟一定准时起床。玛格丽特终生都保持着这项在大学时期养成的自律习惯，即使是她的政敌也不由得钦佩不已。英国政坛元老威廉·怀特洛对她的这一简单却不轻松的特质称赞道：

“她的精力十分惊人。谁要是认为妇女不具备男人那样的精力，那就大错特错了。她比男子的精力还要旺盛一倍。她要是让我一天干她那样多的工作，那就要我的命了！当她以这种步子做事时，一天下来，她周围的人都累得精疲力竭，而她却仍然精神抖擞。”

尽管玛格丽特显得孤僻而勤奋，但她也有纯情和浪漫的经历。在大学时，她认识一位伯爵之子，开始了自己的初恋，但最后因为生活背景差异太大而告吹。玛格丽特失恋后一度陷入了极大的痛苦之中，也第一次发现自己引以为傲的家庭教育在名门显贵面前是多么的卑微。由于自己在萨默维尔女子学院里并不合群，她更愿与其他学院的男同学交往，即使在大学毕业之后，她的朋友中还是男性更多一些。

牛津大学和萨默维尔学院虽未直接被战争所波及，从未遭受过轰炸，却被深深地打上了战争的烙印，为了防范火灾预备了大量储水罐，物资缺乏带来了许多麻烦，甚至连热水都严格限制，从1944年开始就实行灯火管制……但那时学生们并没有一脸愤慨地抱怨学校无能，毕竟在连天战火中，大家都是幸运儿了。

从1944年开始，牛津大学的校园因为战争再次发生了变化，许多因为伤病退役的军人来到这里，开始在象牙塔里攻读新的学位，抑或是完成一个缩短的战时学位，或是开始一个完整的学位。他们对国家与世界和平的贡献让玛格丽特和同学们感到崇敬，他们在前线的经历也让这些享受安逸的学生们自愧不如。

这年7月，意味着大转折的诺曼底登陆给玛格丽特带来的却是恐惧和忧虑。她想到自己那么多同龄人，为了保卫国家在无遮掩的沙滩上进行殊死拼杀，她感到无地自容，破天荒地怀疑自己选择到牛津大学求学是不是一个错误。欧洲战场的战争在一年之内结束了，人们开始为和平的到来做准备。

她积极参加了保守党组织的各项活动，几乎花费了自己的一半时间去做牛津大学保守党协会里无人愿意承担的琐事，她非常钦佩战时的英国领袖温斯顿·丘吉尔，立志要做他那样的政治家。当时，英国政局动荡迭起，保守党和工党之间斗争激烈，玛格丽特毫无保留地站到了保守党的一边，这与她童年所受到的保守主义家庭教育渊源甚深，也和她在牛津大学的政治活动中深受保守党政治的熏陶密不可分。

同许多牛津大学保守党协会的成员一样，玛格丽特听了保守党中央总部斯特拉·盖特豪斯夫人开设的关于公众讲演的课。她强调说，演讲时表达方式要简单明了，尽可能少用专业术语。在一次在演讲中，一个富有幽默感但又十分挑剔的老人当众责难玛格丽特："就因为我节省了一点自己的钱，就不给我'援助'。如果我把钱都花光，他们就会帮助我了。"这时她不得不独立思考应对的方法，而这句话在很长时间里都影响了玛格丽特对福利的看法。

作为牛津大学保守党协会的一名精明干练的干事，玛格丽特毫不意外地投入到了1945年的大选活动。在牛津，她忙于牛津市下院议员昆廷·郝格的竞选活动。此后，还返回格兰瑟姆帮助空军少校沃思竞选。但是在这场选举中，工党占了压倒性优势，保守党内阁部长们一个接一个地被击败，玛格丽特所帮助的候选人也落选了，工党领袖克莱门特·查理德·艾德礼选票一路领先，取代丘吉尔担任英国首相。他们不得不面临一个残酷的事实：保守党的原则和政策亟待根本性的重新评估。

1946年3月，玛格丽特当选为牛津大学保守党协会的主席司库，并作为牛津大学代表之一出席了在伦敦的沃尔多夫饭店举行的保守党大学生联合会的会议。这是她第一次参加这样的会议，玛格丽特在会议上发表演讲，支持更多的工人阶级出身的人士参与大学的保守党政治活动，主张摈弃那些令人感到沉闷的、谨小慎微的观念。

10月，玛格丽特当选牛津大学保守党协会主席，这为她提供了大量机遇；在升入四年级以后，她有了较多的时间参加政治活动，玛格丽特平生第一次出席了在布莱克普尔市召开的保守党年会，当场立即宣誓加入保守党。

在这段时期内，玛格丽特的政治素养飞速提升，她阅读了大量书籍，并从报纸和杂志上紧密地追踪世界所发生的一切，包括两个党派的动向、战争的结束与经济的恢复。

牛津大学作为英国新一代精英的摇篮，工党与保守党许多知名的政治家来此演讲。两个党派的领袖甚至把这里当成争夺年轻人的桥头堡。作为保守党协会主席，玛格丽特必须迎接并宴请他们，负责为他们安排讲座，为他们安排一些事务性工作，由此一来，玛格丽特结识了许多保守党的重量级人士，并在几十年里跟他们保持着长期的联系，此时她理所当然扩大了她在政治上的接触范围，拓宽了自己的视野，锻炼了约束自己的能力，学会了从事政治活动所必备的社交技巧，因为才华为许多上层人物赏识，玛格丽特进入了保守党内错综复杂的关系网。20 世纪 60 年代出任保守党领袖、英国首相等职务的亚历克·道格拉斯·霍姆就是玛格丽特出任协会主席后最先来牛津演讲的重量级嘉宾，他在牛津大学的演讲中极力主张支持欧内斯特·贝文的外交政策，这位玛格丽特早年所崇拜的保守党元老，后来还成了自己内政外交各项政策的坚定的支持者。

1947 年，玛格丽特·希尔达·罗伯茨小姐获得了一个二类化学学位，从举世闻名的牛津大学顺利毕业，虽然性格与信仰依旧如故，但她已经由一个孤陋寡闻、默默无闻的边陲小镇的小姑娘迅速成长为保守党的政坛新人，对广阔的世界已经有了较为充足的了解，最重要的是，她找到了毕生的事业，立下了最雄伟的志向。

成家立业：一鸣惊人走向议会

从牛津大学毕业以后，玛格丽特开始了全新的生活，她对政治兴趣渐浓，正式闯入由男人主导的政治事业，展露自己“铁娘子”的锋芒，大展宏图。

为了维持生活，她到本迪克斯公司应聘，进入研究开发部工作。玛格丽特的本职工作虽是穿着白色工作服在那丰富多彩的塑料世界进行化工实验，但她业余时间更多的精力却是花在了参加埃塞克斯郡可切斯特保守党协会的政治活动。

1948年，玛格丽特在兰达诺保守党召开的一次年会上认识了肯特郡达特福德保守党协会主席约翰·米勒，在米勒的帮助下，她报名参加了保守党达特福选区的竞选，并在次年春天正式成为肯特郡北部保守党议员候选人。接着，玛格丽特便搬去达特福德，正式离开工作了3年的本迪克斯公司，在莱昂斯公司担任研究食品的化学师。

在正式成为候选人以后，达特福德保守党协会的索华德夫妇邀请玛格丽特出席一次为她精心准备的晚宴。这一个夜晚，她认识了自己终生的伴侣和事业上的支柱——丹尼斯·撒切尔先生。

丹尼斯出身于富贵之家，高大英俊，气质儒雅，在商场上已经闯出了自己的一片天地，丹尼斯在第二次世界大战爆发前曾经结过婚，战后夫妻离异，前妻也叫作玛格丽特，此时已经嫁给了霍华德·希克曼爵士。一见到丹尼斯，玛格丽特立刻感到这个年长自己 10 岁的人是一个不同寻常的人，在她看来，他对经济有很不一般的研究，对政治的了解也不亚于玛格丽特。他的职业爱好是油漆，她的职业兴趣是塑料，这种看起来缺乏浪漫的共同爱好让他们彼此爱慕，他喜欢歌剧，她喜欢声乐，他们都酷爱读书，都倾向于保守主义的政治观念，这让他们默契十足。

从那以后，玛格丽特和丹尼斯经常在一些政治活动中见面，后来也频频在其他场合相见。刚开始的时候，我们见面谈论的内容多是政治，随着了解慢慢深入，这对金童玉女也携手去看些话剧，共进晚餐。玛格丽特迅速坠入爱河，她很快就高兴地发现，丹尼斯十分细心，会关心体贴人。在她首次参加达特福德的选举运动后的圣诞节，丹尼斯向送给了她一份非常别致的礼物—— 一个带银盖的水晶化妆粉盒。

在交往两年以后，丹尼斯·撒切尔先生认真地向玛格丽特求婚，这并不令人吃惊，他们实在是太般配了，说起这一段经历，几十年后的撒切尔夫人心中还满是甜蜜：

“对于丹尼斯的求婚，我认真地考虑了很久，以前，我把我的心思全都用在政治上，没有真正把婚姻问题列入我的计划。我因此就没有考虑此事，只想有一天婚姻问题会水到渠成，自然解决。我知道丹尼斯在第二次世界大战前结过婚，战后婚姻破裂，他请求我做他的妻子也一定是经过深思熟虑的，我越是考虑，越知道我该怎么办。只有一个答案是可能的，40 多年后的今天我感到当时决定说“同意”是我做出的最好的决定之一。”

1951 年大选这一天，他们举行了订婚仪式，这凑巧在政治上帮了候选人玛格丽特一个忙。在选举的前一天，他们的朋友贝丽尔·库克在当事人并不知情的情况下将订婚的消息透露出去，期望最后再为选举助一臂之力。虽然玛格丽特还是落选了，但是在这次竞选中，保守党赢得了议会中的多数席位，玛格丽特的偶像温斯顿·丘吉尔也取代了工党的艾德礼，再度出任首相。

实际上，作为一名政治新星，玛格丽特已经足够走运，在参加1950年的竞选时，她只有25岁，是最年轻的女性候选人，受到国内甚至国际媒体的关注，她的照片刊登在《生活》杂志及《伦敦图片新闻》上，让许多政坛的重要人物认识了她，甚至在西德的报纸上，人们称她为“富有魅力的小姐”。

玛格丽特的公众集会总是人很多，常常在大会开始前20分钟就不得不把会场的门关上。有一次，她参加公众集会时，场面出现了一些混乱，已经有人去请警察来维持秩序了，玛格丽特自信地告诉组织者不需要去请警察了。她径直走向讲坛，开始发表演讲，人们的注意力马上被这位风采动人的小姐所吸引，台下的骚动立马开始减弱，基本恢复了秩序，她的影响力可见一斑。

1951年12月13日，玛格丽特·罗伯茨小姐正式在伦敦城市路一座威斯雷小教堂嫁给了丹尼斯·撒切尔先生结为伉俪。婚礼之后，撒切尔夫妇前往葡萄牙、西班牙和法国旅行，度过了幸福的蜜月时光。

如今玛格丽特有了温暖的家庭，自己称心如意的丈夫在物质和精神两方面都对自己全力支持，她遇到了自己最佳的时机，专心致志地从事自己的政治事业。玛格丽特经常大方地与人提起：“是丹尼斯的钱帮助我走上了成功之路，我对他充满感激之情。”

在成为撒切尔夫人之后，玛格丽特辞去工作迁往伦敦，开始潜心攻读法律。但是作为一名家庭主妇，玛格丽特要开始照顾家庭，她白天去法律教育理事会学习，或者泡在图书馆里，晚上回家还要做饭，干家务，装饰居室，但这一切她都安排得十分妥当，不论是一名政治家还是一名妻子，她都堪称榜样。

婚后不到两年，玛格丽特·撒切尔夫人生下一对龙凤胎，儿子取名叫作马克，女儿取名叫作卡罗尔。孩子出生才三个月，玛格丽特就面临着法律课程的结业考试，她特意聘请了一个奶妈照看子女，凭着惊人的毅力通过了考试，获得了律师资格证书，并当上了见习律师。谁也无法否认，母爱是每一个生命所拥有的最强烈、最本能的感情之一，但是许多保守的人把“做一个贤妻良母”作为是女性理所当然的唯一职业，撒切尔夫人经常听到这样的暗示，她总是愤慨有加：

“当然，做一个母亲及家庭主妇是某种高尚的天职，但是我却感到它不是我唯一的天职。我知道我也想有自己的事业。我经常引用泰恩茅斯的议员艾琳·沃德说过的一句话，‘家庭必须是一个人生活的中心，但是一个人的抱负不应局限在家的范围内。’我确实需要有个事业，因为，很简单，我就是那样一种人。而且，并不是任何事业都行。我希望的是一种能使我保持思维敏捷，并能为我的政治前途做准备的事业，我相信我完全适于从政。”

1954年，她终于如愿以偿，进入了新广场5号的林肯协会税务事务所，正式成为了一名律师，完成了七年前在离开牛津大学时的愿望，永远告别了化学实验室，跨入了法律与政治天地，张满了帆，朝着英国政治的最前线行进。经过五年多的沉浮与积淀，玛格丽特·撒切尔夫人结交了大量伦敦的政界要员，终于在1959年10月20日跨进了威斯敏斯特宫，当选为英国下院后座议员。

议员的职责就是要提出议案，发表演说，参加辩论。按照惯例，每位威斯敏斯特宫的新成员都可以在众人面前展现自己的风采，提出一项议案，撒切尔夫人则提出了“公共团体允许新闻记者参加会议”的议案。她毫不扭捏，逻辑严密，直陈主题，只用了27分钟就清楚地阐述了自己的提议，在整个议会引爆了经久不息的掌声，也震惊了正襟危坐的保守党元老，有人直接称赞她是“新当选议员中最好的”，属于“前座议员的水平”。事后，这项提案经过修改，以绝对多数的152票通过。

进入议会后还不到两年，撒切尔夫人被首相哈罗德·麦克米伦邀请入阁，成为生活津贴和国民保险部的政务次官，即该部门的副部长，就此开始了自己前座议员的政治生涯，使许多议会里的前辈艳羡不已。

崎岖征程：纵横捭阖力挽狂澜

尽管此时撒切尔夫人在议会的质询中应付自如，在辩论中每每给政敌痛快的打击，但此时人微言轻的她无力挽救病入膏肓的国家经济。到了1962年，英国进入了热发展的瓶颈期，经济出现严重衰退，财政收支严重失衡，政府超支态势严峻，越来越多的居民失去工作岗位；麦克米伦首相不顾工党强烈反对，寄希望于加入欧洲共同体，却被戴高乐严词拒绝，国民心目中曾经的"超人麦克"首相威信一落千丈。

1963年7月，撒切尔夫人在一次午餐会上发表了一次著名演说：

"没有一个人——不管他是怎样的伟人——能使一个政党在一次选举中获胜。同样，也没有一件灾难——一件影响个人的灾难——能使一个伟大的政党在一次选举中失败。

"我们过分地突出了一两个人的作用，认为他们能使我们在选举中获胜或失败。如果某一个人犯了罪，你们不必因此而沮丧。党是不会在选举中失败的，除非是它对自己失去了信心。"

此时的撒切尔夫人已经预见到了保守党很可能在选举中败走麦城，但是她竭尽全力为保守党政治理想的信仰而辩护，相信自己的政党一定能够韬光养晦，再度为国家奉献力量。

果不其然，工党领袖哈罗德·威尔逊大肆攻击保守党政府，扬言保守党政府执政的12年是“无所作为的12年”，此时撒切尔夫人挺身据理力争，反驳说这是“取得空前成就的12年”。气势磅礴的辩论毕竟挽回不了经济的疲敝的颓势，在1964年大选中，保守党以4票之差失去了政府的主导权，沦为在野党。不过撒切尔夫人以女性特有的耐心、细腻和务实的风格，以9000票的成绩保住了自己在议会中的席位。

保守党为了团结一心走出困境，开始进行党内选举，更换领袖。出身平民之家的前劳工大臣爱德华·希思从注重等级和门第的传统环境中突围而出，成了党的领导人。1964–1970年间，撒切尔夫人在影子内阁里大展身手，影子内阁是在野党组织的预备内阁，各个成员均与执政党各部门相对应，以便在竞选和组阁之时人选和政策上有备无患。撒切尔夫人先后担任过多个部门的要职，主管过年金部、住房与土地部、财政和经济事务、运输事务、燃料和动力部以及教育事务，令人啧啧称奇。

凭借着这段经历，撒切尔夫人积累了深厚的与持有异见的工党打交道的经验，深入研究了两党在各个领域争论的焦点，在许多基本问题上形成了自己的鲜明的观点和独特的立场。

这时的保守党领袖希思见识了撒切尔夫人的才华，也认识到了她对自己构成的威胁。在讨论如何提拔她时，希恩心中倍感期待又充满忧患地说：“怀特洛认为她是最有能力的人。但他说她一旦出人头地，我们就休想对付得了她。”怀特洛是希思手下的干将，后来他也成为撒切尔夫人的得力助手，他曾如此评价撒切尔夫人：

“我发现她十分能干，很有能力，在我还不充分了解她的时候，我就觉得她很可怕……我也不知道为什么惧怕，但就是怕。她的能力之强和知识之渊博，使我望而生畏。”

1970年，英国再次举行大选，保守党意外地获得了胜利，上台执政，原本在影子内阁中担任教育事务发言人的撒切尔夫人被新首相希思任命为教育大臣，这是撒切尔夫人平生唯一一次担任政府大臣，令人惋惜的是，就在几个月前，罗伯茨先生撒手人寰，没能够见到女儿光耀门楣的时刻。

令人唏嘘不已的是，惮于撒切尔夫人的实力，希思首相没有将她安排在财政、国防、外交等中心部门，撒切尔夫人却野心勃勃，不甘在“冷衙门”屈居人下，她与首相的冲突日益公开，还经常在内阁会议上对其他部门的事务陈述己见，经常让别的行政大臣感到难堪，那咄咄逼人的气势最终导致了她的孤立，甚至是教育部的下属官员也与她关系紧张。

她在担任教育大臣的三年多时间里，竟逆时势之潮流，废除了前任政府的教育政策，却招来了大量的批评。1972年的全国教师联合会年会上，她意图当众向大家阐释自己的方针，现场竟有几百名教师当即中途退场以示抗议。这对她来说，是从来没有的事。与此同时，她不得不为希思政府的财政紧张买单，着手改革国家承担学生福利的旧政，包括撤销对8-11岁学生每天免费供应牛奶的规定，并决定不再给大学生贷款，触怒了广大国民。撒切尔夫人名誉扫地，一度成为“牛奶刽子手”、“英国最不受欢迎的女人”、“误人子弟的大臣”、“反动的野蛮女人”……

20世纪70年代的英国经济一直笼罩在一片阴霾之中，工人运动声势浩大，希思政府被迫于1974年解散国会，提前举行大选，工党领袖哈罗德·威尔逊把握时机重新走上英国政坛的最高峰，保守党政府又开始了五年在野时期。

此时的撒切尔夫人被任命为影子内阁的税务部门发言人，并领导着党内的一个“政治研究中心”。当年 11 月 5 日，议会就工党政府的财政大臣希利提出的预算草案展开辩论，撒切尔夫人发言凌厉中肯，直接批评希思对国内经济前景毫无预见性，治标不治本，根本无法挽救时弊，对工党政府的政策有着极大的威胁。通过这场辩论，撒切尔夫人得到舆论界的广泛好评，加之她在众多场合对货币流通、税务津贴等问题的精彩阐述，威信急剧提高。

依照惯例，希思本应大选败北之后引咎辞职，但他没有退位让贤，引来党内一片不满，保守党逐渐形成了支持希思的“温和派”与支持撒切尔夫人等人的“强硬派”，并迅速展开了党魁选举活动。

在 1965 年之前，保守党的党魁，都是在大选之后，由党内资深人士推举出一个党魁。1965 年之后，引入了由议员选举产生党魁的机制，但是投票权仅限于议员。10 年之后，保守党增加了一条每年重选的规定，投票权同样限于保守党内议员。这个措施，实际上为党内争斗确立了新的规则，甚至可以在中途替换掉不得人心的领导人。1975 年刚刚设立这一规则，当时在党内资历尚浅的撒切尔夫人竟成为第一个吃螃蟹的人，结果出人意料地获得成功。

在“强硬派”里，基思·约瑟夫先生高举反传统的旗帜，其政见与魄力都征服了一大批保守党的支持者，本是向希思挑战最强有力的竞争者。撒切尔夫人确信，必须使整个党跟上基思的思路，而且最好是在基思的领导下。

意外出现了，1974 年 10 月 19 日，约瑟夫在埃奇巴斯顿作了一次并不太重要的演讲。他当众说：“我们的人口，我们人类的平衡受到了威胁”，“处于社会第四、五阶层的怀孕妇女”是“最不适合将儿童带到世界上来的”母亲，这些母亲生的孩子的比例是高的而且在上升。整个社会都为之哗然，谴责约瑟夫是一个丧心病狂的优生学论者。约瑟夫不得不退出竞选。当天，撒切尔夫人义无反顾地挺身而出，宣布自己将立志挽救保守党，参加 1975 年 2 月的党魁竞选。不久，她径直走到希思的办公室，恭敬、坦率地对他，自己决定向他挑战，竞选党的领袖。撒切尔夫人的这一行动的确极为大胆，是“典型的直率”。

11 月 24 日，各报均刊登了撒切尔夫人决定参加竞选的消息。但是到了次年 1 月，撒切尔夫人的选情才有了转机，那是在议会中就工党财政法案展开的辩论，撒切尔夫人发挥自己的特长，旁征博引，批判了这一法案的不足之处，对财政大臣希利卑劣的人身攻击反唇相讥，斥责希利是个“十足的蹩脚货”之外，还嘲讽他对“税务知识”“了解得如此贫乏居然还能当财政大臣”，并“为他的政府讲话感到惊讶”，请务必“注意效果”。

一番雄辩为撒切尔夫人引来了无数的喝彩与支持，就连希思派的心腹、保守党的季刊《弩》杂志也提出希思理应退出竞选，为撒切尔夫人赢来了胜利的机会。终于，在 2 月 4 日的第一轮竞选中，撒切尔夫人获得 130 票，希思 119 票紧追其后，另一名竞争者休·弗雷泽获得 16 票。11 票弃权。

身居议会 25 年、历任要职的重量级元老希思被撒切尔夫人打败了！两小时后，他正式发表讲话，辞去党魁之职。一个星期后的第二轮选举中，撒切尔夫人一路遥遥领先，战胜了另外四位竞争者，成了保守党的领袖！此时的撒切尔夫人已经走向了英国政治的潮流最前端，她自信满满地对媒体说：

“对我来说这像是一场梦，玛格丽特·撒切尔的名字居然能摆在哈罗德·麦克米伦、亚历山大·道格拉斯—霍姆和爱德华·希思之后，他们每个人都使工作带有自己的领导风格和伟大特征，我要以谦虚和献身精神从事我的工作。”

她开始组建影子内阁，并领导着保守党开始了重回巅峰的崎岖征程。一开始，撒切尔夫人专程拜访希思，主动邀请他担任影子内阁中的一个显要职位，却遭到了粗鲁的拒绝。不过她并不气馁，设法把希思极为重要的旧部挽留在影子内阁中，特别是当初与她争夺领袖权位最强的挑战者威廉·怀特洛成了撒切尔夫人的副手，在今后的政治生涯中一直是她的心腹。

1976年1月19日，撒切尔夫人在伦敦金森顿市政大厅发表了一次著名的演讲，她猛烈地攻击苏联“统治世界”的野心，声称“当我们把一切放在大炮前面的同时，他们却把大炮放在黄油前面”，已经成为世界和平的极大威胁。媒体把这次演说与30年前丘吉尔的“铁幕演说”相提并论：两人都显示出了对苏联的毫不妥协的精神，并为她取了一个“铁娘子”的绰号。撒切尔夫人把这个绰号当成是对她坚强性格的写照，颇以为傲。她在1979年曾骄傲地说：“俄国人说我是‘铁娘子’，他们可说对了：英国正需要一个‘铁娘子’。”这个称呼由此不胫而走，传遍了整个世界。

独领风骚：权力巅峰三任首相

出任反对党领袖之后的四年里，撒切尔夫人卧薪尝胆，带领保守党赢得大选，开创了属于自己的时代。

1979年，时任英国首相在保守党提出的第三次不信任案的冲击下，被迫宣布解散议会，并决定在5月3日举行大选。撒切尔夫人以钢铁的意志和惊人的体魄，全身心地投入竞选角逐。她发表了上百次演说，出席了几百次大型集会，举行了几百次新闻发布会，同千千万万选民握手问候。

终于，历史性的一刻来临了，保守党以44席的绝对多数击败了工党，再度成为英国的执政党。撒切尔夫人接受女王的召见，搬进了唐宁街10号，成为英国这个悠久国度的第一任女首相，甚至是整个西方世界的第一位女首相，开启了长达11年的“撒切尔时代”新篇章。

刚一上任，撒切尔夫人就以“激进的变革家”形象示人，掀起了一股“撒切尔式革命”，当时的英国经济正处在下滑期，撒切尔夫人采取了一系列措施，进行了增加利率、降低直接收入税、提高间接收入税、公有住房私有化、缩减教育等公用事业开支、控制货币发行、削弱工会权力等经济改革，以期减缓货币供应量和降低通货膨胀。尽管其经济政策在当时引起内阁和各界的不满，但英国经济的确在1982年走出低谷，1983年成为自英国20世纪70年代以来经济增长最强劲的一年。

这一时期，撒切尔夫人的权势和威望也达到了人生的顶峰。人们把“撒切尔式的革命”称为“奇迹”，把撒切尔夫人誉为“战后英国最伟大的首相”，但是这些尝到甜头的人并不能理解她力排众议推行改革时遭受的巨大压力。在几年里撒切尔夫人依旧能言善辩，谁也没能在议会中将她驳倒，但她在面对影子内阁的猛烈攻击的同时，竟要应付保守党内部保守势力的拆台甚至是暗放冷箭，他们公开叫嚣改革无望，主张改弦易辙。令她震惊的是，自己最信任的首席经济顾问约翰·霍斯金斯也“出于责任”恳请首相“重新考虑”这一政策，撒切尔夫人当即正色道：“你知道，我即使落得个身败名裂的下场，也绝不会轻易改变现行政策的。”撒切尔夫人岿然不动，坚定地走自己的道路，终于为英国赢来了经济的转机。

在英国，首相连任本就罕见，但对撒切尔夫人来说，连任首相势在必行，因为这个职务“对我似乎是再合适不过的了”。可是在她得遂心愿以后，竟然在此起彼伏的危机中苦苦支撑。

失业率的持续增加对于任何一个国家无疑是最致命的打击，各行各业的罢工风潮动荡迭起，让撒切尔夫人疲于应付，心力交瘁。1983 年，撒切尔政府鉴于全国 175 座煤矿中的 20 座矿井不仅没有经济效益，而且耗费了政府的巨大投资，亏损严重，于是决定关闭它们，大约两万名矿工因此失业。而撒切尔更是不满工会，把打击工会势力、削弱工会权力作为其执政方针，并在 1980 年提出了《工会法》，大大地激化了政府与工会的矛盾。撒切尔夫人清醒地看到，面对咄咄逼人的罢工攻势，自己并没有退路，她高冷地声称政府不会为解决罢工一事开会讨论，也不会同工会谈判，甚至嘲讽地说：“唐宁街 10 号将没有啤酒和三明治。”

这位铁腕首相“铁娘子”面对日益巨大的罢工浪潮，丝毫没有妥协的意向，她强硬地指出：“法律必须而且一定要得到维护。”她动用越来越多的警察力量，对罢工队伍大张挞伐，这样，罢工始终僵持着，毫无停息的势头，即使众多工人与警察在混乱中丧生，撒切尔夫人都表示决不屈服于“暴徒统治”，决心维护“民主和自由”。

1983 年 10 月 12 日，爱尔兰恐怖分子在撒切尔夫人下榻的布莱顿饭店引燃了一枚炸弹，造成 4 人遇难，34 人受伤。撒切尔夫人幸未受伤，当爆炸后的浓烟还在翻滚的时候，首相就一边拍着身上的尘土，一边大声询问救援的人：“要我帮着做点什么吗？”一些新闻记者闻讯赶来，要首相发表评论。“铁娘子”看着倒塌的大厦和抢险的人群，低声说道：“我听说过这些惨案、这些爆炸，我也希望这样的灾难不要降临到我的头上，然而生活并非总像人们期望的那样。”接着撒切尔大声宣布：“爆炸并不能阻止我们，年会如期举行！”但是她把这恐怖谋杀与罢工浪潮联系到了一起，并在卡尔顿俱乐部发表了一次讲话：

“一边是国内恐怖组织和支持这些组织的恐怖主义国家，另一边是我们制度内部的顽固的‘左’派分子。他们密谋利用工会和地方政府的力量，践踏法律。

“炸弹袭击，是一种最不人道的，不加任何区别的，对无辜的人进行一种残害……这种想改变政府意志的袭击就如同想要通过恐怖主义消灭民主势力的任何企图一样，是永远不会得逞的。”

她的讲话获得了长达七分钟的欢呼。紧接着，撒切尔夫人赶到皇家苏赛恩医院，花了足足两个半小时，探望伤者。

在她的一贯强硬下，罢工坚持了一年多，到了1985年3月，这场旷日持久的斗争没能阻止英国政府关闭部分煤矿的决定，以失败而告终。“铁娘子”靠她的铁腕征服了她口中那些“痴心妄想”的“暴民”，英国煤矿工会从此一蹶不振，举世闻名的英国工人运动也陷入了低潮。这一事件成了撒切尔夫人任期中最大的污点，就在她去世之时，曾经的老矿工还为她的离开欢呼，令人唏嘘不已。

在撒切尔夫人的任期中，曾下令英国皇家海军从阿根廷政府军手中夺回群岛，赢得“马岛之战”的胜利；一改西方势力此前的对苏联的“缓和政策”，成为西方第一位对戈尔巴乔夫摆出友善姿态的国家领导人，并见证冷战的终结，为缓和东西关系做出巨大贡献……

值得一提的是，1982年9月23日，撒切尔夫人访华，与中国总理就香港问题举行会谈时，撒切尔夫人首先阐述英国立场，强调“有关香港的三个条约在国际法上仍然有效”，只可通过协商加以修订，不可单方面予以废除。中国总理随后发言，拒绝了英国首相的主张，声明中国政府决定于1997年《新界租约》届满之际收回整个香港地区，在恢复行使主权的前提下，中国将实行一系列特殊政策。

撒切尔夫人同邓小平会晤时，仍坚持“三个条约有效论”，并大打民意牌。她说“三个条约”是国际条约，后政府应该继承前政府签订的条约。如果按照你们的办法来收回香港，会把香港搞坏，会给香港人的信心造成很大冲击，就再也不能保持繁荣稳定了。邓小平打断了她，说：

“你说是由于你们英国人的管治，香港才能繁荣，我说不是，香港繁荣是香港人自己创造的。只要我们1997年以后政策对头，香港的繁荣一定能够保持。你说我们宣布收回香港会造成很大波动，我估计小的波动会有，大的波动就不一定……”

在人民大会堂福建厅举行的这场会谈，比预定的一个半小时多出了50分钟。撒切尔夫人走出来时，脸色凝重。她穿着高跟鞋，下台阶时忽然一脚踩空，跪倒在地上。幸好走在她身旁的英国驻华大使柯利达、港督尤德等急忙上前把她扶起，但这件事立刻成为街谈巷议的话题。强硬的撒切尔夫人碰上了对手。

撒切尔夫人于1984年再度访问中国，并在12月19日与邓小平签订了《中英联合声明》，英国政府在声明中承诺，1997年7月1日把香港主权归还给中国。2007年，香港回归10周年前夕，撒切尔夫人向媒体透露说，香港回归当天，她很伤心，但谈及她的谈判对手，撒切尔夫人评价说：“我赞赏邓小平的智慧。”撒切尔夫人大度地说，英国人不该对香港回归耿耿于怀，因为已经到了“中国人接手的时候了”。

1989年，撒切尔夫人在保守党的党魁地位受到另一位议员安东尼·麦尔男爵的挑战，但374名保守党议员中有314位把票投给了撒切尔夫人，撒切尔夫人颇为骄矜，认为自己仍然受全党和全国人民的支持。

1990年，由于英国通货膨胀抬头，经济衰退萌生，失业率居高不下等一系列现象出现，副相出于英镑是否接受欧盟货币统一的意见分歧而辞职，调查显示，若保守党更换领袖将会赢得选民更多支持，撒切尔夫人也萌生退意，最终撒切尔夫人于1990年11月22日宣布退出保守党内部选举并辞去首相职务。

尽管撒切尔夫人是20世纪英国连任时间最长的首相，但其民众支持度颇低，位列战后首相的倒数第二位。退位后撒切尔夫人继续担任国会议员，并成功支持梅杰获选从而继任首相之位，1992 年以 66 岁高龄从国会退休。退休之时的头衔令人赞叹：枢密院顾问、功绩勋章获得者撒切尔女男爵阁下。

可是这位风烛残年的老人晚景并不圆满，丹尼斯·撒切尔先生于 2003 年逝世，撒切尔夫人对他无限缅怀：

“担任首相就得承受孤独，你无法在群议纷纷里领导国家。然而我从未感到孤单，因为有丹尼斯陪伴。他是多么好的一位丈夫啊！”

与撒切尔夫人有 30 年交情的老朋友琳达·麦克道佳尔在《星期日泰晤士报》上写到，她被撒切尔夫人的变化“震惊”了：

“这么多年来，我一直羡慕她的那股自信，但是现在，我从她身上看到的是恐惧和不安。她自己也感觉到了这些变化，她感到恐惧，因为她想要阻止这些变化却又无能为力。”

慢慢地，撒切尔开始埋怨子女都在国外，女儿却并不体谅她：

“母亲不应过于期待成年的子女不时回来看她，家人不在身边的日子谁都经历过，我们年幼时也总见不到母亲，如今的过于期盼也弥补不回失落的岁月。”

2007 年，英国国会第一次为在世的前首相树立雕像——撒切尔夫人铜像。

在经历了几次小中风后，她出现了短时记忆障碍。医生在 2008 年确诊她已患上老年痴呆症。在撒切尔夫人模糊的记忆里，丈夫丹尼斯还陪伴着她，而担任首相的那 11 年的印象最难抹去。

2013 年 4 月 8 日，撒切尔夫人因中风去世，享年 88 岁。由于撒切尔夫人生前拒绝国葬，其葬礼以最高军事荣誉礼仪在圣保罗大教堂举行。不过，英国政府为其安排的葬礼规格为皇家礼葬，“礼遇与戴安娜王妃一样”，大本钟和威斯敏斯特宫报时钟将“静音”，以此表达对其的尊敬。

伊丽莎白二世

从迷人公主到模范女王

在英国的历史上，曾经出现过一位伟大的女王，她就是都铎王朝的最后一位君主伊丽莎白一世。她统治了英国长达45年，依靠资产阶级和新贵族来加强专制统治，使英国从亨利八世时期贫穷积弱的欧洲小岛国转变成为近代史上的一大强国。这位女王以冷峻刚毅著称，一生未嫁，因此被尊称为“童贞女王”。

在时隔近400年的当今时代，英国出现了第二位伊丽莎白女王，她就是温莎王朝的伊丽莎白二世女王。在第二次世界大战结束后不久的1952年，伊丽莎白二世女王正式即位。那时的英国已经不是伊丽莎白一世在位时的英国了，虽然仍然奉行君主立宪体制，但君主的权力已经不复当初的至高无上，如今的年代，和平与平等高于一切。

伊丽莎白二世女王出生于1926年，她是温莎王室的女儿，是国王乔治五世的长孙女，国王次子约克公爵（乔治六世）的女儿。她生来就是金枝玉叶，是伊丽莎白公主。

但最开始，这个身份并没有太高的意义，因为当时伊丽莎白公主并不是英国王位的直接继承人，排名最靠前的继承人是威尔士亲王爱德华，而伊丽莎白公主则排在爱德华王储的后面，是王位的第二继承人。如果一切都循规蹈矩地延续下去，也许伊丽莎白并没有机会成为英国女王。但是后来，爱德华王储在第一次见到了沃利斯·辛普森夫人之后，就爱上了她，宁要美人不要江山，选择放弃王位，成就了一段爱情佳话。正因如此，在乔治六世国王去世后，长女伊丽莎白公主成了英国的女王。

乔治五世国王十分宠爱这个长孙女，伊丽莎白小的时候，国王和王后就经常亲切地陪着她玩。跟着祖父，伊丽莎白早早地就耳濡目染了成为一国之君的必备素质，她亲昵地称呼乔治五世国王为“英格兰祖父”，在她成长的最初十年中，正是这位祖父为她树立了国王的典范，对她的成长起到了决定性的作用。

伊丽莎白在到了应该进入大学深造学习的时候，却偏偏爆发了第二次世界大战，本来她可以避开战争，像许多姑娘一样，到非战区躲起来安稳地生活，但是伊丽莎白选择了成为一名皇家女童子军队员，为祖国献出自己的一份力量。从这件事开始，她就已经表现出了作为一位女王，对国家和人民的责任心。

1939年，乔治六世国王携家属到达特茅斯皇家海军学校参观访问，当时在这所学校里，有一名学生，就是现在女王的丈夫菲利普亲王，伊丽莎白看见菲利普的第一眼就喜欢上了他。1945 年，菲利普向伊丽莎白表白，虽然公主的父王乔治六世国王认为女儿的选择有点草率，但是伊丽莎白和菲利普的爱情让王室最终接受了这对有情人。

婚后一年，伊丽莎白诞下了她和菲利普亲王的爱情结晶——查尔斯王储，随后的十几年中，女王又生育了两位王子和一位公主。女王和菲利普亲王结婚 60 多年来，一直相敬如宾，十分恩爱，堪称夫妻关系的楷模。1972 年，女王和亲王举行了银婚庆典，2002 年，他们再次举行了盛大的典礼，庆祝结婚 60 周年的金婚。

作为一位立宪君主，伊丽莎白女王无疑是成功的，虽然她没有像伊丽莎白一世女王那样至高无上的权力，但她仍然按照君主立宪的程序，把国家的一切政务和王室的大小事宜都处理得井井有条。

有人说，如今的英国女王没有实权，不过是“统而不治”，所以女王实际上就是一个“美丽的政治花瓶”。但实际上，伊丽莎白女王当然不是什么花瓶，在整个欧洲乃至整个世界的政治舞台上，女王始终有着无可替代的巨大影响力，她的作用是有目共睹的，这一点，没有人可以否认。

作为英国女王，伊丽莎白的一举一动都被世界高度关注，就如同戴安娜王妃去世的时候，英国人民曾经责问女王为什么不向威尔士王妃的不幸薨逝表达悲痛和哀悼，有许多人认为女王是个感情冷漠的人。但其实身在高位，很多事情都是无可奈何的，她不可能把自己的个人感情放在第一位，毕竟作为大不列颠及北爱尔兰的立宪君主，个人的感情必须要服从于君主的身份地位和心中的责任感。

女王是女王，但与此同时，也依旧是一个美丽、柔弱、哀愁的普通女人。

金枝玉叶：命定的公主和女王

1926 年 4 月 21 日，星期三，英国乔治五世国王的次子约克公爵艾伯特的妻子伊丽莎白诞下了一个小女儿，这个小公主被取名为伊丽莎白·亚历山德拉·玛丽。这个小公主就是后来的伊丽莎白二世女王。

刚刚出生的女儿，让艾伯特王子心中充满了初为人父的兴奋和喜悦，他写信告知父亲乔治五世，在信里他这样说道：

“我希望您会同意这一连串的名字，同时我确信，我自己不会因为家里有两个伊丽莎白而产生混淆，我渴望把伊丽莎白作为她的名字，因为这个名字是如此的优美，而且在您的家族中，这个名字历史悠久，读起来也十分动听。”

而乔治五世国王对此表示赞同，国王说，他很喜欢这个美丽的名字。实际上，不管是伊丽莎白、亚历山德拉还是玛丽，英国历史上所有的女王和王后以及王室的夫人们几乎都叫这三个名字，它们代表着美丽、优雅和尊贵。

1926 年 5 月 29 日，五周大的小公主伊丽莎白在白金汉宫的一个内部教堂接受洗礼，按照传统，黄金百合花图案的受洗盆中盛满了净化过的约旦河河水，小公主穿着传统的从维多利亚女王时代就流传下来的乳黄色的布鲁塞尔花边长裙，按照传统的方式接受了洗礼，从那一天开始，国王乔治又多了一位甜美可爱的小孙女，约克公爵夫妇有了一个美丽活泼的小女儿，英国也迎来了一位小公主。

伊丽莎白公主童年的时候，每年夏天都要和约克公爵夫妇一起去苏格兰的格拉米斯城堡度假，她很喜欢那里，在格拉米斯度过了幸福快乐的童真时光。格拉米斯城堡的侧厅就是小公主的卧房，从那里可以直接看见下面的荷兰式花园，花园中有修剪整齐的紫杉木，旁边是一个蓝色瓷砖砌成的水池，水池中立着一个小小的丘比特神像，小公主的每个夏天都是听着水池中的潺潺流水度过的。

在约克公爵夫妇还沉浸在初为父母的喜悦中时，乔治国王的命令就让他们不得不抽身出来，因为他们要到澳大利亚和新西兰去进行长达六个月的访问，所以公爵夫妇不得不离开他们可爱的小女儿，踏上了守护职责的路途——毕竟作为王子和王妃，作为王室的一份子，这些都是他们必须履行的义务，也是王权赋予他们的义务。这也让伊丽莎白公主从幼年开始，就培养起了责任感、勤奋的美德和自我牺牲的精神，这些都是作为一国之君或者作为王室成员所必须具备的素质，这是生来就决定了的。

乔治五世国王十分疼爱小公主伊丽莎白，他始终伴随着她的成长，并且在她成为女王之后，依然对她影响深远。伊丽莎白二世女王的责任感、非凡的工作能力和认真的做事态度，都是来自于祖父的言传身教，也正是这些宝贵的品质，让她在日后成为一名优秀的王位继承人。

但最开始，伊丽莎白公主并不是王位的直接继承人，当时最有资格继承王位的人是约克公爵的兄长、威尔士亲王爱德华。在英国，王位继承的顺序是严格又复杂的，除了世袭制度之外，英国王位的继承顺序是长子有优先权，儿子优先于女儿，而女儿又优先于侄子或者侄女；若长子亡故但留有后嗣者，则长子的后嗣有继承优先权，长子后嗣的顺序也以长房优先、同脉男子优先为原则。这样若国王没有儿子只有女儿，那么就会出现女王；若长子先于在位国王而死，他的后代无论什么辈分，按上面的规则优先权大的就可以继位。

1928年11月22日，乔治五世国王身体状况不佳，被御医诊断为心力衰竭，并且身体每况愈下。在祖父病重的这段时间里，小公主和父母返回伦敦，始终陪伴在祖父身边，而国王自己也认为，经常看到自己这个孙女就能使自己的病情不再继续恶化。于是小公主始终与祖父生活在一起。从6岁开始，国王和王后安排了家庭教师教导她启蒙学习，她的老师是克劳菲小姐。

克劳菲小姐上午给伊丽莎白上一节课，下午教伊丽莎白画画和跳舞。学习之余，王储爱德华经常来看望伊丽莎白公主和后来约克公爵夫妇的第二个女儿玛格丽特公主。身为威尔士亲王的爱德华经常陪着这两个小侄女一起玩游戏，有的时候，约克公爵夫妇也一起加入。可以说，伊丽莎白的童年生活，是温馨而美好的。

可是，命运每时每刻都在发生变化，在伊丽莎白的妹妹玛格丽特公主出生的那一年，王储爱德华遇见了那个影响了他一生的重要女人——沃利斯·辛普森夫人。

他们的相识纯属偶然，他们是在1931年初弗内斯夫人举办的一次宴会上相识的。当时爱德华王储给辛普森夫人留下了极好的印象，辛普森夫人在日记里这样写道：

“他有一种特长，会自然而然地把周围的气氛变得十分温暖，而且他永远是那么谦虚……”

这一次见面之后，时隔半年，在他们的朋友弗内斯夫人再次举办的宴会上，二人再次相遇了，爱德华王储对辛普森夫人说："我记得我见过你。"

自那之后，爱德华王储与辛普森夫人的友谊愈发深厚，他们频频约会，王储发现，辛普森夫人和自己特别有共同语言。他的所有想法她都能理解，而且两个人之间始终有一种奇妙的默契。爱德华王储对辛普森夫人愈发着迷，他断绝了与其他情人们的联系，从此一心拜倒在辛普森夫人的石榴裙下，长久地爱恋她一个人，并且将这段感情闹得沸沸扬扬。一时间，伦敦城内，关于威尔士亲王和辛普森夫人的风流故事，几乎无人不知无人不晓。

1934 年 11 月，乔治五世国王的第四位王子肯特公爵宣布，自己将与希腊王室的玛丽娜公主订婚。对于王室来说，这当然是一件喜事，在订婚典礼前夜的舞会上，爱德华王储将辛普森夫妇的名字列入了邀请客人的名单之中，但是立刻就被乔治国王划掉了。王储知道，这个问题终于要摆在桌面上正式谈论了，他毫不退缩地表示，如果国王不允许邀请辛普森夫妇，他也将拒绝出席舞会。乔治国王问爱德华王储，辛普森夫人是否是他的情妇，爱德华王储否认了。如此，国王才终于同意了邀请辛普森夫妇。

在这个舞会上，辛普森夫人第一次、也是最后一次见到了国王乔治五世，后来她在回忆录里写道：

"戴维把我领到他们站着的地方，并向他们做了简单的介绍，这是一次短暂的见面，我们敷衍了几句问候的话，开了几句毫无意义的玩笑，就离开了。"

在四王子肯特公爵迎娶了玛丽娜公主之后，1935年的下半年，三王子亨利也结婚了，王室也为亨利王子举行了壮观的庆典。此后，就剩下爱德华王子还没有结婚了，而他作为威尔士亲王，他的婚礼又是最令人瞩目的。

可是关于威尔士亲王的婚礼，在王室看来，征兆并不吉祥，因为时间的流逝，并没有使王储对辛普森夫人的感情变淡，相反地，爱德华越来越迷恋辛普森夫人，对他来说，辛普森夫人是他一生中最重要的女人，他要与她携手共度一生——但不是作为情人，而是作为夫妻。

但爱德华作为王储，这样的婚姻是不受王室和人民欢迎的。王室始终不同意辛普森夫人成为威尔士王妃，他们不能允许威尔士亲王娶一位离过婚的女人。但双方谁都不让步，这个婚事问题就这样一直争论到1936年。

1936年1月20日，国王乔治五世去世。举国上下都沉浸在悲痛之中。

乔治国王去世之后的次日，爱德华王储就宣布即位，成为爱德华八世国王，可是爱德华沉浸在与辛普森夫人的恋情中，根本无心处理政务。他认为，父亲乔治五世沿袭下来的很多习惯都是无关紧要的，比如一年一度的巡游王室住宅的惯例，以及在各种重要场合着装庄重的惯例。他经常在出访别的国家的时候把衣服脱到最少，比如只穿短裤出现在公众场合，让其他王室成员和接待的人们感到十分尴尬；他还认为不应该阻碍德国攻打其他国家，认为纳粹的侵略举动并不会影响到英国，总之，他在很多事务上都与议会意见不合。

但是最重要的问题是，爱德华国王铁了心要娶辛普森夫人作为王后，他决定要不顾一切地与辛普森夫人结婚。鲍德温首相刚刚从外地度假回来，就收到了成百张国王与辛普森夫人的亲密照片和雪片一般的反对这桩婚姻的信件。他找来了坎特伯雷大主教商量对策，最后决定亲自去劝谏国王，让他另择佳偶。但是，只要一提到结束与辛普森夫人的关系，爱德华国王就坚决地表示反对。但这样的结合显然是不受国家和人民欢迎的，鲍德温首相每天都接到来信，几乎每封信都提到了“国王和辛普森夫人关系所带来的恶劣名声”这个问题。一位旅美的英国人还在寄给首相的信件里这样说道：

“在国王还是亲王的时候，我对他深为崇敬，希望他有朝一日能为王权带来新的视野和新的希望，而现在我同其他人一样，感到辛酸和失望，根据美国报刊的报道，短短数月之内，国王的所作所为已经使大不列颠王国面目全非，如同美国人所见，国王已经把一个庄重理智、享有尊严的国度变成了一个爵士乐节奏狂舞曲的巴尔干音乐喜剧。美国舆论普遍认为，英国的王座已经岌岌可危，而其道德权威、荣誉声望以及其尊严都已经被抛进垃圾堆了。如果我能听到，爱德华八世国王把王位禅让给合适的继承人，即我们确信能够秉承先王之风、接续王业的人，我将不胜快慰。”

与此同时，辛普森先生也以妻子与别人通奸为理由，向法庭提出离婚。严重的事态一触即发，举国上下都表示出了对爱德华国王的极度不满，他们要求国王命令辛普森夫人马上离开英国。国王对此表示震怒。

11 月 16 日晚，国王就此事会见了鲍德温首相，首相表示，如果国王要与一个女人结婚，那显然这个女人会成为英国的王后，但是英国人民是绝对不会接受离过两次婚的辛普森夫人成为他们的王后的。国王也毫不让步地表示，等辛普森夫人办完了离婚手续，他将立即与她结婚，如果这桩婚事仍旧得不到国家和人民的认同，那他就“准备退位”。

爱德华的母亲玛丽王后在当天晚上与儿子共进晚餐，席上，爱德华公开说明了自己对辛普森夫人的爱恋之情，并表示自己一定会娶她为妻。玛丽王后和许多王室成员都认为爱德华这样的做法是非常不负责任的，玛丽王后更是愤怒地指责儿子，问他说：“在可怕的战争中，许多贵族和平民为了国家，都做出了巨大的牺牲，而现在你作为国王，难道连这一点点牺牲都不能够做出吗？这不是什么真正的爱情，这是临阵脱逃！是叛逆！”

但即使是玛丽王后的泪眼和怒斥也无法改变爱德华坚定的心意，爱德华告诉三个弟弟说，自己将准备退位。面对这样的状况，有大臣提出了折中方案，他们对国王建议说，他可以娶辛普森夫人为妻，但是考虑到国家和人民的要求，国王可以结婚，但不能立辛普森夫人为王后，她生育的子女也不入英国王室族谱，没有继承权。如果国王同意这样做，他就既可以继续做国王，又可以与自己心爱的女人共同生活。但国王拒绝了，她认为，辛普森夫人即将成为自己的妻子，有权分享他的一切荣耀，他们的子女理所当然是他的继承人。这样一来，国王就必须要在王位与美人之间做出抉择。

对于国王的想法，英国的各大媒体争相报道，王室、内阁、议会齐声谴责国王不负责任的态度，但国王依旧我行我素。

12月5日，国王通知首相，说他同意退位，将王位让给他的弟弟艾伯特王子，即伊丽莎白和玛格丽特的父亲约克公爵。

12月10日，爱德华正式发表了退位声明，他以“爱德华王子殿下”的身份从王室所在的温莎城堡，向全国发表告别广播讲话。

当天晚上，刚刚即位的艾伯特王子，即乔治六世国王举行家宴为爱德华和辛普森夫人践行。家宴结束后，爱德华就离开王宫，坐上王室舰艇离开了。

乔治六世国王登基之后的第一件事，就是敕封哥哥爱德华为温莎公爵，辛普森夫人与爱德华结婚之后，自然也就变成温莎公爵夫人。爱德华的退位，使弟弟艾伯特王子在猝不及防的情况下被推上了英国的政治舞台，与此同时，伊丽莎白公主也顺理成章地成为王位的继承人。

对于乔治六世国王的即位，鲍德温首相和英国人民们都表示满意。鲍德温首相说：“他将会得到人民的热爱，因为他在性格上和精神上比他的兄弟们更像他的父亲。”

而刚刚逊位的爱德华王子也认为：“他在性格和观点上，都极像我的父亲，他们两人的生活方式几乎一模一样，年复一年，他们以同样平稳的生活节奏，在同样的时间，与同一伙人，去同样的地方。”

英国举国上下对这样的结果都十分满意。父亲成为乔治六世国王之后，伊丽莎白自然也就成了英国地位最高的公主。1937 年 2 月 17 日，他们一家正式搬入白金汉宫居住。在此后的数十年时间里，伊丽莎白在白金汉宫度过了从公主到女王的所有时光。

爱德华的逊位危机直接将乔治六世推上了政治舞台，乔治六世本来是一个生性极其腼腆的年轻人，在整个国家的职责突然砸向他的时候，由于妻子伊丽莎白的支持和鼓励，他才克服了心理障碍，成功地完成了身份上的转型。所以，伊丽莎白的母亲对她的影响也是至关重要的，年轻的伊丽莎白在母亲身上学习到了忠诚、信任和爱情的力量。在父亲刚刚即位成为国王时，她写信给坎特伯雷大主教，这样说：

“我简直不能相信，我们会被授予这个繁重的任务，但是我们并不感到害怕，我觉得，上帝已经是我们能够坦然地面对这一局势。”

1937 年 5 月 12 日，乔治六世国王正式加冕。在加冕礼之前，伊丽莎白和玛格丽特两位公主按照要求准备了很久。她们第一次穿上华丽的长裙，庄重地与国王、王后一起出席加冕典礼。自此之后，伊丽莎白成为乔治六世国王的继承人，英国的王储。

国王完全把伊丽莎白当成了自己的继承人，对伊丽莎白悉心培养。她亲自选择给伊丽莎白上课的教室，并且给女儿推荐优秀的书刊阅读，教她分析和处理政治问题。学习之余，祖母玛丽王后也经常带着她去参观文化馆和博物馆。在这里，伊丽莎白锻炼出一种能力，就是即使穿着漂亮的鞋子走路走得脚很疼了，她也还是能面无异色地继续表现出对眼前的事情很感兴趣的样子。

伊丽莎白是个很有爱心的姑娘，她喜欢动物，还曾经透露说，自己的愿望是能在乡下做一个拥有许多马和狗的妇人。

她十分崇拜她的父亲乔治六世国王，她终身都在学习父亲教给她的那些品质，无论是作为一个孝顺的女儿，还是一个合格的英国王储，她的表现无疑都是出色的。特别是父亲一直在与自己的语言障碍进行持之以恒的斗争，这种不懈的精神深深地影响着伊丽莎白。乔治国王深爱着妻子和女儿们，竭力为妻儿创造明朗美好的生活条件。

1939 年 4 月 21 日，是伊丽莎白公主的 13 岁生日。在这一天，母亲伊丽莎白王后送给了她一盒精美漂亮的高筒丝袜，父王送了她一串璀璨的宝石项链，祖母玛丽王后送了一台纯银的梳妆台，连爱德华叔叔也送来了礼物，是一台电影放映机。

13 岁的伊丽莎白公主已经出落成一位美丽的少女了。她的老师克劳菲小姐这样评价她说：

“这个年纪，许多孩子都是很腼腆的，但她是个讨人喜欢的孩子，她有着美丽可爱的皮肤和头发，身材纤细。”

过完了这个生日，伊丽莎白公主开始正式学习如何处理国家政务，父亲安排她跟着伊顿公学的副校长亨利·马顿学习英国宪法史等专业的课程。同年7月，伊丽莎白与父母及妹妹乘坐皇家游艇进行了一次南部海岸的巡游，到乔治六世曾经就读过的达特茅斯皇家海军学院故地重游。在这所皇家学院里，一位学生负责接待及陪伴两位公主，这个学生被形容为“是一个长得很像北欧海盗，有一张轮廓分明的脸和一双敏锐的蓝眼睛的金发男孩”。而这个学生就是后来与伊丽莎白恩爱携手一生的菲利普亲王。

倾城爱恋：美丽的公主与英俊的王子

可以说，在各国王室成员的政治联姻中，伊丽莎白公主是极为幸运的一个，她有幸可以遇到自己的所爱，并且与他缔结连理，相携走过一生。这个所爱，就是后来伊丽莎白女王的丈夫菲利普亲王。

菲利普亲王的父亲是希腊王储安德鲁王子，而他的母亲爱丽丝则是英国维多利亚女王的后代，所以确切地说，伊丽莎白与菲利普是远方表兄妹的关系。不过这也是欧洲各王室之间联姻的常用规则。

在伊丽莎白公主 13 岁那年的 7 月，她和妹妹与父母一起出访达特茅斯皇家海军学校，而菲利普亲王是奉命接待伊丽莎白和玛格丽特的。他们第一次见面的时候并没有拘谨多久，就坐在一起玩上了火车。对于这次见面，伊丽莎白的老师克劳菲小姐印象很深，她说：

“自始至终，她的眼睛就没离开过他。”

这一年，菲利普已经是个 18 岁的小伙子了，而伊丽莎白还只是个 13 岁的小女孩，所以菲利普对伊丽莎白多有照顾。克劳菲小姐说：

“吃甜食的时候，菲利普吃了几盘虾和一份香蕉饮料。对于小姑娘来说，任何一种男孩儿都是来自另一个世界的陌生人。伊丽莎白坐在那里，脸红扑扑的，惊奇而又兴奋地望着他，尽情地享受这一切。而玛格丽特则认为，任何一个能吃下这么多盘虾的人都是英雄。”

伊丽莎白从第一次见到菲利普，她就芳心暗动。可是很快地，第二次世界大战爆发了，菲利普不得不进入军队去服兵役，在这六七年之中，伊丽莎白和菲利普一直以表兄妹的身份和关系，频繁地互通书信，其间，菲利普还从军营告假来到英国看望伊丽莎白，将自己参加地中海战役的所见所闻讲给她听。

有一年的圣诞节，菲利普回到英国度假顺便来看望伊丽莎白。这一天晚上，白金汉宫的圣诞晚会上，两位公主表演哑剧，而且很显然伊丽莎白的表演尤为出色。对此，克劳菲小姐评论说：

“我从来没有见过丽丽白特（伊丽莎白的乳名）如此活跃，她周身洋溢的活力是我们在过去谁都没有见过的，而其中缘由，自然是坐在前面的那个看起来比过去更像海盗的那个人身上。”

随着第二次世界大战日益接近尾声，伊丽莎白和菲利普之间的书信往来也更加热络了，并且在菲利普的授意下，希腊的乔治国王与英国的乔治国王就求婚一事进行了商谈。

英国的乔治国王对此事保留了意见，他担心女儿会爱上比菲利普更优秀的男子，但是伊丽莎白承认说：

“我喜欢菲利普，他聪明，很幽默，思想也很好，只是现在不是时候。”

1945年5月8日，第二次世界大战结束了。乔治国王想多留宝贝女儿两年，他不愿意有一个别的男人跟他抢女儿。但随着菲利普亲王服役归来，伊丽莎白主动地把这件事情提上了日程，她在自己的房间里挂上了一张显眼的菲利普亲王的照片，但国王和王后认为，作为公主，这样是十分不得体的。于是伊丽莎白很不情愿地把大照片拿下来，但是很快又挂上了一张留着浓密胡子的菲利普亲王的照片，并且说这样没有人会看出来。但事实并非如此，没过多久，伊丽莎白公主和菲利普亲王的桃色新闻就被各大媒体挖掘出来，刊发在了各大报刊的头版头条上。

但祖母玛丽王后对伊丽莎白的举动表示了支持和鼓励，她说：

“伊丽莎白对于我来说是那种很有主见、坚定而有决断力的女孩子。”

国王乔治六世认为，菲利普是女儿第一个深入交往的男人，女儿应该与更多的男人交往之后，经过比较，最后再做出选择。但伊丽莎白不这样认为，她从13岁时的第一眼就认定了菲利普亲王，并且一直在为他们有一天能喜结连理而不懈地努力着。

1946年夏天，菲利普亲王准备正式向伊丽莎白公主表白并求婚。但这涉及一个问题，就是如果菲利普想继续与伊丽莎白公主恋爱并且结婚，他就必须放弃希腊国籍而加入英国国籍，因为未来女王的丈夫当然必须是英国人。而菲利普本身又是希腊王位的继承人，如果他选择加入英国国籍，就意味着要放弃希腊王位的继承权。但是为了能与自己心爱的姑娘在一起，菲利普毅然决定放弃王位继承权，向伊丽莎白公主求婚。

1946 年 7 月末，在巴尔莫勒尔，菲利普亲王正式向伊丽莎白公主求婚。伊丽莎白公主也不顾一切，忽略了国王、王后和其他人及议会政府的意见，当场应允了菲利普的求婚。

虽然菲利普已经求婚并且获得了伊丽莎白的许可，但英国王室还是没有将公主缔结婚约之事向全国公开，甚至还要求这一对年轻人在公共场合一定要抑制彼此的感情。这对于一对处于热恋中的年轻人简直是难以忍受的，但是凭着伊丽莎白和菲利普良好的素质和责任心，他们还是掩饰过了整整一年的时间，直到 1947 年的 7 月 19 日，白金汉宫才正式发表声明宣布伊丽莎白公主已经订婚，这一对年轻人对爱情的执着和努力也终于得到了结果：

“国王和王后以极大的喜悦宣布，他们亲爱的女儿伊丽莎白公主与已故的希腊亲王安德鲁及其夫人的儿子、皇家海军菲利普·蒙巴顿上尉已经订婚，对此，国王已经欣慰地表示同意。”

订婚消息公布之后，在当年的一次游园会上，伊丽莎白和菲利普第一次一起公开露面，那一天，已经戴上订婚戒指的伊丽莎白脸上洋溢着幸福的笑容，而菲利普亲王的英俊仪态和落落大方的举止也赢得了无数人的好感。下议院拨出 5 万英镑供他们装饰婚房，为庆祝英国王储的大婚，各种礼物从世界各地源源不断地寄过来，圣詹姆士宫中还特地举行了一次展览会，将公主收到的 1500 多种礼物进行展出。

1947 年 11 月 20 日，伊丽莎白公主和菲利普亲王举行大婚典礼。来参加婚礼的有来自全世界的六位国王、七位王后和来自各国带着祝福的 2500 多个代表团。为了公主的婚礼，英国王室举行了盛大的庆祝活动，国王和王后也十分高兴。

婚礼当天下着大雨，上万热情的民众们打着雨伞，披着雨衣，甚至带着便携式睡床守候在白金汉宫的广场上。在这些热情的民众们等了整整 19 个小时之后，载着新郎、新娘的马车终于驶出白金汉宫，伴随着人们的欢呼，驶向威斯敏斯特大教堂。

与戴安娜王妃一样，伊丽莎白公主的婚纱也是华美绝伦的。这件婚纱由王室的服装设计师诺曼·哈特内尔亲自操刀设计，伦敦布鲁登街服装厂的 350 名女工为了保证婚纱正式使用前绝密，把窗子都罩上，连续七个星期日夜赶工，才终于完成。这件象牙色的丝质婚纱以来自中国的优质蚕丝为主料，还装饰着一万颗饱满圆润的小珍珠。象牙色的缎子底面上，布满了用凸起的珍珠装点而成的白色约克玫瑰花环，花环周围，环绕着水晶制成的麦穗，再采用反刺绣的手法绣着美洲七瓣莲和香橙花，看上去，整件婚纱都缀满了水晶和珍珠，熠熠闪光，穿在公主的身上，真是格外漂亮。

在婚礼进行曲的旋律中，乔治六世国王紧紧地牵着女儿的手，与女儿一起走过红地毯，将她正式交给新郎菲利普。这一刻，老国王百感交集，她在写给女儿的信中这样说道：

“当我们共同走在威斯敏斯特大教堂中时，你离我那么近，我真为你感到骄傲和激动，可是，当我把你的手交给大主教的时候，我又觉得我失去了非常珍贵的东西。

“但我知道，我会永远拥有你，现在还拥有了菲利普。你离开了我们，给我们的生活留下了很大一块空白，但是你要记住，你过去的家依然是你的家，请一定尽可能地经常回来，我知道你和菲利普在一起会非常幸福，但是请不要忘了我们，这是我的希望。”

庄严的婚礼仪式结束后，新郎、新娘乘着马车驶出教堂，回到白金汉宫举行宴会，欢快的宾客们在他们的身上撒满玫瑰花瓣，热热闹闹地一路追随，送伊丽莎白和菲利普到火车站，他们的下一步行程是要到布罗德兰兹去度蜜月。

公主与菲利普结婚一年之后，伊丽莎白诞下了他们的第一个爱情结晶——今天的威尔士亲王查尔斯。伊丽莎白对这样的生活非常满意，她很开心能只做一个相夫教子的普通母亲和普通的海军军官夫人。她的妹妹玛格丽特公主这样回忆说：

“我个人认为，那是伊丽莎白在早年的婚姻生活中最快乐的一段时光，她真正第一次过上了一种绝对的、真正意义上的平民生活，皇室的责任在那时都显得不重要了。”

查尔斯王子的诞生当然是一件举国欢欣的乐事。但是与此同时，老国王乔治六世出现了严重的腿部痉挛，经过御医的检查，老国王被确诊为早期动脉硬化。

1950年的春天，伊丽莎白公主再次怀孕了。这一年的8月15日，安妮·伊丽莎白·爱丽丝·路易斯公主诞生了。同一时期，菲利普从上尉晋升为少校，终于拥有了一艘属于自己的军舰。升职和诞下女儿这两件喜事，让菲利普非常高兴。

1951年，国王乔治六世再次生病，御医经过诊断，怀疑国王患上了癌症，但他们没有告诉国王他的真实情况，只是告诉他得了支气管病变，需要切除一部分肺。幸运的是，手术非常成功，医生说只要国王以后不很用力地大声说话，就能正常维持身体机能。全国各大报刊都报道了国王康复的喜讯，各大教堂还举行了全国性的感恩活动，在国王56岁寿辰的时候，白金汉宫中还举行了一个小型的家庭聚会，为老国王庆祝生日。

按照计划，国王和王后打算在第二年的春天出访南非，除了国家事务，国王也希望能在南非和煦温暖的阳光照耀下休养一下疲累的身体。但是医生们知道，国王的身体可能不允许他有出远门的想法，于是经过协商，决定由伊丽莎白公主和菲利普亲王代表老国王先行出访。

1952年1月31日清晨，伊丽莎白公主和丈夫菲利普在伦敦机场登机启程。老国王不顾劝告，拖着病体来到机场送行。他紧紧地拥抱了女儿，甚至在公主和亲王登机后，“亚尔古英雄号”飞机开始在轨道上滑行时，老国王再次踉踉跄跄地跑上前去，对着飞机挥了挥手。也许那个时候他已经有了不好的预感，所以才要争分夺秒地再看一眼女儿。事实证明，这机场上的送别，也真的成为乔治六世国王与女儿伊丽莎白的最后一次见面。

命运召唤：伊丽莎白二世的时代

在飞机上，26岁的伊丽莎白公主表现出了像小孩子一般贪玩的天性，她要求飞行员绕过乞力马扎罗峰飞行，以便让她能拍到最棒的照片。在飞机降落的时候，她还要求允许她进入驾驶舱，以便能目睹飞机降落滑行的整个过程。但当时她还并不知道，这已经是她最后一次像个小姑娘一样调皮地提出要求了，英国局势的改变，将很快地把整个国家的巨大负担压在她柔嫩的肩膀上。

此时在英国，56岁的乔治六世国王正在桑德林厄姆的乡村别墅进行疗养。2月5日，国王还兴致勃勃地带领随从去狩猎野兔。狩猎之后的次日清晨，当侍从端着一杯水轻唤主人起床的时候，他发现，乔治国王的心脏已经停止了跳动，他安静地去世了。

国王的私人助理打电话给国王的秘书爱德华，他在电话里说："爱德华，Hyde Park Corner，请转告首相和玛丽王后。"

Hyde Park Corner，是王室的秘密代码，下发这个代码，就代表国王去世了。此时，身在南非的伊丽莎白公主还不知道自己的父王已经去世这个消息，她还刚刚和丈夫一起游览了山林，期盼着第二天的新的游玩计划。

与伊丽莎白一起出访南非的人员中，最先知道国王去世这个消息的是马丁·查特里斯，他刚刚接到路透社从伦敦发过来的消息：乔治六世国王已经去世。

马丁镇静了一会儿，打开桌上的一台短波收音机，调至英国的 BBC 电台，果然主播在用低沉的声音反复宣布一个公告：国王去世了。

此时伊丽莎白和菲利普夫妇还没有起床，但马丁将菲利普叫出来，将这个令人震惊的消息告知他。随后，菲利普亲王与伊丽莎白一起，他以尽量柔和的方式让伊丽莎白知道，她亲爱的父亲去世了。

伊丽莎白又震惊又悲痛，她脸色苍白，表情痛苦。她无法相信，在自己还完全没有做好准备的时候，父亲就能突然去世，她在异国的土地上成了英国女王。

乔治国王的去世打乱了出访南非的全部计划。在这个关头上，伊丽莎白知道，她要展现在公众面前的，不只是一个悲痛孝顺的女儿的形象，更应该是冷静睿智的英国女王的形象。她做到了，现在她是一位女王。她掩饰着悲痛，镇定自若地处理着一切，她找出了一身黑色的衣帽穿戴整齐，此时，回国的飞机已经在机场上整装待命了。穿着黑衣的女王出发来到机场，身后一大群非洲村民聚集送行，在登机后，女王以一国之君的得体姿态，落落大方地向送行的人们挥手致意。

经过长时间的空中颠簸，女王回到了英国。她做的第一件事就是换上丧服。短短几天的时间，伊丽莎白已经不是那个活泼好玩的伊丽莎白公主和幸福美丽的少妇，而成了担负了立宪国家重担的一国女王。

在伊丽莎白一世女王去世后过了将近四个世纪，英国又出现了一位伊丽莎白女王，而且，此时的伊丽莎白二世女王与都铎王朝那一位英明的伊丽莎白女王登基的年龄恰好相同。老首相丘吉尔发表演讲，寄托了对新女王的无限期待：

“我，这样一个在年轻时代曾经荣幸地赶上了宁静而繁荣的‘伟大的维多利亚时代’的人，衷心的祈祷上帝保佑女王。”

乔治六世的葬礼在温莎的圣乔治教堂举行。前来哀悼国王的人多达百万，他们排着长队，依次瞻仰国王的遗容，当国王的灵柩随着低沉的丧鼓声入土时，全国默哀两分钟。

几天后，乔治六世国王的王后伊丽莎白面对全国人民发表演讲，她深情地说：

“我将我的女儿交给了你们，希望你们能将你们全部的热情和忠诚给予她，上帝将这一重大使命交给她。在这个伟大而又孤独的位置上，她需要你们的辅佐和爱戴。”

在乔治六世国王的丧葬仪式打理好了之后，1952 年 2 月 8 日，女王在就职委员会面前宣读了她的就职誓言，那一天，伊丽莎白女王表现得平静而自如。她说：

“我想问你们，我的人民，你们的信仰是什么？在加冕的那一天，我希望你们能为我祝福，请求神圣的上帝能赐予我力量和祝福，辅佐我完成庄严而神圣的使命，我将虔诚地为上帝服务，为你们服务，直到我生命的尽头。”

1953 年 6 月 2 日，伊丽莎白二世女王的加冕典礼在威斯敏斯特大教堂盛大举行。为了观看女王加冕的电视直播，在当时的英国还是处于萌芽状态的电视工业被大大激发，无数人争相购买价格十分昂贵的电视机。《时代》杂志为伊丽莎白女王做了专题，他们说“整个世界进入了平空时代，女王将整个世界牢牢掌握在自己手中。”

加冕礼的场面和女王的婚礼一样隆重。从王宫到加冕礼现场，狂热欢呼的人们追着女王的黄金马车，情绪无比高涨。整个加冕仪式由坎特伯雷大主教亲自主持，他向黑压压的人群宣布：“我奉上帝的名义，引荐你们的女王——这是你们无可争议的女王伊丽莎白二世。”

坎特伯雷大主教庄严地对女王说：

“上帝赐予你至高无上的权利，统治分布于大不列颠帝国、加拿大、澳大利亚、新西兰、南非、巴基斯坦、斯里兰卡及其附属领地的臣民们，并尊重他们的法律和风俗。”

女王也庄重地宣誓说：

“我将以公正、正义和仁慈来维护上帝的法律，并保护英国国教荫庇下的殖民地人民。我将保证实现我曾经许下的诺言，愿上帝保佑我。”

然后，坎特伯雷大主教为女王进行涂油礼，宣布伊丽莎白公主正式成为了“大不列颠和北爱尔兰联合王国及其他国土和领地的女王、英联邦元首和信仰的保卫者伊丽莎白二世”。

在加冕礼的全部仪式履行结束之后，女王一行人回到白金汉宫，几乎一天没有找到妈妈的小查尔斯王子走进来，拿起妈妈的王冠戴在头上，可是王冠太重了，小王子根本承受不了，于是伊丽莎白又急忙将它取下来。随后，女王再一次出现在白金汉宫的阳台上，向热情的臣民们挥手致意。

在伊丽莎白二世的加冕典礼结束之后，她秉承父王的心愿，从 1953 年 11

月开始，进行一场为期五个月的旅行，访问英国本土和英联邦的属国。女王夫妇坐船度过巴拿马运河，再横穿大西洋，去访问斐济和汤加。在这两个国家，女王夫妇受到隆重的礼遇和欢迎。在汤加，萨洛特女王更是请女王夫妇下榻在自己的王宫，而这些非洲国家的异域风情也让女王十分新奇和兴奋。女王的侍女在日记中记载道：

“我们全部人都用手抓东西吃，整个宴会上没有一个人使用工具，但是那些菜肴的味道好极了，简直难以置信，而且工艺极为完美，比如，有一道烤乳猪，端上来的时候还冒着热气，此外，还有非常鲜嫩的小龙虾、炸鸡、西瓜、凤梨和椰子汁。”

在这个宴会上，女王无疑是最至高无上的贵宾，如果她停下来不吃，其他人也都必须停下来不能继续吃。因此，虽然女王胃口很小，她还是尽力吃得很慢，以消磨时光。这一次的出访非常成功，最后离开汤加时，萨洛特女王洒泪送别，非常激动。

接着，在新西兰北部的港口城市奥克兰，市政府安排了200多个孩子手捧鲜花，准备给随同女王夫妇出访的查尔斯王子和安妮公主赠送圣诞礼物。接着他们又依次去了澳大利亚的悉尼港、斯里兰卡、乌干达和利比亚北方的城市托布鲁克。在完成了一系列的出访行程之后，女王夫妇乘坐皇家邮轮“大不列颠号”回到英国，老首相丘吉尔在他的办公室里微笑着迎接女王的归来。

伊丽莎白二世女王是英国历史上外访最多的国君，她是第一位访问澳大利亚、新西兰和斐济的在位君主，足迹踏遍了世界的各个角落，从中国到俄罗斯，从南非到南美。这次出访，她成功地塑造了英国女王无可替代的王权形象，伊丽莎白女王的君主形象，代表了英国的国家统一和民族团结，这是一种强大的精神力量，也是一个国家维持运转的最重要因素之一，这种力量，除了英国君主，是任何优秀的政治家都无法代替的。

迄今为止，女王在位已60余载，但是她仍然兢兢业业地为国家和人民服务着。可以说，作为女王，伊丽莎白二世是一个时代典范，一个传奇。作为女王，她品行端正，温文尔雅，为全体国民树立个人行为操守的典范，已成为现代君主的经典形象。

作为君主，女王并不直接参政议政，更多的是充当国内政治党派之间的调解人。在政治上，女王很少表明其立场，她与所有政党中的许多政治人物都保持着友好的关系。女王登基的60多年来，世界发生了翻天覆地的改变，但她一直坚定地履行自己的职责。可以说，女王在位的60多年，是兢兢业业的60多年。

在国外，英国国王是英联邦各成员国密切联系不可缺少的纽带，女王及王室成员经常对英联邦国家进行访问，她的美貌和王者风度常常使她在政治舞台上的斡旋取得完美的结果。女王所到之处，给人民带来巨大的欢乐，她在英国人民之间造成的影响，连那些最优秀的政治家也难以与之匹敌，她已经成为英国人民共同的精神寄托。所以，在科技发展日新月异的今天，英联邦仍旧保留着君主制并不是落后和腐朽，而是因为他们认为他们的君主政体比美国的民主政体更加优越，更加稳固。

赞比亚总统曾经这样评价伊丽莎白二世女王说：

“事实证明，在女王的统治初期，联合王国成为英联邦无疑是十分英明的，这是一个巨大的成功，而且我认为，这一切完全是因为女王的个人魅力，如果没有她，可能我们早就选择了离开。”

说女王是一位出色的外交家，这是十分中肯的评论。英国的许多外交事件都因为伊丽莎白女王的出席而得以完美解决。比如在英国与日本的贸易谈判陷入僵局时，伊丽莎白二世夫妇出访日本，立刻使谈判峰回路转，拨云见日，引得西德驻英大使对英国女王刮目相看，羡慕不已。所以，有些评论家所说的英国女王只是一个美丽的政治花瓶的言论是靠不住的，从各方面来讲，女王都有着无可替代、无可抵挡的魅力，这一点是不能被否认的。

而对于女王本人来说，最大的挑战就是，除了作为英国君主，为国家服务，缓和所有矛盾、成功地办成所有事情之外，她还是一个女人、一个妻子、一个母亲，她依旧有她的美丽与哀愁。

贤妻良母：相夫教子和家庭生活

伊丽莎白是女王，但是在处理政事、治理国家、代表国家之余，她还是一个普通的女人，与大多数女人一样，她有着自己的责任和生活、有所有人都有的喜怒哀乐：执子之手与子偕老的幸福、初为人母诞下孩儿的荣耀、与丈夫孩子共度周末的温馨和经历亲人撒手人寰的悲痛。因为她终归还是一个女人，为人女，为人妻，为人母。

伊丽莎白女王与菲利普亲王的婚姻曾经历经考验，但最终收获了甜蜜的果实。女王本人固然是一位贤妻，但菲利普亲王的付出也是有目共睹的。虽然在女王加冕之后，菲利普亲王也获得了类似国王的身份地位，但在英国，他的排名永远在妻子后面，他做得最多的事情，就是在妻子身后默默地支持她、鼓励她，在公众场合与妻子一同出现，向百姓万民亲切致意。伊丽莎白与菲利普的爱情，可谓是当今的童话。

在 1997 年女王夫妇的金婚典礼隆重举办之后，2007 年 11 月，英国王室再次发布了一张女王夫妻的最新合影，与最初相同，他们同样在汉普郡，动作与神情与 60 年前几乎一模一样。一名为女王写传记的作家评价道：

“他们的婚姻很幸福，他们是贵族婚姻的模范，他们将王室的责任、家庭、夫妻关系牢牢维系在了一起。”

女王夫妇育有三子一女，于1948年生下查尔斯王子，于1950年生下安妮公主，1960年生下安德鲁王子，1964年生下爱德华王子。有趣的是，这四个孩子竟然有三个不同的姓氏，这里面也包含着女王和菲利普亲王的爱情：在英国，习俗与世界上大多数国家相同，妻子生下的孩子要跟从父亲的姓氏，可是菲利普的妻子是英国温莎王朝的君主伊丽莎白二世女王，如果孩子们的姓氏跟从父亲，那就意味着要改朝换代了，英国的“温莎王朝”将变成“蒙马顿王朝”，所以孩子们必须跟从母亲姓温莎，因此查尔斯与安妮兄妹，一个姓温莎，一个姓蒙马顿。

伊丽莎白公主即位成为女王后，为了不让别人非议丈夫，改变丈夫在这一事件上的艰难处境，决定从1960年开始，女王夫妇所生的孩子全部采用“蒙马顿·温莎”作为标准形式，从而使菲利普亲王的家族形式也能在孩子们及其后代中代代流传。因此，1960年之后出生的安德鲁王子和爱德华王子的姓氏都是“蒙马顿·温莎”。为了表示对丈夫的爱慕和尊重，女王特意把蒙马顿家族的姓氏置于自己家族温莎的姓氏之前，这个做法让菲利普亲王非常感动。

伊丽莎白女王与菲利普亲王结婚60多年以来，一直相爱如故，菲利普亲王作为女王最亲密也最得力的助手，在各种事情上都给予女王有力的支持和帮助，垂垂老去的女王夫妇，虽然不再有年轻时的激情和浪漫，但是他们之间依然充斥着温暖的亲情。女王和亲王分别有一间卧室，但两者是相通的，1972年，他们庆祝了“银婚”，2007年，他们又庆祝了60年的“钻石婚”。

女王对孩子们日常生活的照顾，体现了她关怀孩子们成长的一片苦心。她亲自给孩子们订下许多规矩，比如用茶点时，要先吃完面包和三明治才能吃蛋糕；衣服的肘部补上补丁；一周只给2–6便士的零用钱；孩子们年幼时仆人们只能称呼他们的教名，而不是称呼他们“殿下”等。在父母亲严格的要求下，查尔斯从小就能够自己铺床，每天早晨准时吃早餐。有一次，查尔斯在桑德林丢了一条狗链子，第二天，他的妈妈打发他去寻找。女王说：“狗链子是花钱买来的。”

但终究由于王室家庭的特殊性，女王与孩子们的关系似乎并不如表面那么融洽。王室玛格丽特·罗兹曾称，“这是一种令人难以置信的悲哀，王室是个有裂缝的家庭。”

王储查尔斯和斯宾塞家族的王妃戴安娜的婚姻和爱情，曾经是传遍世界的童话。但是，童话仅仅是表面，查尔斯真正爱恋的人是卡米拉。

1971年6月，查尔斯与卡米拉初识于温莎堡，当时卡米拉正与骑兵军官安德鲁·帕克鲍尔斯交往，帕克鲍尔斯家族与伊丽莎白王太后颇为亲近。马球比赛中，查尔斯与卡米拉相处十分愉快，而她与查尔斯对马术都有相当的热情，卡米拉卓越的马术技巧吸引着王子殿下。自此，查尔斯与卡米拉开始了亲密的交往。

卡米拉会成为查尔斯的情人似乎是命中注定的事，因为她的曾祖母爱丽丝·凯波也曾是查尔斯曾祖父、爱德华七世的情妇。卡米拉自知不可能成为查尔斯的合法妻子，因为她既非贵族，也非处女。但当时的社会还无法接受王子娶一位有复杂交往历史的女性，大家期待王储能娶一位纯洁的少女。

所以卡米拉调查了查尔斯的女友们，寻找一名适合的王妃人选，以生育王室期盼的继承人。1980年7月，适合的王妃人选终于出现了，她就是查尔斯在萨克塞斯的干草堆上遇见的戴安娜。

卡米拉认为，戴安娜很容易受人影响，她天真单纯，不谙世事，正是最佳的王妃人选。这样他可以公开拥有一位顺从快乐的妻子，两人又可以继续他们的私情。但是两人都未预料到，当戴安娜走进查尔斯的生命中，媒体就为她着了魔。

1980 年 11 月 4 日，英国第一的黄金单身汉查尔斯王子和英国最显赫的贵族家庭的千金戴安娜在利兹酒店共进晚餐，共舞。数年之后戴安娜说那是她一生中最浪漫的夜晚。1981 年 2 月 6 日，查尔斯在温莎堡向戴安娜求婚，她毫不犹豫地答应了。三周后，女王的妇科医生为戴安娜进行了检查，确认她还是处女之身。

1981 年 7 月 29 日，在全世界的瞩目下，查尔斯与戴安娜在圣保罗大教堂完婚，卡米拉也在现场观礼。但戴安娜后来透露，走向圣坛时觉得自己好像误入屠宰场的羔羊。世人对她的婚礼如此激动，而实际上查尔斯另有所属。但对于观众而言，那天的转播就是现实的童话，是终极的爱情故事。

但是从蜜月开始，戴安娜就发现了自己的丈夫和卡米拉的那种“超出友谊范围的感情”，她整个人都陷入了绝望。婚后数月间，戴安娜一再发现情敌存在的证据。她撬开了查尔斯的书桌抽屉，发现数封卡米拉的情书，但更糟糕的还在后面。卡米拉的存在给她带来了极大的痛楚，眼看婚姻崩溃，戴安娜曾向占星学家求助，甚至为了让丈夫多在乎自己一点，戴安娜多次试图自杀。

在婚后的数年中，戴安娜相继生下了威廉王子和亨利王子，但这一切都没能留住查尔斯，他依然深深地迷恋着卡米拉。1992 年 12 月 9 日，王室的发言人宣布，威尔士亲王与王妃正式分居。1996 年 8 月 26 日，威尔士亲王和王妃正式离婚，童话婚姻就此宣告破裂，成了一场“世纪悲剧”。

随后不久，安德鲁王子也与王妃莎拉·弗格森宣布离婚。

虽然女王和菲利普亲王恩爱了一生，但这似乎对女王孩子们的婚姻幸福并没有帮助，女王的孩子们婚姻都不融洽，继查尔斯王储和戴安娜王妃的童话婚姻梦碎之后，约克公爵和安妮公主也相继离婚。显赫王室的婚姻可谓一地碎片。

在儿女们失败的婚姻中，当事人自然会感到痛苦，但是作为大家长的伊丽莎白女王，心情是如何的复杂也自然是可想而知的。女王的身份使她成为人民和世界注目的焦点，甚至她的夫妻关系和家庭生活也是人民希望深入了解的，所以女王不得不在各个方面做出模范、榜样甚至牺牲。王室成员婚姻的相继失败，使王室遭受了很多批评，这一切，女王都要默默承担，并依照人民和国家的心意去努力改变。

在许多场合，女王的生活与普通英国妇女没有什么区别，当人们看见她亲自在乡间别墅的厨房里剁肉时，竟不知如何称呼她才好。被邀请到温莎乡间别墅的客人们，一来到就被女王一家那简朴的生活方式打动了。王室的朋友和名人们一同去观看赛马活动。女王固定的活动项目是举行一个周末乡间家庭聚会。当女王清晨阅读文件或外出骑马时，她的客人们或是打网球，或是在温莎逛商店。女王还为打算住下的客人准备了游戏项目、克里斯蒂的侦探小说以及一些唱片。

女王自孩提时代起，就喜爱骑马，父王去世后，她继承了皇家赛马马厩，于是赛马场就成了她纵情欢乐的地方。伊丽莎白二世的女儿安妮公主的骑术也很出名，这是因为受母亲熏陶的缘故。女王每周要骑四五次马，牢牢地坐在马鞍上，顽强而又沉着地驱马驰骋。她一直在研究骑术，科学地完善自己骑马的技术，正是因为她的这种职业风格为她的女儿树立了榜样。顽强、坚定、毫不畏惧，伊丽莎白二世具备了所有这些比赛项目中夺魁的资格。

当伊丽莎白与她的马儿们在一起的时候，人们看到的是真正的伊丽莎白本人，而不是一位女王。她会全然忘记她的地位，像其他任何一位赛马迷一样大声喊叫，跃马扬鞭，疾驰前进。每到这时，你会重新看到她的脸上流露出她儿时顽皮地咧着嘴笑的样子。女王尽其可能地经常光临赛马场，享受那种最令人难以捉摸的刺激感。她经常与她的动物交谈，用鼻子挨擦他们。她非常喜欢在拂晓时起床，注视着一匹匹骏马身挂露珠在她面前嘶叫着跑过，尔后她在马厩的四周散步，用手抚摸它们那发亮的两肋，并同养马人谈论有关养马的话题。

女王除了喜欢马，还喜欢狗，众所周知，女王有许多爱犬，光是柯基就养了许多只。女王会亲自照料她的宠物狗们，亲自给它们喂食、捉跳蚤，在它们行为失当时，向它们大声地斥责，就像对待她的马一样。女王曾经有过一只可爱的宠物狗，名叫苏珊，但是后来苏珊因病去世了，女王在桑德林为它建了个小墓，墓碑上写着“女王忠实的朋友苏珊”。这样的生活也确实很像她小的时候说过的那句话——“我的梦想，是成为一位住在乡下的、拥有许多马和狗的妇人”。

在乡间的别墅度假的时候，在阳光明媚的清晨骑着骏马奔驰在田野间的时候，和在令人迷醉的黄昏牵着可爱的柯基犬悠闲散步的时候，都是伊丽莎白女王最惬意的时刻。她没有身份，没有责任，只是一个正在享受家庭生活的普通妇人而已。

伊丽莎白女王的一生并不容易，她女王的身份，让她就像是走在一根时刻紧绷的绳索上，既要表现得镇定自若，又不能过多地注意自己，要让人民觉得她一切都正常而自然，她必须真诚地对许多事情发表看法，让人民觉得，女王与自己同在，但是又不能过于坚持地表现自我，因为要顺应民众的心意，她必须对排场仪式和自己的日常生活之间存在的巨大差别做到时刻准确地切换和理解。

也许，对于女王伊丽莎白二世来说，人生中最大的挑战就在于：在以女王的身份缓和了所有矛盾、处理了所有事情的同时，还要以母亲和妻子的身份使自己可以继续做一个普通女人，主持普通的家庭生活，经历普通女人的一切喜怒哀乐，美丽与哀愁。

在几十年的君主生涯中，女王经历了种种风波，从最初玲珑羞怯的伊丽莎白公主，蜕变成为老练优雅的伊丽莎白女王，她的一生，就像一杯陈酿的葡萄酒，经过了岁月的洗礼，世事的历练，却历久弥香，无人可代。她的王冠上所迸发的光芒，照耀了英国，也照耀了整个世界。

God save our gracious Queen
Long live our noble Queen
God save the Queen
Send her victorious
Happy and glorious
Long to reign over us
God save the Queen.

O Lord, our God，arise

Scatter thine enemies

And make them foll

Confound their politics

Frustrate their knavish tricks

On thee our hopes we fix

God save us all

Thy choicest gifts in store

On her be pleased to pour

Long may she reign

May she defend our laws

And give us ever cause

To sing with heart and voice

God save the Queen

…………

上帝保佑女王，祝她万寿无疆

常胜利，沐荣光

孚民望，心欢畅

治国家，王运长

神佑女王！神佑女王！

扬神威，张天网

保王室，歼敌人，一鼓涤荡

破阴谋，灭奸党，战乱一扫光

让我们齐仰望，神佑女王！

愿上帝恩泽长

选奇珍品，倾宝囊，万岁女王！

愿她保护法律，使民心齐归向

一致衷心歌唱，神佑女王！

…………

希拉里

为政治而生，为权力而活

在战后的美国政坛上，希拉里无疑是极为特殊的一位。她既是前第一夫人，又是前国务卿，她倾心总统宝座，以铁腕的手段与女性的柔情影响着美国政坛，并在全世界掀起经久不息的波澜！

她的丈夫比尔·克林顿担任美国总统期间进行了大刀阔斧的改革，引来了完全不同的评价，而站在他身后的贤内助希拉里则是克林顿一系列改革最有力的支持者与实施者。在她与奥巴马的角逐失利后，出任国务卿，创下对外访问次数之最，影响了美国与亚洲、中东等诸多国家和地区的关系，在国际上引起阵阵风波。

希拉里自幼就展现出超出常人的学习能力、应用知识的能力和实践拓展的能力，有着坚定的信仰与勃勃野心。她漠视传统，不甘于囿于贤妻良母的形象，她有着超高的领导能力与咄咄逼人的气势，对经济独立的坚持和对公益事业的热忱，对绝对控制权的不懈努力和对政治有着冷静头脑，以及完全不亚于一流男性政治家的魄力和理性。在面对无数的考验与危机中，她总是能迅速对局势作出判断并认真制定目标。与此同时，她的身上散发出清教徒的敏感气质和令人诧异的奔放热情，对个人冲突素来缺乏耐性，与丈夫间互不相让的较量震撼了白宫。

她与丈夫克林顿的情感磕磕绊绊走过了近半个世纪，堪称佳话，他们都热切地相信自己肩负着改变这个世界的使命，为了更好地追求他们超乎寻常的远大抱负，两个如此性格迥异的人能够紧密配合并且相互扶持，历经无数难关，不论是政治的分歧，还是各自的私人状况，他们都能够相互包容，相互谅解并在自己无比失望的境地之下对伴侣以最强有力的支持。

当她以第一夫人的身份出现在美国，希拉里作为总统的妻子、一名律师、一个政治战略家，以及在许多危急时刻能够拯救克林顿时代的人，她的资质是无懈可击的。当她以国务卿的姿态出现在世界舞台上时，比尔·克林顿作为前总统，一名拥有强大影响力的政治明星，甘居幕后，支持着妻子在内政外交各个场合的决定。

希拉里与克林顿之间的感情如潮水一般汹涌奔放，他们之间合作如齿轮啮合一般的亲密无间。他们有着共同的理想，尽管他们共同推出的改革遭遇重重障碍，但无疑是历史进程伟大的推手，而富有争议的夫妇二人，竟然如此势均力敌，以致谁的光辉都不会被掩盖。

希拉里个性鲜明，在全世界有着无数的拥趸者与批判者，她在第二次世界大战后的历史上创下太多记录，书写了太多传奇，让人叹为观止！

严苛童年：政治天赋初露锋芒

第二次世界大战结束后的第二年，一个极为普通的中产阶级家庭——芝加哥市的罗德姆家迎来了自己的长女希拉里，从 1947 年 10 月 26 日这一天开始，希拉里的母亲多萝西·豪厄尔·罗德姆生活的全部就是悉心照料孩子与丈夫，父亲休·E·罗德姆则努力为家庭创造更加优渥的生活条件。随着希拉里的两个弟弟托尼和休吉出生，家庭变得更加兴盛也更加团结了。但是罗德姆夫妇二人性格都十分专制，意图向孩子们灌输老派价值观念和真理体系推崇的精神遗产。

在每一个孩子出生后，休·罗德姆都会开车带着家人回到斯克兰顿法院街的教堂，请那里的牧师为孩子进行洗礼，1911 年他本人就是在那里受洗的。在孩子们放学回家后，休就开始对他们下达各项指令——家务、学习、早点熄灯睡觉，这一切几乎是复制自己小时候的生活。

希拉里的父亲休·罗德姆痴迷于各种生财之道，很有生意头脑，创办了个小企业，生产遮光帘和蕾丝窗帘，他亲自在作坊里印染、裁剪和缝纫布料，他的雇员只有一名黑人男子而已。订单多的时候，姐弟三人会到店里帮忙，但是从来都得不到父亲支付给他们的工钱，甚至连像一般小孩子那样的零花钱都不会得到，休·罗德姆理直气壮地说："他们吃我的，住我的，我们还有必要再给他们钱吗！"夏天，三个孩子通过采集蒲公英赚到一点点零用钱，希拉里自己挣钱是从给邻居带小孩开始的，她在日间托儿所带孩子，后来又在中心大街的一家商店里做过店员。

在希拉里3岁的时候，休就花了35000美元在帕克里奇买了一幢房子，搬出了以前在芝加哥市中心的一居室。休十分节省，没有按照惯例雇人定期来修缮房屋，如果房子需要修葺，他就命令托尼和休吉干些修修补补的活。房子年久失修，以至于房产经纪人帮他们出售这套房子时，不得不说其破烂程度不亚于一片“废墟”。

休还经常开车带着孩子们穿过芝加哥的贫民窟，并且提醒他们“有多么幸运”。他带着希拉里和两个弟弟看《芝加哥论坛报》上的股市行情，并教导他们勤俭节约。

每年夏天，罗德姆一家都会驾车到威诺拉湖畔的小木屋去住上两周。这个小木屋是休·罗德姆和他父亲亲手建造起来的。20世纪50年代初期，小屋前附近罕有人居住，屋后山上的树林里有熊和山猫出没，希拉里和两个弟弟常在附近探险、远足和驾车兜风，并在苏斯奎汉纳河泛舟垂钓。父亲曾在屋后教孩子们打靶，练习瞄准罐头盒子和石头；当地的玩伴则会带他们去滑水，去湖滨看露天电影。

休·罗德姆想通过这样的假期让孩子们忆苦思甜，知道自己生活有多么幸福，但是希拉里和母亲对一次又一次并不轻松的威诺拉湖畔假期越来越反感。有一次在返程途中，为了安抚她们的情绪，父亲同意让她们找个地方尽情购物，他开车带她们来到纽约第五大道，并且答应在商店5点钟关门之前，她们可以随意购买衣物和生活用品，但她们走进商店时已经是4点35分了，母女俩兴奋地脱下鞋子冲进了商店，买了一大堆的东西。表面上，罗德姆家的生活很富足，孩子们也很尊敬父亲，可是休总是不快乐，希拉里说：

“在管教我们的时候，他偶尔会失去控制，大声喊叫甚至会对我们采取体罚，尤其是对弟弟们，而我认为有时候这样做并不公平，或者根本就是小题大做。但即使是在他发火的时候，我也从来没有怀疑过他对我们的爱。他是那种相信棍棒底下出孝子的人。”

在希拉里的孩提时代，父母都坚信，只要有纪律、肯吃苦，得到适当的鼓励，再加上家庭、学校和宗教教育，孩子们就能够实现任何梦想。休·罗德姆是个共和党的铁杆粉丝，他蔑视工会，反对大部分的政府援助项目，强烈谴责高税收。休·罗德姆命令孩子们收看共和党全国代表大会电视转播，但是一旦转播民主党会议时，他就会命令他们把电视机关上。1947年，他曾尝试从事政治，那时他作为亲民主党的无党派人士参加了芝加哥市议员的竞选，但是一无所获。他的一些亲戚认为，休·罗德姆后来一直尖刻地表达着对民主党的鄙视正是因为这次失败。但是母亲多萝西其实是支持民主党的，不过，多萝西从来没有对丈夫或帕克里奇的任何一个人说起过这件事。多萝西经常问希拉里：“你是想成为生活中的主导者，还是一个附庸，只是去说别人认为你该说的话和做别人认为你该做的事?”而父亲主要是谈论她自身的问题，他常常问她应该如何把自己从这些问题中“挖”出来。后来成为民主党重量级人物的希拉里能够在政坛上一展风采，无疑深受父母两种价值观念的影响，她曾直言不讳地说：

“父母两种价值观给我的政治信念留下两种烙印，父母的价值观并不一致，我夹在两人中间长大，使得我的政治信念打上了两方面的印记。”

小学时，希拉里就是老师的宠儿，她学习勤奋，思维敏捷，而且总是愿意取悦老师。那时，希拉里就已经显现出善于与人交际的能力了，她尤其擅长和女孩子交朋友，也不会被男孩子排斥。希拉里在读小学时就是个“假小子”，这得益于父亲在棒球和橄榄球方面的指导以及不懈地练习，她的球技勉强能应付和男孩子们一起参加比赛。

多彩的校园生活和丰富的社会实践让希拉里十分满足。但是她与父亲的关系却日趋恶化。父亲坚决反对希拉里参加7年级和8年级的交际舞课程，他不想让女儿和男孩子们跳舞，更不想让女儿把时间浪费在恋爱游戏上。可实际上，希拉里社交圈里的大部分孩子与她自从幼儿园起就已经认识了，他们之间曾经有人交换过爱情的信物，也萌生出了许多两小无猜的恋情，而且早就开始在闲暇之时成群结队地去看电影了。

她的同班同学阿特·柯蒂斯说，读8年级时，他和希拉里是班上成绩最突出的尖子生，“我很快就被她深深吸引住了。”阿特回忆说，他喜欢她的竞争意识，大多数女孩谈论的都是化妆和男孩子，而希拉里却在那个几乎青年都不知政治为何物时“绝对关心政治”。

希拉里上中学时，几乎参加了校园年鉴上特别推荐的每一项课外活动：学生会、校报、文化价值委员会、同业会、班级舞会委员会……她还是梅因东区中学获得国家优秀学术奖学金的11名学生之一。

10年级的时候，希拉里意识到自己的智力并非是最拔尖的，若要学业名列前茅，就必须得付出比别人更多的努力，尽管她十分努力，可她的平均分数在班里还是未能跻身前十名。但是，那个年代很看重“全面发展”，希拉里在这方面远超众人。在班级辩论赛中，希拉里卓绝的记忆力和万全的准备使她所向披靡。

随着希拉里思想越来越开放，她与父亲的矛盾也更加尖锐了。而就在这时，一位改变她一生的人——卫理公会教派青少年牧师唐恩·琼斯教士走进了她的生活。那一年，14岁的希拉里还是一个10年级的中学生，26岁的琼斯却已经从新泽西州德鲁大学神学院毕业，刚刚服过四年海军兵役。

希拉里从小花费了大量时间积极参与帕克里奇的第一联合卫理公会教堂的活动，深切地感受到了苦难中的人群有着许多需求，从小就谨遵卫斯理的教诲——“行各种善举，尽一切办法，用一切手段，不限时地，不论对象，能做多久就做多久”。罗德姆夫妇每晚睡前都会祷告，这影响了希拉里，她自幼也借助祷告寻求慰藉与指导。

希拉里的父亲坚持人必须自立，母亲关心社会正义，她努力想要调和这两者。在琼斯出现之前，希拉里的政治意识和她的宗教意识在两个不同的维度上权衡，寻求融合之道。

琼斯是狄特里希·朋谔菲尔和莱因霍尔德·尼布尔的忠实信徒。朋谔菲尔强调基督徒的道德角色是全力参与社会事务，促进人类发展。尼布尔洞悉人类的本质，同时却又拥有追求公平正义与社会改革的热情，琼斯向希拉里强调“以行动实践信仰”。

琼斯把周日与周四晚上的卫斯理青年团会议称为“生活大学”，指导希拉里和其他几个同学阅读T·S·艾略特和E·E·康明斯的诗歌；用神学和地理政治学术语来为她们赏析毕加索的画作，希拉里对《格尔尼卡》的印象尤为深刻，他们还在一起讨论《卡拉马佐夫兄弟》里的宗教大法官杜斯妥耶夫斯基的意义；欣赏鲍勃·迪伦新唱片中的《大雨将至》。

“生活大学”并不局限于艺术与文学，在周末，琼斯还会带领他们去芝加哥的黑人教堂和西班牙裔教堂参观，与不同环境下成长起来的青少年进行交流。大家围坐在教堂地下室里交换意见，希拉里了解到，虽然大家的生活环境相差甚远，青年们总是惊人的相似，但是这些人对南方民权运动的动态了解得比自己更清楚，在与他们的讨论中，希拉里对黑人民权运动产生了浓厚的兴趣。

这一年，希拉里和朋友一起瞒着父母去观看马丁·路德·金的演讲。那个时候，希拉里得知存在于南方和北方的种族隔离现象，十分震撼，她第一次了解到原来黑人儿童才是全美最贫穷、最苦难深重的群体，那时她就决心要挽救美国种族主义悲剧。甚至是在她日后认识比尔·克林顿的时候，她就发现了这个男人愿意步入政坛纠正美国犯下的错误。在南方人当中，拥有他这样开明思想的人并不多见，这种政治上的共鸣让他在希拉里心目中魅力大增。

在中学的最后一年，希拉里参加了被自己称为“领袖职位”之争的竞选。她自己曾说起过，那时一位竞争对手的竞选经理已经在朝她“甩烂泥”了，但是“我们没有以牙还牙，而是选择正大光明的竞争手段，宣扬母性光辉和美国精神”，结果在第一轮投票中她就遭遇了惨败，这件事深刻地教育了她学生政治有多么残酷。她在给牧师的信里写道：

“我同几个男生一起参加竞选并落选了，对此我并不感到惊讶，但仍然感到受了伤害。特别是，其中一个竞争对手对我说，要是我‘真以为一个女孩能赢得竞选胜利的话，就实在是太愚蠢了’。”

机遇无限：爱情与事业的抉择

17 岁时，希拉里离开了伊利诺伊州的帕克里奇，去韦尔斯利女子学院读大学。在韦尔斯利女子学院就读的前几个学期里，希拉里都坚定地认为自己会从事医学，通过救死扶伤来实现自己的价值。可惜的是，她发现自己有些晕血，这让她不得不放弃自己的理想，逐渐选择法律与政治来作为事业。在这个学院里，希拉里凭借着自己勤奋的学习和实践的激情，以及超强的忍耐能力与对公共事业的热忱，赢得了“大胆的领袖”和“行动主义者”的赞誉。

正是因为她认为律师改变世界的能力最大，希拉里同时向哈佛法学院和耶鲁法学院递交了申请，面对两所学院抛来的橄榄枝，她迟迟没有决定自己的去处，当希拉里来到哈佛大学法学院考察时，一位著名的教授一脸傲慢地说：“首先，我们并没有什么势均力敌的竞争对手。其次，我们这里并不需要更多的女人。”希拉里知道哈佛并不能给予自己想要的机会，她毅然决然选择了耶鲁大学法学院。1969 年，耶鲁大学法学院 235 名新生中只有 27 名女生，在这里的第一年，希拉里就在同学间迅速树立起了很高的声望，成为同学间的意见与行动领袖。

一般来说，法学院的学生都以加入法学院学生主办的法学期刊《法律评论》编辑部为荣，而哈佛或耶鲁法学院《法律评论》显然是其中难以逾越的高峰。但是在1970年春天，《耶鲁法律与社会行动评论》诞生了，希拉里的名字列在了创刊号的编委一栏中。

《耶鲁法律与社会行动评论》杂志创刊号特意选择在“五一国际劳动节”出版，并登了一篇重磅文章《大学与警察：大学校园里的武力和自由》，杂志封面上则是这篇该文章的插图：警察戴着防毒面具，佩带着重型武器。迫于学生们声称要举行暴力示威的威胁，耶鲁法学院院长金曼·布鲁斯特发表声明表示支持“五一”游行示威的根本理念。

像往常一样，希拉里认同“五一”游行示威活动的深层次目标，游行活动的组织者们开会来商讨斗争策略，但大家都出于愤怒说了许多过激的话，使得那次会议差点失控，希拉里巧妙地安抚了争执各方，并引导讨论朝着最终平息争端的方向发展，她明确地表示：游行示威应该是和平的、有目的的、有组织的，应该为长远的政治诉求服务而不是成为荷尔蒙的奴隶。

5月1日当天，15000名游行示威者聚集在耶鲁校园内，有人还高举着“烧掉耶鲁”的牌子。但这次游行示威的气氛出奇的平和，游行期间同学们还以“逮捕与搜查”和“种植园社会的殖民地化和种族特征”等话题开展了研究讨论。

此时的希拉里没有把参加政治竞选当作自己的人生目标，也不排斥政治对她的吸引力。但是在法学院不到一年的时间里，希拉里就参加了全美播出的电视访谈节目，并当选为女性选民联盟中前后两代女性民权主义者的联络员。

无疑希拉里很享受这些成就，进入法学院仅仅18个月，她已经成为学校乃至全国青年中的风云人物。可是突然之间，最意外也最自然的事发生了，即使在希拉里以后的人生中，她也认为这是最让她感到刺激与兴奋的——她遇到了威廉·杰斐逊·克林顿并无可救药地爱上了他。一般名叫威廉的男子小名都叫比尔，所以他也被经常被人称作比尔·克林顿，比尔是“她井然有序的理智世界中的不可控因素”。

那是在1971年的春天，克林顿和希拉里在耶鲁大学相识。他们几乎立刻就从对方身上发现了与自己极为匹配的特质，还有对政治同等的精明能干。实际上，1970年在耶鲁大学法学院开学第一天，希拉里·罗德姆和比自己小一级的比尔·克林顿就互相认识了，可是那时他们并未留意茫茫人海中的对方。

那个时候克林顿在学业和政治生活一帆风顺，但是个人生活却是一团糟。一个年轻女孩不久前离开了他，嫁给了前男友；接下来他又和一个自己心仪已久的女孩满怀惋惜地分手。就在此时，希拉里闯入了他的生活。

有一天，在课堂上，克林顿坐在后排，突然看到一个以前从未见过的女孩，她戴着眼镜，不施脂粉，却透露出一股坚定、冷静的力量，他开始在校园里有意追随她。希拉里则说自己第一次注意到他是在学院的休息室里，“他看起来不像一个领罗氏奖学金的学生，而更像一个海盗”，正在跟别人谈论阿肯色州如何种出世界上最大的西瓜。

直到1971年春天的一个晚上他们才开始交谈，那是在耶鲁大学的法律图书馆里，克林顿正在和自己的朋友杰弗里·格莱考交谈，突然发现希拉里正在附近，就无心听友人讲话，格莱考发现以后不动声色，礼貌地走开了。此时希拉里发现他一直朝自己张望，她就大方地走上前去进行自我介绍。

可是，他们再次讲话已是两个月以后的事了。在这个学期最后一天，克林顿和希拉里一起注册下一学期的课程。在办公室里，注册员问克林顿：“你已经注册过了，怎么又来了？”克林顿坦率地承认那只是为了能跟希拉里在一起而耍的小把戏，希拉里轻轻地笑了。他们一起走了好长一段路，然后就有了第一次约会。

那一天克林顿提议步行去耶鲁艺术画廊看画展，到那里时却发现博物馆闭馆了。于是克林顿主动提出清理堆积如山的垃圾，终于说服了门卫放他们进去。几天后，克林顿给希拉里打电话时听出她的声音虚弱，得知她身体不舒服，半小时后，他出现在了希拉里的宿舍，并带来了橘子汁和鸡汤。不久，他们就确定了正式的恋爱关系。

6 个月后，所有法学院的师生都领教到了他们之间的默契与平衡。那时，在耶鲁法学院著名的大律师联盟模拟庭审大奖赛上，希拉里和克林顿被指派充当原告律师。他们花了一个多月的时间准备起诉要点、法律依据和控辩战术。

虽然最后克林顿和希拉里遭遇了滑铁卢，但他们在此次合作中的准备工作和临场发挥让同伴们一眼就看到了他们亲密无间的合作伙伴关系，大家都为之倾倒。“希拉里非常犀利敏锐、具有芝加哥风格，而比尔幽默、怀旧、天真。”这成了此后几十年来他们在政坛合作的雏形。

在耶鲁读书的时候，希拉里为克林顿做出了一次巨大的牺牲，为了能够和他在一起，她选择在耶鲁多待一年。1973 年，她和克林顿一起去英格兰进行了一次毕业旅行，这是她第一次出国旅行。在曾经激发了众多浪漫主义诗人才情的英格兰恩纳代尔湖畔，他请求她做自己的妻子。但希拉里拒绝了他的求婚，她解释说自己不想仓促做决定。当时，她害怕“一般意义上的承诺和义务，还特别担心比尔的热情”。后来克林顿曾经多次向她求婚，但希拉里一直迟迟未能决定：

"我从来都不怀疑我对他的爱，但是我知道他要在阿肯色州建立自己的生活。我无法想象自己要如何在一个既没有家人又没有朋友的地方生活下去。"

在阿肯色州，她没有办法实现自己的个人成就，因为嫁给比尔·克林顿，在他的地盘上，做台前的那个铁娘子几乎是根本不可能的。到阿肯色州去意味着彻底放弃在华盛顿或纽约找一份自己倾心的工作的机会，也难以在最富有激情的年纪放射出属于自己的灿烂光芒。

但克林顿早已开始以自己的政治前途为中心规划两个人的未来了，他计划在阿肯色州立大学教书，然后再参加政治竞选。希拉里一直举棋不定，但她还是和克林顿一起到小石城参加了律师资格考试。11 月 3 日，哥伦比亚特区律师协会公布了此次考试的结果，希拉里意外地没有能够通过律师资格考试。在其后的 30 年里，她没有再参加过律师资格考试，她的自信心第一次遭受如此重大的打击，并以此为耻。

1973 年感恩节期间，克林顿到新英格兰与希拉里共度佳节，不久，克林顿接到了约翰·多尔的电话。此时，多尔刚刚被委以重任，担任议会司法委员会尼克松弹劾调查的首席法律顾问。多尔十分赏识克林顿，希望他能够参与尼克松的弹劾调查。他已经打定主意要参加阿肯色州的议员竞选，便婉拒了多尔的邀请，同时推荐了希拉里。

在多尔的律师团 44 名成员中，只有 3 名女性。这 3 名女性和所有人一样，每天工作 12 至 18 个小时，在那里，一位来自于阿肯色州的女律师告诉希拉里："你必须要比任何男人都强三倍才有可能成功，你必须谨慎交友，那里的文化与这里的非常不同。但是，一旦他们接受了你，那里的人非常亲切也可以信赖。而且，在那里给人留下深刻印象很容易。你可以成为小池塘中的大鱼。”

与此同时，克林顿也于1974年2月宣布参加阿肯色州第三国会选区的议员选举，此时的希拉里，政治经验已经比克林顿的一些助选经理们更胜一筹，她自信地给克林顿的竞选团队指示，还为他们列出清单，要求他们完成这些工作，尽管那时候她对阿肯色州的政治局势并不那么了解。

1974年7月19日，多尔正式向整个司法委员会呈报了所有弹劾罪名，该提案以压倒性优势得到了司法委员会的批准。陷入“水门事件”的尼克松总统选择在8月9日辞职。希拉里却没有留在华盛顿，甚至都没有等到所有工作收官，就接受了在阿肯色州立大学法学院的工作，“随着我在华盛顿的工作以出色的结果而告终，我终于可以给我们的关系——还有阿肯色州——一个机会了。”她选择成为克林顿背后的那个人。

希拉里讲授《刑法》《审讯与辩护》和《刑事诉讼法》等课程。而克林顿在下定决心参选议员之后，也获得了系主任的承诺，在参选期间继续担任教职。他教的是《代理合伙法》和《贸易法规》。许多学生都听过希拉里和克林顿的课，希拉里自信、强势，能够轻松地控制课堂，而且授课方式也比克林顿的课更加容易让学生把握。她对学生要求很高，课堂上的讨论并不轻松。而克林顿则几乎很少为难学生，而是跟他们进行轻松的对话，学生们可以自主地掌握课程的进程，也可以适当地拖延。

尽管希拉里一来到阿肯色州就在竞选总部里姿态强硬，让人难以忽略其存在，可克林顿还是会拈花惹草，隔三差五地与学生搞各种暧昧。他让自己的雇员替他望风，只要希拉里一出现就把自己的女助理和女学生从后门打发走，以免希拉里撞见以后会让他们难堪。但是希拉里很快就成功地把这些学生赶出了竞选总部，她还明确表示，克林顿之前认识的那些女人，包括现在和他暧昧不清的女人们，在心智方面，与自己和克林顿相差都太远，根本不值得自己为她们花费精力来对付。

这段选举的时光里，希拉里跟克林顿的关系火药味十足。她以一副纡尊降贵的姿态发号施令，企图让自己的男人尽可能地听从自己的要求，同时还要确保他们的政治策略始终朝着理想的方向健康发展。希拉里居高临下的姿态引来了克林顿的极大不满，他们常常在工作时相互咆哮，但是这并不影响这对最佳拍档的关系。

在后来的几十年里，比尔·克林顿的暴躁脾气席卷了整个美国政坛，不论是议会还是内阁，许多人都见识过克林顿的臭脾气，无疑希拉里是这些人当中领教最多的一个，她跟其他人不一样，她绝对不会忍气吞声，在这样的时刻她绝对会予以有力反击，用词亦极为犀利。这样的势均力敌，也是一种可遇不可求的爱情吧，好的感情正是基于这种谁都占不了上风的格局，不论是合作还是对敌，比尔与克林顿都是最佳的拍档和对手。一位他们曾经的助手风趣地说：

“他们经常争吵，可是，不一会儿，他们就会深情脉脉地对彼此甜言蜜语，‘噢，我亲爱的……过来，宝贝儿……你是最可爱的……’而一转眼，又会往对方身上砸东西，然后，又恢复你侬我侬、柔情似水的状态。”

可是这场议员选举以失败告终，之后的几天，克林顿在整个第三国会选区奔走，感谢那些支持自己的选民，也同样感谢那些没有支持自己的选民。然后，他在一个多月里都陷入了沮丧，在大部分时间里，他失落地躺在希拉里住所的地板上为自己的失败反省。

希拉里不愧是影响了世界局势的女人，她抓住克林顿的手，鼓励他："你一定会成为美国总统，振作起来！"是的，从他们认识的第一年开始，她就坚信克林顿一定会成为美国总统。

克林顿知道，纵观20世纪，只有两位在职的参议员当选为总统，其他的总统在当选之前都担任州长的职务。克林顿安慰自己说，如果自己真的赢得了议员选举并到华盛顿赴职，那么他当上总统的希望就更加渺茫了。在希拉里的鼓励下，克林顿决定振作起来，并改变策略，不再竞选议员，而是要竞选阿肯色州首席检察官。

1975年春天，希拉里独自到波士顿、纽约、华盛顿和芝加哥做了一次旅行，她其实是想知道，如果放弃在东海岸就业的机会，她失去了什么，她需要要做一个估量。希拉里法学院的朋友卡罗琳·埃利斯对她说："阿肯色州又不是火星，深爱一个人，但是却因为不喜欢他居住的地点而决定不嫁给他是最愚蠢的事情。"希拉里慢慢接受了这个新的地方，决定和克林顿一起跳下爱的深渊，共浴爱河。很显然，在希拉里心中的天平里，比尔·克林顿占据着无比重要的位置。

当希拉里返回阿肯色州的时候，克林顿到机场去接她，并向她提到了他们曾看到过的一个小砖房。"我把它买下来了，就是这样。"克林顿说，"所以，现在你最好还是嫁给我吧，我总不能一个人住在里面吧。"终于，希拉里下定决心，嫁给克林顿。

婚礼就在那个小砖房的前厅里举行。虽然希拉里并不想要订婚戒指，但是1975年10月初她和克林顿在温泉郡举行了一场订婚派对，那时克林顿坐在一把椅子上，而希拉里坐在扶手上，两个人手牵着手，似乎这对政治搭档褪去了所有的野心和抱负，享受着在朋友间的轻松和快乐，此刻的他们看起来十分恩爱。

10 月 11 日，来自耶鲁、牛津、韦尔斯利、乔治敦、帕克里奇和温泉郡的 200 多名亲友都来到阿肯色州参加他们婚宴。香槟喷泉、点缀着黄色玫瑰的蛋糕、悠扬的钢琴声……让这场婚礼显得极为浪漫，许多赏识克林顿的商业大亨与政治领袖也出席了这场简单的婚礼，整个选区的民主党人士都为他们表示祝贺。十分有趣的一幕是，克林顿的许多学生都来向他们道贺，但是希拉里的学生罕见身影。

比起大多数新婚夫妇，在婚后的一年里，克林顿夫妇见面的时光并不多。1976 年 1 月，克林顿在小石城建立了竞选办公室，直指阿肯色州首席检察官位置，希拉里的两个弟弟都搬到了阿肯州色居住，做姐夫的助手，陪同克林顿完成自己的志向。

以“性格、能力和关怀”为竞选宣言，克林顿以 55.6%的选票击败了两个对手，5 月获得了民主党初选的胜利，实际上，这几乎已经决定了他将在 11 月成功通过阿肯色州的首席检察官选举。

在丈夫得到这份工作以后，希拉里随着他搬到费耶特维尔城居住，令她自己都感到惊讶的是，她竟然能够如此之快地适应这个陌生城市的生活。她很快就有了自己的交际圈，还在这座有些排外的小城里，以过人的才能征服了学术和法律界挑剔的眼光，甚至改掉了一些中西部的口音。而且希拉里的情商超人，在别人看来，她可以自豪地背诵阿肯色人创造的各种成就，而且她已经成为阿肯色州立大学橄榄球校队的狂热球迷。

1977 年 2 月 1 日，她丈夫宣誓就职还不到 1 个月，她成为一名公司代理律师——这个曾经她自己不屑一顾的职业，并在朋友的帮助下进行股票投资，大赚了一笔，可这也为他们今后的生涯埋下了巨大的隐患。

此时克林顿面对着未来，也在考虑自己的政治蓝图：竞选阿肯色州的州长，还是竞选参议员？尽管希拉里更倾向于后者，但是民意测验显示，如果克林顿竞选州长，胜算更大。最后，31 岁的克林顿以 63%的选票，成功当选州长。

希拉里没有遵循阿肯色州第一夫人的传统，仅仅是作为一个州的形象代表，而是积极跟丈夫一起从事实质性的工作，参与制定公关政策，克林顿还任命希拉里领导自己的卫生保健顾问委员会。有趣的是，她对社交场合的抛头露面并没有太大的兴趣，直到 1980 年他们的孩子切尔西出生，她在罗斯律师事务所的工作份额才有所减少。他们的女儿切尔西·维多利亚·克林顿的到来，是希拉里这辈子最奇妙也最恐惧的经验。全家人都为新生命的诞生欣喜若狂，克林顿经常把切尔西紧抱在怀中，在院内闲逛，把她摇来晃去，对着她唱歌，带着她四处炫耀……

一直以来，克林顿的花边新闻从未间断，他们的婚姻则一度名存实亡，幸运的是切尔西成为夫妇间的纽带，维持着这个阿肯色州的第一家庭，和后来全美国的第一家庭。尽管他们的大部分时间都为工作所占据，但还是尽力花更多的时间在女儿身上：在饭桌上愉快地交谈、开车送她上学、为足球比赛加油助威、玩拼字游戏、一起看电影……

初为人父的克林顿竞选连任失败，可是在两年后他又重任州长时，此时的克林顿更谦虚、更理性，仍决心利用两年任期有所作为。面对刻不容缓的教育问题，他任用了自己最信任的人——他的妻子希拉里来主持阿肯色州教育体制改革的工作。

第一夫人：白宫幕后的战略家

从 20 世纪 80 年代后期开始，克林顿一直没有放弃入主白宫的宏伟蓝图，但是面对着种种复杂的局势，他只得一次又一次将自己的计划搁浅，希拉里为此十分遗憾，甚至在比尔召开新闻发布会宣布退出总统竞选之时，希拉里泪洒当场。在 1990 年克林顿再度当选州长以后，全国各地许多民主党成员都开始鼓动他参加总统竞选。希拉里犀利地意识到当时的总统老布什不擅于处理内政，将国家弄得团团糟，他绝非不可战胜的。

1991 年 6 月，克林顿前往欧洲参加比尔德伯格会议的当晚致电希拉里，他说布什政府的官员一个劲儿地为自己的愚蠢政策进行辩护，他们的经济政策让人失望透顶。“简直是疯了，我们没有为这个国家的未来做任何准备。”希拉里听出来了，自己的丈夫燃起了斗志，已经准备着大刀阔斧地大干一场！

同年 9 月，克林顿夫妇决定参与竞选，比尔联络了一大批核心顾问来为他争取到提名，并在公开演说中批评布什的施政方针，他决定要“带领民众重建美国梦，为那些被遗弃的中产阶级而战，提供更多机会，让大家肩负起更多的责任，为我们伟大的国家创造一个更坚强的社会”。

但是这样冗长的理念，让人听了以后并没有什么太大的兴趣，主流媒体并不看好克林顿，在报道中有意无意地将他描述成一个十分有趣但是缺乏果敢的年轻人，但是克林顿传递出的信息慢慢地吸引了越来越多的选民，希拉里也被媒体注意到了。希拉里认为竞选总统的日子十分难熬，因为如潮水般涌来的媒体让他们措手不及，生活中的每一个细节都被放到显微镜下接受全国民众的审视，伴随着这些隐私的暴露，许多恶毒的诽谤与卑劣的人身攻击随之而来。

有一次，克林顿夫妇在会见支持者时，比尔将希拉里介绍给大家，告诉大家希拉里从事儿童教育工作已经长达12年，并且在未来的克林顿政府中会扮演活跃的角色，继续从事教育工作，还开玩笑说他们有了一个新的口号，叫作“买一送一”。可是没有想到他们面对媒体经验不足，这句话被曲解为野心与破坏规则。

曾遭受弹劾而下台的前总统尼克松在媒体面前说：“候选人的妻子如果表现得太过强势、太聪明，会显得丈夫懦弱无能。”他还说大部分人心中依旧对女性保存着强烈的偏见，认为女人智商太高并不是一件多么值得欣赏的事情。

随着这些政治上的“臭鸡蛋”连个袭来，生来就不老实的克林顿花边新闻实在是防不胜防，这样的事件已经让众多的美国人由兴趣盎然逐渐变成了不再有兴致去看到新的女性名字和并不新颖的出轨故事了。克林顿面对这样的新闻总是满脸惊讶：“这不是真的！”当然，希拉里也会选择支持丈夫，但是希拉里心知肚明，克林顿从来就管不住自己。她几乎认为，在涉及性理智和控制性欲问题上，克林顿和十几岁的少年差不多，这一切都该归咎于他病态的童年经历，虽然愤慨，希拉里也凭借着极高的自制力与对未来的渴望，坚持与丈夫风雨同舟。她相信，克林顿一定是未来的美国总统，即使老布什在民意调查的支持率超过九成，她还是深信不疑。

11月26日，希拉里和克林顿一起在一家酒店里进行节目访谈，录制节目的那间套房被改造成了摄影棚，灯光围绕着坐在沙发上的克林顿夫妇，而就在访谈进行到一半时，一个撑着灯光的支架突然倒下，克林顿本能地将希拉里拉开，躲过了这场意外的事故，在希拉里惊魂未定之时，克林顿将她紧紧抱住，对着她低声说："我抓着你，别害怕，你没事，我爱你。"

在这次访谈中，主持人就他们的婚姻状况连连发问，对那些绯闻丝毫不避讳，也对两人关系中的细节十分关注，譬如夫妇二人是否面和心不合，有没有过分居或者离婚的想法。强势的克林顿夫妇拒绝回答这些私人隐私方面的问题，但是克林顿还是坦陈自己曾为婚姻造成了一些痛苦，选民有权决定他是不是有资格当选为总统。

主持人却回应道："我认为大部分美国人都同意你们继续维系着婚姻关系，解决好你们之间的问题，而且似乎能够达成某种谅解与协定，这令人钦佩。"希拉里却不大能接受这样的评价，克林顿也当众反驳道："等一等，你们面对的是两个相爱的人，这不是什么协定或者谅解，这是婚姻!"

在竞选中，这样的状况数不胜数，对克林顿强有力的指控也逐渐被披露——在越南战争期间逃避兵役，曾经吸食大麻，不正当商业交易历史……克林顿夫妇根本没有时间和精力来计较这些，他们的公关团队是世界一流的，妥善地处理好这些新闻的负面影响。在奔波与疲惫中，希拉里一直都坚信，克林顿会是美国总统，但是在1992年11月4日凌晨，当选举结果公布的时候，46岁的比尔·克林顿击败68岁的乔治·布什荣任第42任总统，她还是不由得震撼，自己的丈夫将会入主白宫，自己会成为创造历史的第一夫人。

第一夫人历来都被当作一种象征意义，人们都将理想的美国女性形象寄寓在第一夫人的身上，许多第一夫人成就非凡却往往在总统的光辉下被人忽略。在希拉里成为第一夫人时，她决心不要成为一个无用的花瓶，而是一个真正的政治家。有意思的是，美国历史博物馆在 1992 年 3 月对“第一夫人展厅”进行了修缮，展示了历史上诸位第一夫人所扮演的不同角色与她们的成就。而希拉里野心勃勃，已经在考虑自己会在新的政府中扮演怎样的角色，而不仅仅是在“第一家庭”中展现一个“贤妻良母”的形象，考虑到当时的政治环境，希拉里甚至想到了成为克林顿的免费顾问。

那个时候，希拉里将许多自己曾经的幕僚推荐给了新政府，他们在西翼既活跃又有影响力，而那个时候希拉里正在东翼忙得不可开交，主持进入白宫后的第一项社交活动——全国州长协会年度餐会。在克林顿任总统的头几年，和他们两人一起共事的戴维·格根发现：

“在日常生活中，我看到的那个比尔·克林顿每天都需要妻子情感上的支持。他依赖她，时时谈起她，无论做什么都把她当作是永远可以让他依靠的、坚不可摧的直布罗陀岩石。当他们取得平衡的时候，可以互为补充。他们的伙伴关系为他的领导才能提供了更多的能量。她是锚，他则是帆；她是现实主义者，他则是梦想家；她是战略家，他则是战术家。”

慢慢地，克林顿的改革越来越激进，进行医疗保健改革涉及全民的利益，是全世界都关注的政治举措，20 世纪的历任美国总统大多数都曾经考虑过这项改革。克林顿将这一任务委派给了自己最为信任的妻子希拉里，当众宣布由她来担任“全国医疗保健改革特别小组”的主席。当时民主党掌握国会参众两院和白宫，原本有机会在民主党的支持下通过的法案，而且许多民主党成员对这项新政的出台十分期待，甚至催促着希拉里的工作进程，但是希拉里领导的小组没有征询外界的意见，而只是闭门研议出一套改革方案，以致改革牵涉盘根错节、千丝万缕的利害得失，委员会最后提出的改革法案连民主党的议员都不支持，不但整个改革计划完全失败，其所引发的社会反弹连带导致民主党在1994年的期中选举惨败，丧失了参众两院的控制权。

当克林顿夫妇摆脱了种种困难成为白宫的主人以后，他们的政治理想并不尽如人意，更危险的是，克林顿政府爆出多起丑闻，屡次将他们置之死地，威胁着夫妇二人的政治前途。在他们还居住在阿肯色州小石城时，曾经营过一起错综复杂的房地产交易。原本他们以为这件事不会再被提起，可就在克林顿当选总统后还不到一年，一名独立检察官发现了蛛丝马迹，对他们进行了无孔不入的调查，《纽约时报》最终将其披露出来：希拉里曾经从一家与他们关系密切的担保公司获得过一笔非法红利，这笔钱先存入白水开发公司名下，然后希拉里再利用法律漏洞把钱转出，用作克林顿竞逐连任阿肯色州州长的费用。“白水事件”闹得沸沸扬扬，最后有多达15人被定罪，但克林顿夫妇未被查出有罪，这也归功于希拉里通晓法律，在7年的调查中与检察院周旋，使其发现不到任何足以威胁克林顿夫妇的实质证据。

在整个克林顿任期中，最为人津津乐道的，却是克林顿同白宫女实习生莫尼卡·莱温斯基的性丑闻。1998年1月21日，《华盛顿邮报》在其头版整版发表了一篇题目为《克林顿被控指使手下撒谎》的报道，克林顿看了报道，对希拉里说：“别相信这些。”当时克林顿向希拉里解释说，当这名实习生走到他面前征求他对找工作的建议时，他曾经鼓励并帮助过她。因此，她对此产生了误会，或者是曲解了他帮助她的意思。他们当时只谈了几分钟，没有做不体面的事情。此时的希拉里虽然怀疑，但还是比较信任克林顿，因为他之前经常为这些事情遭到无端指责。

可是广播与网络里满是关于此事的报道——克林顿与一名年轻的白宫实

习生莫妮卡·莱温斯基有染！她不得不帮她的丈夫进行辩护。希拉里不断地向公众强调，克林顿总是乐于帮助别人。他曾告诉她，他只是要“帮助”这名向他求助的孤立无援的实习生。

但是越来越多的证据指向了克林顿，包括莱温斯基的日记、电话录音，最关键的还有她保存的一件衣服上沾有克林顿的精液。到了8月15日，克林顿一大早就向希拉里坦白，情势发展比他先前所认识到的还严重，现在他必须要坦承曾与莱温斯基有过不当亲密关系，但只是逢场作戏。希拉里称，自己听到这个消息后简直无法呼吸，只能大口吸气，然后边哭边对他大吼：“你是什么意思？你说什么？你之前为什么说谎？”

没过多久，敏感的希拉里意识到，全美国乃至世界都会将她此次所蒙受的奇耻大辱当作茶余饭后的谈资，大家都盯着电视屏幕等着她出现继续面对公众。政治圈里的女人，“脸皮要像犀牛皮一样厚”。而希拉里对克林顿也充满了失望与愤怒，甚至在朋友眼中，她已视丈夫形同路人，他们在一起时完全是在逢场作戏，她故作镇静，却掩饰不住内心的不安。但是他们的朋友斯蒂伦也会为希拉里身上所表现出来的坚忍不拔的耐力和毅力而十分感动：

“希拉里的阅历很深，她所经历的挫折是难以想象的。可她令人不可思议地闯过了一道道难关，坚强地挺了过来，并维护了他们夫妻间坚实的关系。直到现在，我们仍旧能看到他们夫妻之间的恩爱。”

在华盛顿，呼吁弹劾总统和要求总统辞职的呼声越来越高，终于，在9月9日，独立检察官办公室向众议院司法委员会正式提交了11万字的弹劾报告，并附有36箱证明材料。这份报告列举出对总统实施弹劾的11项理由，包括做伪证、妨碍司法公正以及渎职，而报告中共有581次出现了“性”。

对克林顿总统的控罪在参议院进行审判，最高法院首席大法官威廉·伦奎斯特担任法官，全部参议员作为陪审团，众议院则派出15名众议员担任检察官。如果超过2/3参议员投赞成票，控罪就能成立。结果是，投赞成票的参议员甚至没有过半数，总统的控罪不成立，整个事件终于就此落幕。

自1993年1月20日克林顿宣誓就职以来，他担任总统长达八年，按照夫妇二人的理想对美国进行了大刀阔斧的改革，而克林顿这一系列的改革受到颇多争议，有人评价说他是美国战后最天才的总统，也有人说正是因为他的改革让美国乃至全世界的经济变得团团糟。不论怎么说，在2001年，他以65%的民意支持率结束任期，创下了第二次世界大战后美国总统离任最高支持率纪录，可谓是美国历史上得到最多公众肯定的总统之一。

再登高峰：永不枯竭的政治理想

早在1999年弹劾总统案一结束，希拉里便准备参选美国参议员了。鉴于其雄厚的智囊团与惊人的创造力，当选为参议员并非是一件困难的事，希拉里野心勃勃，她的丈夫到达了政治的最高峰，她也开始着手实现以自己为中心的政治理想了！

毫无悬念，2000年希拉里搬迁到纽约并当选美国参议院议员，成为第一位获得公职的第一夫人，并成为纽约州第一位女性参议员。她的竞选策略和丈夫相似，即以满足选民的实际物质利益为主要手段，而她从来没有放弃过对教育和女性的关心，争取服务那些最没有权力的、被边缘化的或是受歧视最严重的人。在所有应该得到帮助的人中，希拉里最想帮助的是孩子。孩子是公民中最脆弱的群体，也是最应该得到帮助的，尤其是穷苦人家的孩子和黑人的子女。

就任参议员以来，希拉里一面维持自由派选民的支持，一面在争夺中间派的选票上面颇下苦心，包括投票支持伊拉克战争。

她在2000年竞选纽约州参议员之前，从来没有在纽约居住过，当时被许多人称为“外来议员”。但希拉里凭着个人魅力和出色的演讲才能，以绝对优势赢得竞选，成为第一个当选参议员的第一夫人，并在2006年再次轻松获胜。但是，民众对她的看法改变不大，绝大多数人仍认为希拉里属于自由派，保守派更对她深恶痛绝。随着伊拉克战争局面的持续恶化，希拉里又转变态度，开始反对布什政府的内政外交，展现出政治家的权谋，不过也为其政治前途落下话柄。

宝刀不老的希拉里做出了惊人举动——2007 年 1 月 20 日希拉里在她的个人网站上宣布，她正组建一个竞选总统研究委员会，将加入 2008 年总统职位的角逐。八年第一夫人经历和两届参议员的从政经验，给希拉里带来了巨大荣誉，但也让她身陷争议。这一次，丈夫克林顿甘居幕后，在美国各地演讲，为希拉里赚取支持。自希拉里竞选以来，克林顿都会利用单独出镜的机会称赞希拉里，特别是在奥巴马不断抢夫人风头的情况下。而且，借助比尔大叔的影响力和关系网，希拉里在起初的选票远远超过了奥巴马，一些选民也是因为比尔大叔，所以才愿意去投希拉里的票。在希拉里竞选失败后，年近 60 的克林顿还是不辞劳苦地帮助希拉里偿还竞选欠下的 2520 万美元的债！

在初选开始之前，她的情况是诸多参选人中最为乐观的，在民意调查和获得资金两方面都处于遥遥领先的地位。2008 年全国党内初选，希拉里一开始在全国民意调查中大幅领先其他候选人，且已经拥有相当数量的超级党代表支持，许多人都预料希拉里将代表民主党参加总统大选，可就在此时，黑人参议院贝拉克·奥巴马异军突起，与希拉里展开了激烈的竞争。奥巴马在艾奥瓦州的全国第一个党团投票中胜出，震撼选情。他们曾在议会里共事 4 年，在竞选里战斗了 16 个月，在台前近距离对峙了 22 场战役，其中互有斩获，各居胜场，难解难分。许多人都对这场较量充满了期待，因为不论是谁获胜，都会创造历史——美国第一位女性总统，或者是第一位黑人总统。

希拉里此时还是略逊一筹，但一年以后，顺利获选的奥巴马总统向希拉里伸出了橄榄枝，提名她担任国务卿，从此希拉里走向了四年国务卿征途。国务卿在美国的国家政治事务有着非同寻常的地位与影响，在国外也有着很深的影响力，被誉为“美国的脸”。美国国务卿是美国总统的内阁成员，但是其地位要比普通的内阁部长高，是所有内阁成员中的首席，相当于“外长”，位于美国总统继任顺序的第四位。

刚一上任，希拉里就提出了自己的施政新方针——“巧实力”。对超级大国美国来说，“笨实力”是更省心的，大棒所至，开山破石。巧实力很细致，很精美，也很辛苦。在卸任以后，希拉里坦诚地说，自己对这份工作的强度感到吃惊，这是一份每天 24 小时，一周七天没有间歇的工作。要让美国的“大棒外交”变成绣花般的穿针引线、长袖善舞，她必须把一年中一半的时间花在全国各地的访问上。在任的四年里，希拉里跑遍了 110 多个国家，总行程惊人地超过了 135 万公里。美国媒体因此把希拉里称为“最繁忙的国务卿”。

希拉里从来不惮于发表口号式宣言。2009 年 7 月，希拉里在泰国首都曼谷高调宣布“美国回来了”。2011 年 10 月，希拉里在太平洋正中央的夏威夷宣布，欧洲中心的时代结束了，美国在中东的力量要继续撤离。美国要建立的是一个“太平洋世纪”，“一个好的亚太政策，既能使美国分享与亚洲国家经济合作所带来的长远好处，又能从政治上制约对其构成安全威胁的国家”。

“回归亚洲”、“太平洋世纪”这样震撼人心的话语几年来完全主宰了国际政治的主题。显然这项政治蓝图的核心就是中美关系，美国将其全球战略重点转移到亚太地区，就必须处理好中美关系。2012 年，希拉里对中国进行了两次访问。与中国的关系是美国有史以来必须管理的最具挑战性和影响最大的双边关系之一，中美关系的重要性成了整个美国政坛的共识。她用热情的语言重新定义中美关系，规避了那些长期存在冲突的问题。面对经济危机，希拉里用“同舟共济”来描述中美两国所面临的境况，她表示希望中美两国携手，领导世界经济复苏。她与奥巴马一同将中国视为最重要的合作伙伴与最大的潜在对手，一方面构建稳定的合作关系，一方面通过“第三边问题”进行敲打和防范。

2010年7月，在第17届东盟地区论坛外长会议上，希拉里称南海的争议事关美国国家利益。自那以后，希拉里多次在与东盟国家的交往中挑起南海议题，发起对中国的攻势。希拉里制造国际舆论，与奥巴马以“黑白脸”的姿态，处理与中国的微妙关系。

总体上看，希拉里的亚洲政策取得了成效。相比于她上任之前，美国在亚洲的存在感大大加强了，但埋下了众多的隐患：首先，希拉里的外交小动作过多，在中国周边挑起多起地区摩擦，引发了亚洲国家的疑虑和反弹，让中国周边国家对其信任大大降低。其次是目标游移，美国到底是要通过与亚太地区的经济合作来促进美国经济复苏，还是要通过制造纠纷来谋求政治上的主动？这恐怕是希拉里和奥巴马都没有想好的问题。

在希拉里卸任之时，她恐怕都没有成功地挽救美国在亚太地区的地位与形象，因为此时的中国政府已经成功地影响了地区政治，开始了两个大国间的较量。

除了“重返亚太”，真正让希拉里感受到压力的是中东问题。在利比亚问题上，希拉里起到了关键性的作用。就在国防部对介入利比亚表示谨慎的时候，希拉里坚定地主张挑起战争。利比亚的烈火就此被彻底点燃了，但是战争所带来的苦难与伤痛会化作愤怒指向希拉里与奥巴马。2012年9月11日，美国的军队早已经撤走，利比亚却处在一片混乱之中。这天，在美国所支持的“利比亚革命”的发源地班加西，美国领事馆的建筑和车辆被纵火焚烧，大使史蒂文斯遭遇武装袭击暴尸街头。与此同时，埃及、也门、伊朗等多个国家爆发了持续的反美暴力抗议，此时的中东已经被反美主义的浪潮所席卷。

希拉里陷入了上任以来最大的信任危机，她不得不为此道歉。她在媒体前显得痛苦而迷茫：“今天许多美国人都在问，实际上我也问我自己，这一切是怎么发生的？这怎么会发生在一个我们帮助解放的国家，在一个我们帮助免遭摧毁的城市?”

2013 年初，奥巴马开始他的第二任期之时，希拉里辞去国务卿的职位，但是这并不意味着她的政治生涯结束了。几年来，克林顿夫妇的团队频频暗示，希拉里很有可能会在 2016 年再次竞选总统，开启人生新的政治生涯!

不论未来如何，希拉里在美国政坛都称得上是创造了历史的传奇女人，用“誉满天下，谤满天下”来形容她毫不过分，这位前第一夫人、前国务卿的未来不得而知，但是所有人都有理由相信，她的斗志从来没有在任何境遇下落败。

朴槿惠

“嫁给韩国”的传奇女人

朴槿惠——韩国历史上首位女总统，集父亲的干练果决和母亲的温柔端庄于一身，一生起落令人惊叹；她曾接见世界来宾，也曾堕入无边黑暗，最终于平凡中明悟人生真谛；她无儿无女，将身心献给了国家和人民。这样一位传奇的政治女性，使我们不由地联想起了英国首相撒切尔夫人、德国总理默克尔、美国国务卿赖斯和希拉里等站在权力之巅的女性，而朴槿惠到底经历过怎样的故事？韩国首位女总统是怎样炼成的？

上天眷顾，命运戏弄，朴槿惠一生坎坷曲折。父亲朴正熙是个穷苦的军官，母亲陆英修则出身富贵，而一切在九年之后改变：父亲发动政变上台，自己也入住了青瓦台。在这里她度过了自己的童年和青少年时期，学会了许多东西，也失去了很多东西。多年的耳濡目染，朴槿惠在青瓦台与政治结缘。如果一切顺利，朴槿惠也许会是一个出色的学者或者研究员。但母亲遭遇暗杀离世的噩耗，让只有22岁的朴槿惠第一次感到了绝望。然而就在五年之后，她的父亲同样丧命于暗杀。这可以说是朴槿惠人生中最黑暗的一段时光，背离的人心、不断的非议、寂寥的庭院，都让她感到了比失去母亲时更大的绝望，她就好似一叶扁舟行驶在黑暗的海上，浪花随时能将她吞没。

失之桑榆，得之东隅，朴槿惠在平凡的生活中寻回了自我。就在最艰难的时期，朴槿惠从中国古代的哲学智慧中重获力量。她远离政坛，足行天下，去感受先贤留下的印记，去探寻生命的真谛，去找回真实的自我。在这近乎20年的时间里，朴槿惠完成了一个积淀和升华的过程，她开始重拾生命的美好，出版诗集、散文集，进行人文活动、进修学习，充实的生活让她重新拾起了人生的美好。

为国为民，将心嫁与，朴槿惠怀抱着对国家的赤诚一路前行。亚洲金融危机的爆发让她深感必须为国家做点什么，于是毅然从政，加入大国家党。一次，她在演讲时被人划伤，这距离“死神”最近的一刻让她回想起自己的父母，回想起他们未竟的事业，回想起埋藏心底的深深伤痛。朴槿惠有着清晰的政治理念和出色的政治素养，一切从国家利益和国民幸福出发，言必信，行必果。她想民之所想，谋民之所愿，最终天道酬勤，成为韩国新一任总统。

精通外语，温婉得体，朴槿惠在外交的舞台上展现着她独有的魅力。早在接替母亲行使“第一夫人”职责的时候，朴槿惠就积累了丰富的外交经验。而当她步入政坛后，更是频频出访，展现出迷人的风姿和锋芒。她携着自己的自信和原则，登上了世界的舞台。虽然有媒体批评在某些方面她继承了其父独裁的理念，甚至说她是“政治遗产的继承人”，但她不为所动，心中的“韩国梦”也在逐渐清晰。

就是这样一个有着太多传奇经历的女子，一步一步成长成才，最终成为一个国家的女主人。正如她最新的一本自传书名——《绝望锻炼了我》那样，朴槿惠熬过了无数绝望，才有今日这般迷人的风采。

无忧少女：大庭院中的孩子

青瓦台，一个听起来清新而富有诗意的名字，实际上是韩国总统的官邸。它原本是高丽王朝的离宫，一度是朝鲜王朝景福宫的后园。1960 年，尹潽善当选韩国总统，为了和美国的白宫遥相对应，就给这一片白墙蓝瓦的建筑群起名为“青瓦台”，青瓦台最引人注目的特点便是它的青瓦，因此也有人将青瓦台称呼为“蓝宫”。青瓦台的景色十分怡人，楼宇都是按照韩国传统建筑营造，前面有广阔的绿草地，四周则是醉人的山色树影。就是这样一个美丽的地方，现在成为韩国政治权力的中心和象征，历任总统在此居住，处理国家要务。而朴槿惠——韩国现任总统，也是韩国历史上第一位女总统，小时候便生活在这里。

朴槿惠的父亲是韩国第三任、第五至第九届总统朴正熙。作为韩国历史上最具争议的总统之一，朴正熙依靠发动军事政变而进入权力的中心，一方面他排除异己，培植特务机构，企图建立起一套独裁统治，甚至通过《复活宪法》，规定总统终身制；另一方面，他用铁腕手段整顿实业，带领韩国实现了工业化，经济迅速腾飞，是“江汉奇迹”的缔造者。母亲陆英修则出身一个地主家庭，美丽端庄而又温柔贤淑，当年不顾父亲反对和朴正熙结为伴侣，后来为了改善韩国妇女地位和底层民众的生活、教育、医疗状况而四处奔波，生活朴素，和善亲民，深受韩国民众爱戴。1952 年 2 月 2 日，朴槿惠在韩国大邱市出生，翌年就搬到了汉城（今首尔）居住。而就在1961年，朴槿惠的父亲发动政变上台，她们一家也正式进驻青瓦台，当时朴槿惠只有9岁。那个时候她并不清楚青瓦台意味着什么，也不知道父母整天在忙些什么，政治对一个9岁的小女孩来说还太遥远，但缘分有时候就是这么奇妙：有时候只是埋下了一颗种子，但不管岁月如何变迁，最初那份隐秘的联系终将发芽。

可以说，朴槿惠的家庭背景是显赫的，她的头上有着令别人艳羡的光环。但这些对刚刚搬进青瓦台的朴槿惠来说，都是毫无意义的，甚至这些背景和光环让她觉得苦恼。虽然后来朴槿惠回忆起这一段童年生活时曾说："作为一个在职总统的女儿，并非如想象中那般美好。"但这些都并没有妨碍一个小女孩初入青瓦台时的好奇与兴奋。她和妹妹朴槿令、弟弟朴志晚立即被青瓦台的景色和环境吸引了：绿草如茵的草坪、高大典雅的房屋、茂密阴凉的树林……他们计划着小孩子们的游戏，准备呼朋引伴。无疑，青瓦台的魅力是巨大的。但很快，朴槿惠她们开始觉得无趣起来。是啊，作为政治中心的青瓦台终究不是孩子们的天地。身为总统的儿女，就意味着特殊的身份和规矩。孩子需要的是一起躲在书店看漫画的伙伴，需要的是夕阳西下时一起奔跑的身影，需要的是父母的陪伴和关怀。而在青瓦台，这些似乎都有些困难。尽管有着许多间大房子，但很多都是孩子们不能进入的。而且，由于父亲刚刚上台，有太多事情需要处理，朴槿惠的母亲也是分外忙碌，整天都在接见来宾，会议、谈判填满了父母的生活，很少能有时间专门去陪孩子聊天、游戏。因此，朴槿惠很快也感受到了住在青瓦台的无趣与无奈。

不久之后，事情出现了转变。朴槿惠当时在奖忠小学就读，但离青瓦台很远，当时公交车也很少，走读的话就需要汽车接送。但那个时候汽车的数量并不很多，朴槿惠的母亲担心开车接送孩子会让孩子们养成特权的意识，同时也希望孩子们能在平凡健康的环境中长大，有意去削弱他们头上的光环，于是，朴槿惠和她的妹妹朴槿令被送回了在新堂洞的外婆家，这也是他们在搬来青瓦台之前住的地方。由此可见，“第一女儿”的身份意味着更多更严格的要求，绝对不是一件轻松愉快的事情。事实上，在朴槿惠的父亲当上总统后，她母亲对孩子们的教育和要求严苛了许多，这也让朴槿惠从一个调皮淘气的孩子蜕变为一个大方稳重的少女。其实在搬去青瓦台前，朴槿惠是个十足的孩子王。她好胜心很强，活泼好动，在丢沙包、跳皮筋、捉迷藏等各种游戏中都全力以赴。在青瓦台时，朴槿惠才变得安分起来。

说起朴槿惠的母亲，不得不提她对朴槿惠的教育和示范。可以说，母亲陆英修既是慈母，也是严师，她以身作则，对朴槿惠的成长和成才起到了巨大的影响和激励，让朴槿惠养成了许多良好的习惯，塑造了她坚毅正直的品格。母亲时常告诫朴槿惠：

“成绩好坏没有关系，重要的是每时每刻都要心术正直。”

正是在母亲这种公平正直的一贯性原则的熏陶下，朴槿惠逐渐形成了让她一生受益的品格和意志信念。母亲在待人接物方面也经常教育孩子，要与人和睦相处，要懂得去关怀别人，恪守对人的礼仪。有件小事可见 斑：有一天，朴槿惠看到一条彩色的带子很漂亮，想用来作为鞋带穿着去上学，但这被母亲坚决制止了，让她就用普通的鞋带。就是这样一个严于律已宽于待人的母亲，在朴槿惠的心中树立起了一个典范的形象，让她在青春期的时候去崇拜模仿。在母亲的教导下，朴槿惠养成了每天晚上写日记的习惯，记录自己每天做得好和做得不好的地方，而且需要改进的缺点还会另外记在一本本子上，督促朴槿惠早日改正。

由于父亲常常不在家，家务都是母亲一手操持，甚至各种维修工作母亲也能得心应手。在小时候的朴槿惠眼中，母亲是无所不能的，她给了朴槿惠最多的关怀，也给了朴槿惠最严谨的教育。相较起来，父亲对朴槿惠的影响似乎没有她母亲来得深刻，其实不然。小学的时候，朴槿惠特别爱读历史小说，尤其是战争题材的，例如《三个火枪手》中充满正义感的三剑客和勇敢非常的达达尼昂就让朴槿惠钦佩不已。而朴槿惠的父亲注意到她的阅读喜好，便给了她一本书——《三国志》，这本书对朴槿惠影响很大。虽然阅读难度不小，但她十分着迷，尤其喜欢赵云。现在她回想起来，甚至觉得赵云都快是她的初恋了！因为他每次出现都让朴槿惠的心里小鹿乱撞。而当她被父亲问起最喜欢书中哪个角色时，她毫不犹豫地回答是“赵云”。

朴槿惠的父亲是军队出身，平时总是一副认真严肃的表情，这大概是父亲给人的第一印象吧。而且她父亲很忙，平时也不怎么回家，但朴槿惠在后来的自传中写到父亲，称他是一个“浪漫诗人”，因为在母亲的描述中，她的父亲经常给她写情书，突然也会有惊喜，其实内心是个浪漫的人。身为总统，朴正熙给外人的感觉是铁腕统治者，是冷酷无情的；也许只有在最亲密的人面前才能表露出一些感情。所以站在权力巅峰的人，是懂得隐藏自己情绪的人，他的肩头有太多东西要去承担，这也算是一种无奈吧。朴槿惠的父亲虽然不如母亲那般处处教导孩子，但也能注意到孩子成长的细节，用自己的方式去加以引导和鼓励，成为一个坚实的依靠。

小学毕业后，朴槿惠进入圣心女中学习，妹妹朴槿令也转入了青云小学就读，于是一家人又在青瓦台重新团聚了。圣心女中是一所由修女经营的学校，在母亲的要求下，朴槿惠过起了集体宿舍的生活。由于小时候母亲总是和她们说“不可以向别人炫耀你所拥有的东西”，身为总统女儿的朴槿惠一直十分注意自己的言行举止，生怕别人认出了自己。她每天的午餐也没什么特别，和别人一样都是杂粮饭、蛋卷、蜜黑豆和萝卜泡菜。住在青瓦台的经历对朴槿惠来说十分特别，也许会有一些优待，但更多的是约束，尤其是在那样一个生活困苦的时期。朴槿惠在青瓦台的日子可以说是生活在各种规矩和注视中的，因而有时候这种生活也会让人觉得有些窒息。

哪怕是母亲刻意在给孩子们营造一种平凡的生活，朴槿惠还是不可避免地会时常接触到一些政治时事，特别是在“饭桌谈话”的时候。身在青瓦台，朴槿惠一家人早晚餐桌上的话题自然也是离不开国家与社会状况的。朴槿惠经常听父母交流着一些政治、经济、文化、国防等方面的意见，从小耳濡目染，朴槿惠学到了很多东西，也善于独立思考一些问题，更重要的是，她对这个国家和社会有了一种热爱和责任感。青瓦台经常会有各个领域的专家前来拜访谈话，朴槿惠有时候就坐在一旁听他们交谈。后来在朴槿惠选择大学专业时，读文科的她毅然选择了电子工程专业，这让平日希望女儿读历史系的母亲吓了一跳。父亲问她这么选择的原因，当时朴槿惠的回答震惊了父母：

“上次来青瓦台访问的一个博士提到‘小小一个半导体就值20–30美金，一个007皮包的分量就是几万美金，我们韩国应该要拼电子产业’。因此我想成为产业的主力人才为国家做出贡献。”

不同于母亲的担心，父亲十分支持女儿的这个想法，也是从那个时候开始，父亲开始为朴槿惠创造更多见识广阔世界的机会。在随后一次对澳大利亚和新西兰的访问中，朴槿惠跟随父亲经历了一次新鲜而震撼的教育：白色屋顶的房子仿佛是在童话中、美丽庭院种满了花草树木、在傍晚悠闲散步的人们脸上洋溢的笑容……这个国家的强盛富裕和幸福生活让朴槿惠记忆深刻，也从此认识到自己国家大力发展经济的必要性，不甘心做井底之蛙的朴槿惠此刻决心满满，立志要让自己的国家也像这般强大富裕。

1972 年 10 月，正在上大学的朴槿惠突然有了一个出国访问的机会。与韩国合作的西班牙 GULF 公司完成油轮制造后邀请朴槿惠母亲参加试航典礼，但由于母亲的行程已经被挤满了，所以最后决定由朴槿惠代替母亲去参加这个活动。怀着紧张激动的心情，朴槿惠的第一个外交任务就此开启了。活动当天，朴槿惠在参加典礼的西班牙民众面前登台朗读了 5 分钟的演讲稿。在学校期间刻苦学习的外语在此刻终于有了用武之地，流利的西班牙语赢得了台下观众的赞叹，热情的西班牙人欢呼致意。次年，朴槿惠参加了一个更加重要的外交活动——夏威夷举办的“韩国移民 70 周年庆祝典礼”，收到邀请函的母亲派朴槿惠前往出席。这次和西班牙油轮庆祝典礼不同，是真正国家层面的外交活动，意义责任重大，不允许有丝毫失误。有许多事情、风俗、细节需要了解，甚至遇到问题也是自己思考如何解决，母亲只是从旁协助，朴槿惠得到了极大的锻炼。1973 年 1 月 12 日，朴槿惠到达夏威夷，在电视直播现场朗读了夏威夷参议院开院式的祝贺词，随后用流利的英语一一回答了记者提问，怀着紧张和激动的心情顺利完成了此次访问。但在和侨胞的聚会中，她感受到他们强烈的思乡之情，朴槿惠情难自已，为了报答他们，为了能让他们抬起头来，她暗下决心，一定要让国家尽快富强起来。

作为总统的女儿，朴槿惠知道自己需要承担很多、牺牲很多。上大学期间，她依旧恪守母亲的教诲，时刻注意自己的言行，生活上很受约束，只能刻苦学习。由于经常被邀请参加一些外交典礼，朴槿惠深深认识到外语的重要性，于是学习并掌握了多门外语，甚至能阅读外文原著，这也为她的外交之路铺垫了基石，也逐步累积了很多外交经验。

朴槿惠十分热衷自己的专业，一心向学，充实的大学生活让她获益匪浅。当朴槿惠得知自己将以第一名的成绩从韩国西江大学电子工程系毕业，不禁惊喜不已，知道消息的父母也很为女儿骄傲。当朴槿惠穿着母亲当年穿的礼服接过学位证书时，内心必定也是十分激动的。这个时候，她还是个正当青春的少女，胸中还怀有梦想和激情，人生可以说是一帆风顺。她梦想着成为一个学者或者研究员，为国家的腾飞而努力。随后，朴槿惠前往法国格勒诺布尔大学留学进修。但平静的生活很快就被打破，生活的阴云迅速布满了天空。

风暴来袭：在绝望中破茧成蝶

朴槿惠在法国留学的日子仅仅持续了六个月，就被一通电话彻底终结了。一天，朴槿惠在和朋友外出的路上接到了宿舍阿姨的电话，说是她母亲出事了，要她赶快回去。当朴槿惠回来看到门口催促她赶紧收拾行李的大使馆工作人员时，心里突然涌出一股不好的预感。匆忙赶到机场，在办理登机手续的间隙，朴槿惠在角落的新闻区拿起了一张报纸。上面父母的照片和醒目的“暗杀”两字瞬间攫住了朴槿惠的心灵，仿佛亿万电流穿心而过，她绝没有想到会是这种情况！朴槿惠一下子脸色苍白，浑浑噩噩仿佛丢了魂，下机的时候还沉浸在悲痛中没缓过劲来。在机场，朴槿惠看到了来接自己的父亲，虽然仍旧是平日里冷峻的神情，但难掩悲伤，只是默默拍着女儿的肩膀。

事情是这样的：1974 年 8 月 15 日，在庆祝光复节的庆典途中突然响起了几声枪响，顿时人群骚乱，四散奔逃。而原本正在朗读庆祝贺词的朴正熙急忙躲到了讲台后面。第一声枪响后，朴正熙忽然发现原本坐在位子上的妻子突然垂下了头，马上意识到糟了！立刻喊人送医院。不久嫌疑犯就抓获了，是朝鲜总联指派来进行暗杀的间谍文世光。当天晚上 7 点，陆英修因为抢救无效离开了人世。当朴槿惠看着电视里反复播放的新闻时，心里有如刀绞，曾经和蔼可亲的母亲就这般悄无声息地走了，在一个最美丽的年岁。母亲作为朴槿惠生命中最重要的人之一，就这样永隔阴阳，使年仅 22 岁、正在朝着梦想前进的朴槿惠一下子就尝到了人生的艰难与苦涩。

但是特殊的家庭和身份不允许她有很多的时间来沉溺在母亲离去的悲伤里，这一突如其来的变故大大改变了朴槿惠的人生道路。就在葬礼结束六天后，朴槿惠就以“第一夫人”的身份参加了预定的“第一夫人杯母亲排球大赛”。那个时候，朴槿惠才22岁，刚刚失去了母亲，现在却要在人前忍住所有的眼泪，因为她现在已经接替了母亲的工作，担负起“第一夫人”的职责。

朴槿惠面临的挑战是前所未有的。一方面她要协助父亲处理好总统的各项事务，了解他的工作行程；另一方面，她还需要四处奔走，了解民情，深入体察，出席各种活动。朴槿惠由于过度悲伤而身体不好，但依旧坚持每天凌晨5点起床，晚上12点睡觉，临时遇到事情则彻夜不眠。起床之后先收听早新闻，然后检查总统一天的行程和自己这一天的工作安排。正是在尽力辅佐父亲的过程中，朴槿惠的政治才能得以展露。在父亲身上，朴槿惠学会了很多。在随行的途中，朴正熙经常会讲起历史、经济、国防等方面的事情，在早上读报的时候，父女俩也会探讨起当前的政治形势和社会发展，在潜移默化中，朴槿惠的政治素养得到了极好的培养，而父亲“国益优先”的政治信念也深刻影响了朴槿惠。

1974年起，朴槿惠开始担任女童子军的名誉总裁，领导开展“新心运动”。所谓“新心运动”，即是要进一步发扬“新农村运动”的精神，以此来提升民众的意识水平。另外，恢复战后民众建设国家的信心也十分重要。为此，朴槿惠经常随父亲去各个城市，参加各种公路的开通仪式和国土视察活动。而且，朴槿惠也结合自身的专业，建议父亲多关注电子产业的发展。

除此之外，朴槿惠也有自己的事情要处理。每天她都要阅读寄到青瓦台的数百封反映民情的信件，并确认各部门正在认真负责处理，不时要去寻访一些中小型企业、慰问处于社会底层的穷人、开展公益项目等。这些都是母亲生前要做的事情。每当朴槿惠坚持不下去时，就会想起母亲，想起她的教诲和操劳，于是咬牙坚持。朴槿惠亲自奔走各地，去了解孤儿院、养老院、医院等，及时赶到事故灾害现场，在父亲不能顾及的地方发光发热。值得一提的是，朴槿惠全力投入医疗保障的工作。1976 年 12 月，在母亲设立的“受惠免费诊疗所”的基础上，朴槿惠在首尔神学大学设立了夜间医院，后更名为“新心医院”，帮助了很多人。对此，朴正熙大受触动，力排众议推行了《医疗保险法》，实施强制入保方式的医疗保险制度，向福利先进国迈出了一大步。

朴槿惠当时还肩负着接待外国贵宾的职责。1979 年，韩美关系还十分敏感，因而美国总统吉米·卡特的访韩事宜显得特别重要。当时两方因驻韩美军撤退一事闹得很不愉快，会谈一度陷入僵持阶段。就在这时，朴槿惠同卡特夫人罗莎琳从慢跑聊起，由此类比到两国的国情差异，充分阐述韩国当前解除战争隐患、发展经济的迫切性，成功说服了罗莎琳和卡特，最后决定保留驻韩美军。朴槿惠十分善于用一些轻松的话题化解僵硬的谈话氛围，促使转机的诞生，她的温婉得体也得到了多国首领的称赞。

正当朴槿惠逐步适应“第一夫人”的身份和工作时，老天似乎要故意和她开个玩笑一般，厄运再次降临，并且是以相同的方式。

1979 年 10 月 26 日，参加完插桥川的完工典礼后的朴正熙，在车智澈的陪同下前往宫井洞中央情报部用餐。而就在席间，中央情报局局长金载圭趁众人放松戒备，突然开枪，第二枪击中朴正熙胸膛，朴当即昏迷。朴槿惠当天正在会见外宾，只有早上与父亲匆忙一别。大概在夜里一点半的时候，朴槿惠被一阵急促的电话铃声吵醒了，随后秘书室长金桂元就带来了总统过世的消息。一听到这个消息，朴槿惠瞬间就呆住了，许久都没有回过神来，黑夜逐渐漫上来，仿佛将感觉在慢慢抽走。命运就是这样无情，只留下了三个相拥哭泣的孩子。

朴正熙的葬礼持续了九天，而朴槿惠正在度过一段“比死还要痛苦的岁月”。父母双双死于暗杀，这是多么残酷的命运！当她在清洗父亲最后染满鲜血的衣物时，想起五年前同样的一幕，她就仿佛已经把这一生所有的眼泪都流尽了。总统一死，政治局势立刻动荡起来，但朴槿惠已经无心去关注这些，她带着弟弟妹妹默默离开了青瓦台，回到了似是被丢弃的新堂洞的家。曾几何时，母亲说过想再回到新堂洞，过一家人其乐融融的生活。在朴正熙百日祭的时候，每天都有很多人前来吊唁，也会收到很多慰问信，这让朴槿惠明白父亲并没有白白死去，还是有很多人记住父亲的。但随后的日子里，报纸、媒体上不断出现攻击和诋毁朴正熙的言论，政治圈内也流传着许多出卖朴正熙的消息，众多不实的消息和捕风捉影的新闻频现报端，这让朴槿惠十分生气，尤其是当年与父亲关系亲密的人现在都变得十分冷漠，这对朴槿惠的打击很大。诚然，朴正熙上台的手段并不光彩，而且推行独裁统治确实不符合世界发展的潮流，但这些落入政敌手中就变成了肆意攻击的武器。人心向背、人情冷暖，朴槿惠一夜之间就体会到了，这就是所谓的政治哲学，她开始体悟权力这一把双刃剑：有的人拥有权力之后渴望着更大的权力，为了权力不惜背弃道义和信念，沦为了权力的阶下囚；有的人掌握权力是为了造福更多的人，让底层的人拥有更多的权利，是为了自己胸中的激情和梦想。

误会愈演愈烈，朴槿惠再也无法忍受父亲在死后还要遭受如此非议，决定站出来打破这堵舆论和时间筑起的高墙。朴槿惠开始接受媒体采访，澄清一些事实；为父母亲开追悼会，纠正人们的误解。孔子曾说过，“岁寒，然后知松柏之后凋也。”朴槿惠还是找到了支持她追悼会事业的人。为了继承父母未竟的事业，她担任了母亲留下的育英财团的理事长，继续母亲生前的慈善事业，后来交给了妹妹管理。离开青瓦台的这段日子，是朴槿惠生命中最绝望的日子，接连遭受的打击差点让她丧失了活下去的勇气。她饱受丧失至亲的折磨，尝尽世态炎凉的冷眼与嘲讽，感受到权力中心和最底层生活的巨大落差，但也正是这段岁月充分磨砺了她，让她明白必须要活下去，必须要去证明生命存在的价值，就像她在后来出版的《终究是一把，终究是一点》中写的那样：

就像大自然服从于按照顺序出现的四季般

我顺应着按照顺序展开的人生旅程

今天，不，现在这一刻比什么都来得重要

太阳一升起，就开始觅寻食物

筑巢、哺养

太阳下山又回到自己的窝

像那无心的小鸟般

迎接今日又送走今日

一天又一天接踵而来的工作

每一瞬间处理完成的工作

那其中有着人生的意义和乐趣

也有值得真诚付出的价值

何处还能再找到这一切

离开育英财团之后，朴槿惠慢慢淡出了大家的视线，终于过上了一直以来渴望的平凡的生活。经历了人生的起落之后，朴槿惠也确实需要一段平静的时光来梳理自己、放空自己。阅读、学习和写作成了她这段时间最重要的功课。朴槿惠阅读范围十分广泛，包括《金刚经》、《法句经》等佛教经典和西方的《圣经》，而且和中国哲学结下了不解之缘。她后来在一篇文章中写道："在我最困难的时期，使我重新找回内心的平静的生命灯塔是中国著名学者冯友兰的著作《中国哲学史》。"除此之外，她还阅读了《论语》、《贞观政要》、《明心宝鉴》、《近思录》等诸多中国古代思想的经典文本，吸取中国先贤的宝贵经验。她还开始学起了中文，甚至在 1987 年获得了台湾中国文化大学名誉文学博士的头衔，研修过最高产业战略课程。

在这样的一种积淀中，朴槿惠首先在人文方面迈出了自己的第一步：集结了日常感想和思念的《要是能出生在平凡家庭》一书在 1993 年正式出版，次年加入了韩国文人协会。时间给了她一笔宝贵的财富，让她能重新发现自己、找回自己。自 27 岁父亲遇刺被迫退出政坛之后，朴槿惠几乎过了十余年销声匿迹的生活。这一段时光仿佛就是在茫无际涯的大海上孤独地漂流，洗尽铅华后就要迎来她更美丽的转身与蜕变。

重回政坛：大国家党的舵手

1997 年，亚洲金融危机爆发，这一场席卷全亚洲乃至影响世界的危机也不可避免地降临了韩国。每天，媒体都在报道大量失业、经济衰退、公司破产的新闻，民众的生活陷入了困境。而在电视机前时刻关注这些新闻的朴槿惠心里也是十分难受：在 20 世纪六七十年代的时候，韩国还十分贫穷，无数人为了摆脱贫困奉献了自己的青春和血泪，而现在国家和社会已经走上了正轨，辛苦积累的成果却可能要瞬间消失，这让朴槿惠十分忧虑和心痛。离开青瓦台之后平静的生活也因此被打乱了。虽然远离了政坛，但朴槿惠仍旧心系这个国家，她依旧每天关注着国家大事和社会状况，忧虑着人民的处境。现在金融危机爆发，全国上下一片混乱，朴槿惠觉得自己再也无法置身事外，因为她始终心系国家。她在自传中如此写道：

“国家都已经如此摇摇欲坠了，我还能独自过着平静安逸的生活吗？这样日后要如何坦然面对自己呢？死后又如何问心无愧地见父母呢？”

抱着这样的心情，抱着问心无愧的态度和为国家尽一点力的想法，朴槿惠终于又毅然地走上了从政的道路，决心为这个国家奉献余生。

1997 年，朴槿惠加入了大国家党。大国家党是韩国最早创立的政党，支持者主要是 40 岁以上的中老年人，是一个保守型的政党。同年 12 月，朴槿惠决定支持当时大国家党的总统候选人李会昌竞选总统，参与助选活动。为此，朴槿惠开始在全国各地奔波，忙着为李会昌拉选票。虽然已经很长时间没在公众场合露面，但还是有不少人认出了朴槿惠，特别是在大邱，人潮拥挤。在民众热烈欢迎的氛围中，朴槿惠感受到了大家热切的希望，深感责任重大，她在一次电视演说中这样讲道：

“我父亲说过，他第一次向国民介绍《请好好活下去》这首歌时，内心感到十分凄凉，非常悲伤，可见当时我们的生活有多苦，竟然到了要喊出‘请好好活下去’的地步了。可是我父亲说，要一直听，直到国家达成现代化，直到经济稳定为止，要一直听《请好好活下去》这首歌。我们忍受了多少苦难，才在这战争废墟上建立了今日的祖国……”

可惜的是，最终金大中击败了其他候选人当选总统，而大国家党也首度变成了在野党。这对大国家党来说无疑是一次打击，而随后而来的 1998 年 4 月 2 日的国会议员再补选，更是能一举决定大国家党的命运。如果没办法争取到更多的议员席位，那么大国家党就会面临崩溃的局面。而且金大中总统在就任之后赢得了 90%的支持率，这让大国家党的情势不容乐观。

就在此时，朴槿惠临危受命，受邀到大国家党的票仓基地大邱达城参与竞选，这是一场硬仗，也是一场输不起的较量。面对达城出身的执政党候选人，朴槿惠似乎没有任何方面的优势，这是一条最困难的路。当时的竞选情况也确实十分糟糕，没有经费，没有人员，甚至一开始的时候连个办公室都没有，一切都要靠朴槿惠自己动手。都说选举是一场有钱人的游戏，但朴槿惠并不这么看，她觉得要对人民负责，用钱赢来的选票都是假的。于是朴槿惠开始到处走访，去每个邻里拜票，任何一个小角落、小山村都不放过。也许有人会说这是没钱的办法，也许还有人会说这是政治的作秀，但无可否认，朴槿惠走过的路实实在在地体现出了她的政治素养。当后来人家了解到她的三餐都是自己动手随意解决后，便纷纷伸出援手。在一个月的走访中，朴槿惠走坏了不知道多少双皮鞋，每天都是肿着脚入睡，但就算这样她也没有怨言。

终于，功夫不负有心人，1998 年 4 月，朴槿惠如愿当选国会议员。一个看似柔弱的女子最终赢得了这场看似不可能胜利的较量，只有朴槿惠清楚，她赢的是民心。

身为一名女性政治家，朴槿惠并不认为女性比男性差，她对于自己和女性是自信的，认为女性并不需要男性的特殊照顾，尤其是在政治场上。2000 年 5 月，朴槿惠参与竞选大国家党的副总裁一职，但这一举动遭到了很多人的非议，因为作为传统，副总裁的席位必定会留一个给女性，而且朴槿惠的参选打破了地区候选人单一化的局面。然而朴槿惠并不买账，甚至十分气愤。她觉得这种表面上照顾女性的政策令人难以接受，指名副总裁显然是没什么话语权的，而且女性也有能力和权利去争取自己的东西。另外，她对这种保持党内地区主义的做法十分不满，对外口口声声说着要抑制地区主义，但到党内选举时却另搞一套，朴槿惠开始觉得实行政治改革是件必要而迫切的事情了。

“民主化的政党”、“政策政党”、“信息化的政党”是此次朴槿惠竞选的口号，而且令人惊讶的是，媒体抽测代议员投票意愿，朴槿惠居在首位，这在保守倾向的大国家党内是件神奇的事情。不过可惜的是，投票当日朴槿惠的支持率屈居第二，有人分析称是由于其他议员为了牵制朴槿惠而发动了集团投票制，不过朴槿惠还是依靠自己的实力当选了大国家党的副总裁。

踏入政坛两年多，朴槿惠也逐渐发现了政党体系存在的一些问题，一个政党的总裁拥有的权力太大，一个人决定公荐权及其他所有决定权，这就导致议员要看总裁的脸色，国会的地位大大降低。因而当选大国家党的副总裁后，朴槿惠一方面就着力进行政治改革和政党改革，宣扬党的民主化与透明化，然而却无人回应；另一方面，执政党先声夺人，决定废除总裁制，导入改良式的公荐制。然而身为在野党的大国家党却迟迟没有回应，依旧保留了总裁制，这让朴槿惠十分气愤，自己的政治理想没有得到回应，主张党改革却重重受阻，无奈和灰心之下，2002 年 2 月 28 日，也就是在大国家党中央委员会议的隔天，朴槿惠宣布退出大国家党。

退党的朴槿惠与一些非政治圈的朋友创立了韩国未来联合党，而此时，新一届总统大选也临近了。大国家党的候选人李会昌再一次联系朴槿惠，希望能帮助他竞选总统。考虑到自己的理念和执政党不同，而且大国家党也全部接受了她之前的政党改革方案，朴槿惠决定再次帮助李会昌。然而天意弄人，卢武铉以微弱的优势击败了李会昌当选总统，第二天，李会昌便宣布退出政坛。在各方影响下，大国家党如浪中小舟，随时都有覆灭的危险。

就在此时，朴槿惠不顾周围人的劝阻，毅然决定参选大国家党代表人，因为她没办法眼睁睁地看着大国家党从此消失在历史的长河里，无法违背自己的本心和当初选民的寄托，最终以一篇真情流露而又信心满满的演讲打动了所有人。2004 年 3 月 23 日，朴槿惠成了大国家党的最高代表，也是这艘行将沉没的大船的船长。

在担任大国家党党首的两年三个月里，朴槿惠积极奋进，将之前一直主张的“政策政党”、“院内政党”、“数字政党”的目标逐步实现。为了拒绝贪腐，朴槿惠以身作则，不去使用豪华的办公楼，而是筑起了帐篷党舍，在帐篷里办公，严寒酷暑始终如一。在这期间，朴槿惠还经历了四次再补选，2005年的两次尤为艰难。朴槿惠依旧是亲自奔走，每个地区平均要仔细拜票五次，以至于她的手上都缠上了绷带，小腿疼得贴上了撒隆巴斯，尤其是在永川市，朴槿惠每天都要走到很晚，只好在那里的党员家庭借宿，后来消息传开，大家都纷纷前来探望。最终朴槿惠的努力没有白费，四次再补选全部胜利。

朴槿惠是一个有着自己想法和立场的女性，而且哪怕压力再大，她也不会违背自己的立场和原则。为此，她甚至还获得了一个“笔记本公主”的绰号，她的政敌称她在笔记本上记录的都是不能协商的底线，据此来进行发言。其实上面记录都是会议的状况和自己的思考，虽然也有自己的底线，但更多是大家讨论的结晶。身为女性，朴槿惠有她细腻和独到的一面。她专门制作了一本《大国民约定实践白皮书》，记录了与民众的各种完成与未完成的约定，从而督促自己时刻前进。

2006年5月20日，朴槿惠在帮助一名大国家党候选人竞选首尔市市长发表演说时，台下突然冲上来一名暴力分子，持刀将朴槿惠划伤，右脸的伤口长达11厘米，伤口也很深，差点割到了颈动脉，这是她最接近死神的一次。幸运的是，伤口刚好避开了颜面神经，在全力施救下，朴槿惠奇迹般得康复了，并且没有留下后遗症。这让我们不得不想起她的父母，幸好上天没有让朴槿惠延续她父母的命运，使得她能够继续前行在她实现梦想的道路上。

2006年6月11日，朴槿惠正式宣布将参与竞选大国家党第17届总统候选人，并且辞去了党代表一职，这也意味着朴槿惠作为一个政治人，又迈上了一段新的征程。

当选总统：嫁给国家的女人

朴槿惠曾经说过："我没有父母，没有丈夫，没有子女，国家是我唯一希望服务的对象。"似乎朴槿惠此生就注定了与政治结缘，为国家奉献一切。她在竞选总统候选人时发表演讲时承诺道："有信心在五年任期内再创奇迹，使韩国发展成为发达国家。"她希望自己能用实实在在的国家观和一颗诚挚的爱国心来再次引领韩国社会的进步，并创造一个新的奇迹。她还强调说："我一定要完成父亲没有完成的两件事。一个是推动大韩民国的先进化，另一个回报在那一时期经历痛苦的人们。"但可惜的是，2007 年，朴槿惠在大国家党总统候选人的选举中败给了李明博，而后来李明博成功当选总统。

大国家党一直以来就被人们认为是韩国最以男性为中心的政党，而朴槿惠的出现打破了这一局面，其独特的女性特质为大国家党带来了新风。她的讲话简洁明快，行事作风踏实果断，言必信，行必果。她一度是韩国最受欢迎的国会议员之一，尤其受到 40–50 岁女性的青睐。而朴槿惠优雅低调的作风也颇得很多人的欣赏，她佩戴的首饰都是母亲遗留下来的，而且也继承了母亲优雅素淡的衣着品位，给人一种清新大方的感觉。据调查显示，很多韩国人觉得朴槿惠一方面具备传统韩国妇女应有的那种温柔、谦逊、娴静和耐心的品质；另一方面，她也同时继承了她父亲钢铁般的意志和果决的行事作风，这种外柔内刚的品质使朴槿惠在政坛上独树一帜，也为她赢得了大量的人气。

竞选失败并没有让朴槿惠气馁，早年的绝望已经锻炼了她。她依旧四处奔波，体察民情，空闲之余抓紧学习，人文、政治两不误。2007 年，朴槿惠再次出版自己的著作《人与人》。2008 年，朴槿惠获得釜庆大学和韩国科学技术院分别颁赠的荣誉博士学位，并担任第 18 届国会议员、国会保健福祉家族委员会委员以及国会企划财政委员会委员等职务。2010 年，朴槿惠更是荣获母校西江大学的荣誉博士头衔。在 2011 年 12 月至 2012 年 5 月期间，朴槿惠又出任了新国家党（大国家党后改名为新国家党）非常对策委员长。

每次选举，朴槿惠都会演绎出一段成功的故事。她遍访全国，生活朴素。她有一个重要的标志，就是缠着绷带的手。因为她的手会由于握手太多而疼痛，她便只好用绷带扎起来，或者用另一只手握手。从朴槿惠选举的经历来看，她先后出任大国家党的副党首、党首，并连续 5 次当选国会议员，于是就有了“选举女王”的称呼。现在时隔 5 年，这位“选举女王”再度来袭，誓言打破韩国政坛由男人统治的局面。

2012 年 7 月 10 日，朴槿惠正式宣布将参加 2012 年的总统选举。当天上午，朴槿惠在首尔永登浦时代广场举办了自己的参选发布会。在发布会上，朴槿惠表达了自己的心愿，称自己愿意和韩国国民一起分担痛苦，共同思考对策、解决问题。她阐述自己的参选口号是“想成为一个在国民心中种下梦想的总统”，并将倾力打造一个为国民着想、帮国民筑梦的政府。朴槿惠还提出了“国民幸福”的三大核心课题，分别是实现经济民主化、创造工作岗位和确立韩国型福利政策，充分阐述并强调了自己将以“国民幸福”为先的主张。

2012 年 8 月 20 日，朴槿惠顺利当选为新国家党第 18 届总统候选人。根据公开的选举人团投票和民意调查结果显示，朴槿惠是以压倒性的优势获得该党的总统候选人资格。据悉，朴槿惠在选举人团投票中获得了86.3%的支持率，这也创下了包括新国家党前身大国家党在内的历届总统候选人党内得票率的最高纪录，由此可见朴槿惠的个人魅力和民众的支持程度。

朴槿惠的势头如日中天，但也有一些反对者的声音，且不乏道理，其中最为关键的一点是，只要提起父母，朴槿惠的观点就从未改变。朴槿惠曾在不同场合数次向那些“工业化过程中无意识的牺牲者”道歉，但却从未对父亲朴正熙通过军事政变的方式攫取国家政权的这种行为进行过反驳，甚至在2012年7月16日辩解称当时的军事政变“是不可回避的情况下挽救国家的最好选择”，这场政变的是非功过应由民众和历史去评判。有的媒体还称她缺乏容忍度和灵活性，说她在某些方面表现得和她父亲朴正熙很像，不愿意听取党内不同竞争者的声音。对此，《韩国时报》也发表评论称，从个人感情方面来讲，朴槿惠的态度是可以理解，但是作为总统候选人，这还并不过关。朴槿惠至今未婚，有很多作为政治家的独特魅力，她的支持者称朴槿惠为“嫁给了韩国的女人”。但是，如果她不试图去克服父亲政治遗产中消极的一方面，也许她的终极梦想没那么容易实现。

2012年12月20日凌晨，第18届韩国总统选举结果正式揭晓。新国家党候选人朴槿惠获得51.6%的选票，成功获选韩国新一任总统，新国家党随之成为执政党。由此朴槿惠也开创了历史，成为韩国首位女总统，打破了韩国自1997年以来伴随历届大选的三大“铁律”：在投票率高时保守派候选人会失败、在首尔失败就意味着大选失败以及得不到40岁左右选民的支持必定会落选。而在2013年2月25日当地时间的凌晨零点，韩国首尔的普信阁举行了敲钟仪式，同时也宣告韩国第18届政府正式出台，新任总统朴槿惠的任期也在33下浑厚的钟声里拉开了帷幕。

朴槿惠终于重返了青瓦台，不过不同于年少时，这次她是以主人的身份入住青瓦台，如同当年他的父亲一样。这个时刻，朴槿惠的内心应当是百感交集的，有喜悦，有失落，但更多的是责任，继承父母未竟之事业的责任，回报国民对她的信任的责任，引领这个国家和社会更好发展的责任。为此，朴槿惠通过就职仪式等演说逐步阐明了自己的国政目标，旨在构筑起以“经济复兴”“国民幸福”“文化昌盛”以及“构建和平统一基础”四大国家运营为基调的框架模式。而在国务总理室的网站上也清晰地写道：

朴槿惠总统提出把国政运营目标设定为“国民幸福的充满希望的新时代”，2013年韩国脱离了以国家为中心的发展模式，摒弃行政为主的思维方式，将国民个人放在首位，实现国民幸福国家发展的相生结构。

继亚洲金融危机之后，2008年开始的全球金融危机导致国家的发展不能成就个人的发展，而朴槿惠提出的国政目标也是基于这种情势，全世界陷入了没有就业增长的经济发展，如果不解决这个问题，不说个人的幸福难以实现，就连国家和社会的全面协调可持续发展也难以为继。而朴槿惠依靠经济、社会、福利以及外交、统一领域的政策构想，希望凭借国民、幸福、信赖、相生和原则等核心内容唤起大家奋进的勇气。朴槿惠一再强调，为了实现自己的国政目标，将加快经济体制的转变，从原来的以出口业、制造业、大企业为中心逐步扩展至内需和服务业，努力构建起一个大企业和小企业、首尔和地方共同发展的具有均衡性的发展模式，加速一系列体制改革，推行政府和民间相合作的模式。她还特别强调，自己设想的“新韩国”也将为朝鲜人民考虑，为实现南北韩居民共享“幸福的韩半岛”做出进一步的贡献，努力成为为世界和平和人类发展做出贡献的国家，并成为其他国家可堪信赖的模范榜样。

可以看出，朴槿惠的政治才能是十分出众的，她的国政方针特点鲜明，继承了他父亲“国益优先”的理念，并发展出国民幸福为旨的执政理念，更多去倾听民众的意见和心声，让国会主导政治的运行，加强党的民主化进程，引领社会更好地进步。

多元外交：积极走向世界舞台

朴槿惠的政治能力和政治素养是毋庸置疑的，而她的外交才能尤其值得称道。自从她暂代“第一夫人”的身份后，便频频出访各国，积累了丰富的外交经验；她能熟练地掌握运用多国语言，且擅于用轻松的话题来化解尴尬的气氛，而且当选总统之后，她也变得强硬起来，在一些原则性的问题上绝不退让，显示出刚强的内质。

作为一个韩国人，提起外交关系的时候，第一时间想到的必定是韩朝关系，自从南北分裂以来，双边的关系就一直没有怎么缓和过。朴槿惠身为一个政治家，尤其在当上总统之后，在外交方面，她首先要面对的难题就是如何处理好韩朝关系。

不过说来也巧，在朴槿惠当选总统之前，就已经受邀前往过朝鲜进行访问。2002 年，正在筹备创立韩国未来联合党时，意外接收到了欧韩财团（当时朴槿惠担任欧韩财团的理事）的邀请，询问能否去朝鲜进行为期四天三夜的访问。朝鲜对于朴槿惠来说不是个好地方，她母亲被朝鲜的间谍枪击身亡，朝鲜还曾派出特殊部队为了袭击朴正熙及其家人而侵入青瓦台。但朴槿惠在接到这个邀请时，决心放下过去的痛苦，毕竟两国是同一个民族，化解南北关系的僵局对于推动两国发展和世界和平都有着莫大的意义，因此朴槿惠决定前往朝鲜。

朴槿惠的决定也让朝鲜十分吃惊，金正日特地派专机去北京机场接朴槿惠一行。5 月 11 日下午，朴槿惠抵达平壤，13 日晚上，受邀与金正日进行了一个小时的单独面谈。双方就存在的一些的问题达成了和解，约定加强交流，促进彼此信任。也正是这一次访问，朴槿惠深刻觉得两国加强交流和信任的必要性，也逐渐摸索到了一些处理双方关系的头绪，决心为推进双方和平而不懈努力。

然而韩朝关系一直未能得到很好的缓解，朴槿惠身为总统必须要出台相关的对朝政策，因为朝鲜的核武器问题一直悬而未决，朴槿惠当选总统的时候也正是韩朝关系十余年来的最低点。她在宣布自己参选总统的时候就曾经表示过，如果自己当选的话，将改善韩朝关系，逐步推进朝鲜半岛的“信任进程”。而在 2011 年，朴槿惠已经发表过探讨对朝政策的文章，题为《面向新的朝鲜半岛》。文章阐述了朴槿惠对于统一、外交、安保政策等各方面的构想，其关键是“信赖外交”和“均衡政策”。“信赖外交”即是“根据国际规范，履行韩朝互相期待的事情”，在相互信赖的基础上加强交流合作，从而推动两国关系。“均衡政策”则是双方要去共同改善那些应该改善的东西，把南北关系逐步引向正常轨道。她说：“历届韩国政府均往返于软硬两种基调开展对朝政策，并没有产生根本性的变化。韩国应该重新制定对朝政策。”朴槿惠作为一个女性，在处理外交问题上有着独特的想法和考虑，而且她对朝鲜有一定具体和感性的认识，也许能更好地推动南北关系的进展。

针对朝鲜的核武器问题，朴槿惠也有自己的态度，首先一点就是在任何情况下都不能容忍朝鲜拥核，称“若朝鲜不顾国际社会的警告，强行进行核试验，六方会谈成员国和联合国等国际社会将对此采取严厉措施”。2012 年 2 月 7 日下午，朴槿惠（当时是候任女总统）在国会同新国家党党首黄佑吕、民主统合党非常对策委员会委员长文喜相就朝鲜核试验问题举行了会谈，并最终发表了旨在敦促朝鲜中断核试验等挑衅的联合声明。声明要求朝鲜遵守联合国安理会的决议，认真履行曾经做出的无核化的承诺，并强调此举将有助于改善韩朝关系，为双方和平发展奠定基石。可见朴槿惠在对朝政策上是软硬兼施，一方面强调信任和合作，释放积极信号，以期推动双方的和平发展和长期交流；另一方面，在涉及国家利益和国民安全的核武器问题上，她态度强硬，坚决制止朝鲜的核武器实验。

改革开放以来，中国的崛起已经势不可挡，而韩国与中国同为亚洲强国，在外交上自然会有颇多交集。说起来，朴槿惠和中国的缘分也不可谓不深，她精通汉语，而且倾心于中国文化，在她人生最绝望的时候，也是从中国哲学中重获了力量。朴槿惠曾经三次访华，每次来华访问前，朴槿惠都会悉心准备，有三天不安排自己的行程，可见她对中国的重视程度。

2005 年 5 月，为了商谈朝鲜核武器问题，朴槿惠以大国家党党首的身份首度访华，当时接见她的是胡锦涛主席。在会谈中，双方就朝鲜核武器问题达成共识，为促成半岛无核化而共同努力。中国的帮助和承诺无疑给了朴槿惠极大的信心，虽然前路依旧艰难，但与中国的友好协助关系还是让朴槿惠看到了希望。此外，朴槿惠十分惊讶于中国改革开放的成果，新农村的建设令朴槿惠深受启发，她深刻认识到科技与人才的重要性。朴槿惠此行还辗转重庆、成都多地，实地考察中国改革开放的成果，也汲取了很多成功的经验。有意思的是，朴槿惠每次访华时，中方都要求带一些有关新农村运动的书籍来，在新农村建设的问题上多多交流。每次朴槿惠都是亲自挑选书籍，带到中国来的书籍足足有三箱之多。

2008 年 1 月，朴槿惠作为韩国候任总统李明博的特使三度访华，而接见她的仍旧是胡锦涛主席，主席称赞朴槿惠的汉语“很地道”。三次访华经历对朴槿惠来说十分重要，也积累了很多经验。朴槿惠十分注重和中国的外交关系，希望建立起长期有效的友好合作关系，这对于两国共同发展和维护亚洲稳定有着极重要的意义。

相较于对于中国实施的积极友好的外交策略，朴槿惠对于日本的态度可以说毫不客气。2005 年是韩日建交 40 年，两国宣布当年为“韩日友好之年”，但实际上，当时是韩日关系自建交以来最恶劣的时候。日本领导者们企图歪曲历史事实，在独岛问题、小泉首相参拜靖国神社的问题、教科书问题以及慰安妇等问题方面的不诚实，使韩国民众十分气愤，两国最高领导人之间的对话机制也因此断绝。而 2005 年 11 月在釜山举办的亚太经济合作组织峰会上，两国最高领导人话不投机，最后只聊了 20 分钟就草草结束。2006 年 3 月，虽然是在野党，但朴槿惠深刻感觉为了解决朝鲜核武器的问题必须改善韩日关系，在众人的劝阻中毅然会见了小泉纯一郎。会谈一开始气氛还比较融洽，但进行到关键问题时，朴槿惠感觉小泉首相在转移话题，谈话并没有什么实质性进展，于是朴槿惠掷地有声地说道：

“听说首相的座右铭为‘无信不立’，就如同此座右铭字面上的意思，信任是非常重要的。首相您成功实施了经济改革，期待您在外交方面也能解决问题并得到很高的评价。关于韩、日两国间存在的许多问题，希望您能做出明智的决定，成为一位为东亚共同体奠定稳定基石的首相并名留青史。”

这番话顿时让气氛变得严肃起来，最后小泉首相只能赔笑称是。在随后的记者招待会上，有一位记者问及如何处理独岛问题时，朴槿惠这样回应："这个问题完全不复杂也不难回答，因为独岛是韩国的，只要日本承认就没事了。"

朴槿惠在她出国访问时有一个必定遵守的原则，就是向那些曾经帮助过韩国的人表达心中的感谢。2005 年 3 月，朴槿惠担任大国家党党代表后，第一次踏上了前往美国的外交访问之路，而她行程的第一站就是韩战纪念碑，去为那些曾经帮助过韩国的士兵们献上一束花。此次访美，还有一个外交趣谈，那就是朴槿惠的"饭桌谈"。在哥伦比亚大学的一场演讲中，当朴槿惠谈及朝鲜核武器问题时，她打了个形象的比喻：

"在西方用餐时，汤、主餐、甜点依次上桌，但在韩式餐桌上，饭、面、汤和菜会通通一次全部上桌。朝鲜核武器问题虽然也可以像美式风格一样，以阶段式的方式循序渐进，但对韩国人来说，我们比较习惯将所有解决方案放于一桌一次性解决。"

2007 年 2 月，朴槿惠第二次访问美国，与美国当时的国务卿赖斯进行了愉快的会谈。在谈及朝鲜核武器问题和韩美同盟时，朴槿惠这样开场："听说长官您的钢琴与花样溜冰实力不凡，似乎只要下定决心，任何事情都能达到最佳水平，我想六方会谈应该也会成功地被您领导。"朴槿惠就是这样善于从细微、轻松的话题切入国事，从而制造一种良好的谈话氛围。

朴槿惠是世界政治舞台上一道亮丽的风景线，这一位"嫁给韩国"的女人，正在多元的世界舞台上展现她的自信与魅力。我们也有理由相信，这位身怀梦想、心系民众的传奇女总统，能够实现她的"韩国梦"，带领她的国家和人民迈向崭新的未来。

默克尔

欧盟的宠儿，德国的骄傲

年过六旬的安格拉·默克尔没有孩子，不过她在她的国家有一个耐人寻味的绰号叫作“妈妈”，至今她已经稳坐德国总理宝座10年，这个不同寻常的国家对这个女人给予了最高的肯定。

尽管美国《福布斯》杂志把她评为世界上第二位最有权势的人，成为有史以来首位获此殊荣的女性，也比不上德国人一句亲切的“妈妈”。

人们总说她是一个政治天才，可她一直倾心于自然科学领域；虽然她被称为“德国老妈”，可她对自己曾经从事的妇女工作毫不感冒；尽管她有着“德国铁娘子”的美誉，但德国人都能将她在议会与屏幕前的眼泪如数家珍；尽管她掌控着大国命运，可她每天早起的第一件事仍然是为丈夫准备早餐。

可这样一个女人，能够从倒掉的柏林墙中走出，成为近代史上第一位来自东德的联邦德国总理，也是千年来第一位德国女性领导人。从来没有人能像她一样，毫无政治资本，全凭自己的努力，从政治的起点开始，从政后年就成为联邦议员和联邦部长，后来又担任基民盟总书记直至基民盟联邦主席，在德国大党的历史上她是第一位女主席。

默克尔讲话言简意赅，这种风格与现在所有政治家都不同，这也得益于她自然科学出身的思维方式。这种风格使她容易与记者啮合。但无论如何，木秀于林，风必摧之，她被对手和媒体冠以种种不雅的称号——“怀疑者”、“权力中的数学家”、“权力的经营者”、“新法宝”、“狡黠者”、“权力的女王”、“权力中的物理学家”。无论世界各国的报刊的标题和文章内容如何繁杂无绪，但有一点是共同的：媒体的分析家当中很多人对德国政坛这位最具影响力的女人还是了解不够透彻。

更有趣的还是人们对她的态度如同她自己的风格一样难以捉摸，媒体分析家们为解释这个女政治家绞尽脑汁：一份德国全国性报刊《世界报》早期的人物介绍中，她被称为持“保守价值观者”，《时代》报把她视为“科尔身边的小姑娘”；当她把自己的前任们赶下台的时候，默克尔成了“铁石心肠的女人”或“敢于揭露真相的偶像”；她被描述为“不驯服的女人”、“长跑运动员”、“既有激情又冷酷的女人”。可就在这时，又有人说她是“戴着面具的女人”，后来又成了“被低估者”、“孤独的女人”和“安格拉·怪博士”。

可人们还是觉得她神秘莫测，东德在她身上到底有多少烙印？牧师的家庭对她的信仰有何影响？两次婚姻带给她的是遗憾还是幸福？她对曾经提拔自己的老上司是否过于残忍？她的对手们都下场如何？带着这些问题，我们不得不对这位叫板奥巴马的“铁娘子”充满好奇，一探究竟。

童年的双重烙印

20世纪50年代，很多人选择了离开德意志民主共和国。但一位年轻人霍斯特·卡斯讷却决定回到民主德国去。那时他刚刚在汉堡完成神学专业的学习。当时的汉堡大主教汉斯·奥托·沃尔伯告诉他，教会需要他，让他到柏林的勃兰登堡州教区去当新教牧师。民主德国明显感到牧师的缺乏。联邦德国的州教区想帮助改善这一状况。此时，他的女儿安格拉·多罗特娅·卡斯讷刚出生不久，1954年7月17日安格拉出生时，他们一家人住在母亲赫尔琳德·卡斯讷的家乡汉堡，但是不久，民主德国成了他们的家园，就这样，安格拉从出生开始就被打上了联邦德国和民主德国的双重印记。

1954年，安格拉的父亲卡斯讷迎来了他的女儿，也得到了人生中第一个牧师职位，任职地点就是勃兰登堡州普里格尼茨的小村克维措，这个小村子离两个德国的边境线只有30公里，生活水平非常低。后来默克尔自己说到过第二次世界大战结束后不久民主德国的基督教牧师家庭生活之艰辛："我父亲不得不学习挤羊奶，我妈妈跟一位老妇人学会了做荨麻菜。交通工具是一辆有点奇怪的轻便摩托和自行车。"

牧师家庭受到村民的压制，卡斯讷一家受了很多的委屈。而在这个社会主义国家里，意识形态以无神论为主导，卡斯讷是应缺乏牧师的东部教会的需求而去的，他清楚地知道国家与教会之间关系紧张，但还是义无反顾地奔向了这个地方，更是认为基督教和社会主义从根本上说是一致的，也许甚至认为社会主义在原则上是更公正的社会制度。后来，默克尔说起她的父亲："他希望教会能面对现实，而不总是远离生活。"

幼年，安格拉的语言能力很强，3 岁时到汉堡外婆家住了 10 个星期后就学了一口的汉堡口音，但在运动机能方面发育有些迟缓，就是不肯好好走路，最后总算能站直了能走了，之后又过了好几年，才敢下山或下楼梯。与绝大多数人不同，据默克尔自己说，她需要先思考清楚下山的整个过程是什么样，然后再实际尝试和学习。到了 12 岁，为了下台阶时不至于有时迈得太多或高度不当，她每一次都得把要走的路预先周密思考。

童年时，父亲因为教会的工作而不在家，安格拉经常会感到不高兴，每当安格拉认为爸爸该回来的时候，她就试着跑出去迎接他，但是她又不敢走得太远，对一个依赖父亲又害怕陌生环境的小姑娘来说，这无疑是一个难题。如果吃晚饭的时候爸爸在家就是最大的喜事了。她也曾提起父亲："他总是工作，他的工作时间和业余时间是混在一起的，有时为了工作就牺牲了照顾家庭。他非常勤奋和认真。什么都要求十全十美，这对一个孩子来说很难。他主动与人接触，与人交谈。小的时候，有时让我恼火的是他的那种方式，对谁都那么善解人意，可如果是我们做错了什么，他就完全是另外一种反应。"

1958 年，国家强迫关闭了卡斯讷任职的学校，并把孩子们都转移到国家统一设立的青少年工作站去了，还让有智力和精神障碍的残疾人搬进了瓦尔德霍夫。而教会却认为残疾人不仅要"看护"起来，而且要给他们创造一个有尊严的生活环境。残疾人当中很多人都可以从事农业、园艺、打铁或制鞋的劳动，虽然是工作环境有些简陋，但是卡斯讷和他的同事们还是尽力创造了这样一个环境。值得庆幸的是，这些残疾人也没有被隔绝在整个社会之外，比如他们也帮着卡斯讷一家做家务、修整园子，参加他们的家庭聚会。默克尔如今描述说，那时她与残疾人有着完全正常的交往，从中她学到了，健康并不是愉快的标尺。直到后来她才知道，别的人对跟瓦尔德霍夫的居民直接接触感到难堪，甚至她的同学来访时见到残疾人会觉得害怕。她家当年的邻居里塔·科珊说："当地的父母都不愿意让孩子到瓦尔德霍夫来跟那些'有毛病的'一起玩。"

1961 年 8 月 13 日柏林墙树立起来了，世界东西方两个阵营的冲突在德国达到高峰，刚满 7 岁的安格拉和所有德国人一样，不会忘记这个日子。默克尔至今仍然清晰地记得，这一天父亲在滕普林讲道，母亲坐在教堂里哭泣。这是安格拉对政治事件最初的记忆。建墙后的 23 年里母亲不能去西边，直到外祖母去世去参加葬礼。建墙后卡斯讷家里有个充满希望的口号，只要墙一拆，就去西柏林凯宾斯基饭店吃鲜蚝。卡斯讷一家的处境也变得更加艰难起来，安全部档案里曾记下："卡斯讷，1954 年来自西德汉堡，是我们工农国家的反对者。"不过据当年的民权运动人士说，默克尔的父亲也曾经在一个很短的时期内为安全部工作过。默克尔说，父母告诉过她和她的兄弟姐妹如何同安全部的人打交道，他们都知道什么地方该说什么话。

从一年级开始，安格拉就是成绩最好的学生。但她却没有和别的孩子一样得到奖章，就因为她是牧师的女儿，一开始连少先队也不让她加入。好学生奖章给了她的同学伊尔克，伊尔克却向班主任老师指出，安格拉的成绩和自己一样好，老师冷冷地回答道："可你是最优秀的少先队员。"

安格拉·卡斯讷在学校里就已早早显露出了组织才华。母亲则启发孩子回家讲学校发生的事情，高兴的、不高兴的都说。每天放学后安格拉都和母亲聊一到两个小时，把什么都倒给她。默克尔至今感谢父母，使自己在家里能有这种机会。卡斯讷夫人非常重视孩子们的教育，由于家庭这个背景，孩子们在学校肯定会比那些工人家庭的孩子遇到更多的困难，因此母亲有意识地鼓励她的三个孩子积极争取好的学习成绩。每天早上孩子去上学时，细致、乐观、坦诚的母亲都嘱咐他们，身为牧师的子女要比别人表现得好，否则在这个信仰无神论的劳动人民的国家不能上大学。虽然她总是在鼓励别人树立信心，但孩子们在学校里的竞争的确是她的一块“心病”。

可以说，默克尔是个普通、正常的孩子，戴着矫正牙齿的支架和矫形鞋垫，有担心害怕，也有希望和影响至深的经历。在一次《星期日图片报》的采访中，记者请她即兴说出所能回忆起的童年经历，她说是圣诞节前和父亲一起到森林里去伐圣诞树。很小的时候她最怕大马和炸毛的火鸡。奢侈的事情是能尽情地喝苹果水，因为她家没有自己的苹果树。“能有苹果水和两个炸肉饼是小时候感觉很幸福的事情了。”别忘了还有带畦的小园子，她种了紫菀、金盏和蔬菜。她自己说胡萝卜长得最好，而菜花和小萝卜总是不尽人意。青年时代后期她很愿意骑轻骑摩托车，但父母不允许，晚上外出也不能超过规定的回家时间。

但另一方面，她也非同一般。默克尔说，她从没穿过典型的民主德国服装。选衣服的标准首先是看钱够不够，其次才是是否时髦。十几岁时，她参加聚会穿的是西边的牛仔裤，而她的朋友们都喜欢在公众场合穿迷你裙。她的一个女邻居还能回忆起，青年的安格拉总是戴着一顶宽沿的帽子，看着像个“小太阳”。不仅如此，尽管她的同龄人中有一大批都喜欢听滚石乐队的音乐，安格拉却喜欢跟着披头士乐队的音乐跳舞。在她的弟弟和妹妹出生后，年仅 13 岁的她就已经有了自己单独的房间，这无疑让人觉得舒适。

安格拉说自己第一次爱上的人是在大学期间遇到的："中学时偶尔有过一点恋爱的感觉，主要是柏拉图式的。那时候不像现在这么快就走到行动这一步了，这方面我无论如何不是一个早熟的人。"其实据当年的老师说，她对当时的那些男同学也没有什么吸引力。

她的爱好也与同龄人大相径庭。安格拉喜欢收藏艺术明信片，常常到柏林去看话剧和参观博物馆，在那里她认识了各国各民族的人，包括保加利亚人、美国人和英国人。她对联邦德国政治很感兴趣。她说上中学时就已经能背出联邦政府内阁全体成员的名字，当时她最喜欢的是赫尔姆特·施密特，因为她敬佩他的自信。

"她是班上最好的学生，别人跟她差一大截。"她的同学这样说。老师也说，安格拉虽然因为是牧师的女儿而"备受苦恼"，但她在班上并不孤立，直到高中毕业她和班集体都很融洽。安格拉虽然自信，但有时也会紧张，她没有放松和放开的时候，从没有当过一个捣蛋的女孩儿，她是一个时刻自制的典型化身。现在，每当她在电视里看到从前的学生时，总在问自己，一个政治家必得怎样纵横捭阖才能行得通。

安格拉的短期记忆力很强，应付学校考试很占便宜。好多同班同学都说默克尔同意让别人抄作业，也愿意把自己会的告诉别人。这让她在班里有威信。除了学习成绩出色，安格拉在其他方面的准则是尽量不引人注意。因出色的社会表现和学习成绩，她还是给老师留下了深刻的印象："安格拉特别勤奋，能自学成才，在汽车站等车时还背单词，从不犯错误，她性格内向，但不胆怯。后来我再也没遇到过这么聪明的学生。"

1968 年，发生了对卡斯讷一家有重大影响的事件，“布拉格之春”事件后，安格拉的父亲越来越清楚地认定，民主德国没希望了。那时卡斯讷全家正好在捷克巨人山脉一个叫佩克泊斯内茨克的地方度假，父母租了一家捷克人的度假屋，14 岁的安格拉看到这家的男孩把印有捷克共产党第一书记诺瓦特涅头像的邮票撕得粉碎，“我跑过去问他是怎么回事，他告诉我，现在杜布切克才是真正的英雄，所以印着诺瓦特涅头像的邮票应该扔到厕所里去。”

1973 年 4 月 17 日，要高中结业的时候，默克尔和同学们举办了一场别开生面的文艺会演。那时候西德的大部分学生还在声援越南共产党反对美国霸权，可联邦德国不愿因过多批评美国而影响北约关系。在东部的情况正相反，作为社会主义国家，统一社会党是跟越南人民站在一起的。当学校要求安格拉的班级为声援在亚洲作战的社会主义兄弟举行一场文艺会演时，全班同学已经拿到了大学录取通知书，自我意识十分强烈，对会演毫无兴趣，便对老师抗议，事情最终闹成了丑闻。可到了最后，安格拉的班级决定，还是排一个节目吧，结果却越弄越糟。他们决定朗诵克里斯蒂安·莫根施特恩的诗歌《哈巴狗的日子》，其中有这样的字句：“人啊，好好守护住你自己吧，否则你也就成了墙头的哈巴狗。哈巴狗，坐墙台，朝外看，不下来。”此外用英语——“阶级敌人”的语言——唱国际歌，而不像所要求的那样为越南和莫桑比克的解放运动募捐。这不光是对校长的挑衅，而且也是对上任不久的县督学弗莱明的挑衅。

青年的热情高涨

高中毕业时，安格拉决定学自然科学，准确地说是，学物理，到莱比锡去上大学。在那里她开始了一个全新的生活阶段，远离故土和要求严格的父母，开始独立生活。大学时代对默克尔的一生影响至深，大学毕业前一年，23 岁的安格拉·卡斯纳与她的第一个丈夫乌尔里希·默克尔结婚。

对莱比锡的大学生活，默克尔说那是“以学习为主，基本无忧无虑的时光”。她合群，也喜欢旅行，常和她后来的丈夫，在平行班学物理的乌尔里希·默克尔一起出行。在物理学生交流项目中，他们一起去莫斯科和列宁格勒。他们一起参加聚会，一起跳舞。在大学生俱乐部有一个临时吧台，她常站在那里调制樱桃威士忌，能挣不少钱。别人回忆应该是伏特加而不是威士忌，因为民主德国时期伏特加供应充足。她说调制鸡尾酒所需的配料是她自己白天乘电车找遍全城买来的。

大学期间，安格拉·卡斯纳变成了安格拉·默克尔，乌尔里希来自弗戈兰，是一个工厂主的儿子。

他们在滕普林教堂举行婚礼，大学毕业后默克尔夫妇搬到了市中心玛丽恩大街的一套小住房里，离柏林墙不远。“泪宫”剧场也在附近，那里是去西柏林的过境点弗里德里希大街火车站。安格拉常在那里和汉堡来的亲戚告别。来往于东西柏林轻轨火车的隆隆声不绝于耳，像是在不断提醒着人们这个城市的撕裂。

四年后，1981 年婚姻突然破裂了，乌尔里希有一点意外：“有一天她突然收拾起她的东西搬出去了，她自己跟自己商量好了就作出了决定，但最后我们还是和平分手了。经济上我们两人都是独立的，也没有多少东西可以分，她拿去了洗衣机，我拿家具，其中有几件至今还保留着。”正式离婚是在 1982 年，他们没有孩子。

安格拉·默克尔虽然后来再也没有改姓，却对这段婚姻不以为然，甚至说那只有三年，当记者问到他们是否曾很相爱时，安格拉回答得很明确：“不是，我们之所以结婚，是因为大家都结婚了。这在今天听起来很愚蠢，但当时我确实没有以必需的认真来对待这件事。三年后我们分了手。是我搞错了。”

安格拉·默克尔的前夫却显得不能接受：“这话很伤人，我对结婚是认真考虑过的。”“假如我们今天还在一起，我最多也就是她的保镖。”默克尔先生对这段经历还是很珍惜：“能去的地方我们都去旅行了，常和朋友聚会，我们两人都喜欢大自然，常去远足，也去看电影、看话剧。我们俩都很重视和家庭的联系，所以常去看望双方的父母。”

1978 年默克尔到科学院工作时，两德关系开始紧张，民主德国的年轻一代越来越不平静。而科学院的工作与大的政治局势相比平淡得出奇。在中央物化研究所，默克尔先去措里克领导的理论化学领域，获得博士学位后默克尔转到了海因里希·克里科斯曼手下的分析化学的物理方法组。

默克尔并不是发起民主德国和平革命的早期积极分子，柏林墙倒塌以后她才决定从政。在开墙这天，住在附近的默克尔不是最早去穿越这道突然可以穿越的隔离墙的人。按惯例，她先去洗桑拿，进桑拿室前，她给母亲打了电话，她说："我从电视里看了沙波夫斯基的新闻发布会，我们家里有个说法，'柏林墙倒的那一天，我们去凯宾斯基饭店吃鲜蚝'，我对母亲说，这一天来了。然后像往常一样进了桑拿室。"21 点以后她经过勃霍尔姆边卡到了西柏林，想从那里的一个电话亭给汉堡的姨妈打电话，但并没有没打成，就和陌生人一起庆祝了一会儿，"不知什么时候我们突然到了一家快乐的西柏林人家里，我从那儿打了电话。后来还有人想去选帝侯大街，我就回家了，第二天还得早起上班呢"。再说"也太乱，对我来说已经走得够远的了"。第二天她和妹妹伊蕾娜一起逛了选帝侯大街。默克尔的某些朋友对走"第三条道路"希望之破灭相当沮丧，觉得德国很快就会统一，西部来教训东部了。她对这样的想法不以为然。1989 年 11 月 13 日默克尔去波兰出差，在那儿她惊异地听到"德国马上就会统一"的说法。她的波兰同行吃惊的是她怎么还来出差而不是待在紧张有趣的德国。他们还说，下次他们到柏林出差的时候，德国大概已经统一了。"这话让我吃惊，同时让我醒悟，我还没有想那么远。"不过默克尔也说；"那些离事件距离较远的人看得比我们清楚"。

12 月下旬，她试着找到了"民主觉醒"。原本朋友邀请她加入社民党，可是默克尔参加了一次社民党会议，她觉得，"那里的一切似乎都已经很完美了，西部的一个基层支部帮助把一切都组织好了，大家相互称'你'，高唱'弟兄们，向着太阳，向着自由'，这不是我要的东西"。默克尔说的这些只适用于西边来的人，东部的社民党人都不习惯于"同志"的称呼，以及其他社民党的习俗套话，有的甚至拒绝党的代表色——红色。而在"民主觉醒"莱比锡首届党代会后，默克尔就加入了这个年轻的政党，她是否正式填写过入党申请表不得而知，在那个动荡的岁月，这种形式上的东西也不那么重要，那些日子里，“大声宣布一下”就算入党了。默克尔入党时，“民主觉醒”何去何从的问题还没有解决。

参加“民主觉醒”是默克尔第一个自主做出的政治决定，事前是否同父母，尤其是父亲讨论过，不得而知。当问到她当时为何没有积极参加常常由教会保护的民权运动时，她说：“当时的很多聚会我都是在场的，但我跟他们不是一路人。拿和平运动来说，我理解每一个拒绝到人民军服兵役的人，但我不是和平主义者。再说切尔诺贝利事件，我不认为核能本身是罪魁祸首，我的结论是苏联应该建安全的核电站。”“那些人讨论问题的方式我也不喜欢，那里还有不少人不仅赞成巴洛对社会主义社会的分析，而且赞同他的结论，这些人我觉得根本不行。我去只是为了表示对反对派的支持，但并不真正赞同那些内容。”“民主觉醒”看着还能干成点什么，“我想，这里我还可以做点贡献。另外我主张政党多元化，当时看着好像只有社民党能成为一个新的政党似的”。默克尔对现有政党一律都不想考虑，她不喜欢新论坛搞的所谓基层民主程序，在“民主觉醒”那里“至少还有一点我对未来所设想的东西，那里聚集了不少知识分子，也有事情可做，比如我把西边来的电脑拆箱、安装起来。我在那儿认识了不少有意思的人，听过一些课。当时公开进行的理事会会议也去旁听过”。随着时间的推移，默克尔也清楚地认识到，统一会很快实现，货币联盟马上要实行了。

为了给“民主觉醒”搞竞选，1990 年 2 月默克尔向科学院请长假了。柏林市“民主觉醒”特雷普陀党代会决定让默克尔从 1990 年 1 月起任政治发言人。于是由她代表“民主觉醒”柏林市主席阿佩尔特和东部基民盟、西部基民盟以及德国社会同盟签署了一份《柏林联合声明》。很长时间“民主觉醒”在与西部政党的合作上迟疑不决，“民主觉醒”的领导人过高估计了党在1990年3月人民议院选举中获胜的可能，可选举结果在揭晓当夜就表明，民主德国新政府将由东部基民盟主席洛塔尔·德梅齐埃来领导。尽管有人把民主德国政府形容成“一群外行”，但德梅齐埃还是成功地有尊严地代表民主德国，成为民主德国利益的维护者。

德梅齐埃记得，民主觉醒党的埃佩尔曼找过他，对他说有个很好的发言人，那就是安格拉·默克尔，默克尔就在这时被伯乐相中了。此时统一社会党中央报《新德意志报》也不吝赞誉之词，说默克尔聪慧、可靠，及时全面地向西方媒体通报情况是她的功劳。大家都说副发言人默克尔工作得很好，许多人还记得她身穿黑色百褶裙、黑上衣和平跟凉鞋的样子。可她很不在意穿着，德梅齐埃还记得有一次访问苏联时，强迫她去买像样的鞋和大衣。但德梅齐埃很称赞她的工作方式，“谁应该在媒体中占多少位置，她都能够把握得很准确。她预先就提出如何把复杂的政治决策过程传达给公众的问题，实际上也等于提出了行动建议。我原以为她是社民党的，左翼社会派，虽然是牧师的女儿，但没有给人特别虔诚的印象；更像个大学生，会开怀大笑，有即兴幽默感”。默克尔的每个回答都很精确，事前认真研读讨材料。

很快“民主觉醒”上层便清楚了这个党已经失去了政治动力和政治基础。6月30日召开的理事与主要委员会会议开始讨论到“民主觉醒”与另一个政党基民盟合并的问题。八个月的短暂历史之后，1990年8月4日在东柏林的特别党代会上大多数代表同意与东部基民盟合并。对很多“民主觉醒”成员来说，这是一件好事，因为他们有权加入西德基民盟了。8 月 10 日接着举行了理事会，在那次党代会上，默克尔通过一个简短而巧妙的发言引起了大家的注意。她自我介绍说自己是“民主觉醒”的新闻发言人和德梅齐埃的部下，感谢联邦基民盟给予“民主觉醒”的大力帮助，表示“民主觉醒”将以工作小组的方式在基民盟内继续活动，保持与东欧政治伙伴的联系。她说：“我很高兴地期待着合作与走上共同的道路。”就这样，默克尔成了 10 月将在汉堡举行的全德基民盟联合党代会上三个代表候选人之一，不过在这次党代会第一轮投票中，她只得到 3 票，惨遭淘汰。

不过在党代会召开的前一天晚上，默尔克有了与联邦总理称第一次会面的机会。科尔与默克尔第一次相识其实是默克尔安排的，她恳请当时萨克森“民主觉醒”的一位同事汉斯·盖斯勒把她介绍给科尔，而她真的就征服了科尔，她是一个有政治魅力的女人。同时，《世界报》常驻东柏林记者阿勒斯当时对默克尔当政府副发言人时的工作大加赞叹，为她营造了很好的舆论氛围，1990 年 12 月底默克尔曾经向他表露过自己的真实想法，她知道自己将会在新一届政府内任职。但是她表现得很不成熟，常常说自己对家庭、妇女等问题根本不感兴趣，错失了自己本可以把握住的一些选民的支持，好在这位经验老道的记者十分谨慎，没把默克尔的这些想法公之于众。让人措手不及的是，默克尔接下来所担任的职务就是联邦妇女与青年部部长，她的工作就是这一领域的事务。但默克尔毫不犹豫地走马上任了：“事情的发生使人不知所措，根本没时间容你去仔细考虑这些问题。我自己清楚，这种安排是有道理的：女性，来自东部，又年轻，这些对我来说都不是什么损失。这个部的工作内容我过去确实很少接触，妇女和青年这类话题在统一时期不是我的主要兴趣。”

1991年1月18日，默克尔宣誓就任联邦妇女与青年部部长，多亏了科尔在内阁中加大了妇女工作的力度，使得她在重新统一了的德国基民盟党攀上政治高峰。此时的默克尔非常敬重科尔，有时还效仿科尔的处事风格。在默克尔政治生涯开始时，许多人低估了她克服困难的毅力，而正是这一特性有助于她日后的发展。不过她也希望自己能够强大起来，走出科尔的影子。

政坛的耀眼新星

从政时期时的默克尔也感到孤独和无助，她曾对记者说，从政的年代是最不容易找到朋友的年代：“我走过波恩城时心里在想，如果我不再是部长，谁还会向我打招呼？”所以她变得“狂躁”，对所有人都态度苛刻：“突然有那么多人都来找我，想告诉我些什么，我无法判断这些人的真实想法。如果说我们在民主德国时期学到了一些东西，那就是对诚实有一种细微的感觉。我总是爱持怀疑态度，这一习惯对我在西部至今都有帮助。”但默克尔也变得骄傲起来：“我突然与那些生平只在电视里才见到过的人坐在一张桌子旁。”其实政治上叱咤风云的“大腕”也不过如此。

和默克尔有过谈话的人员都说，默克尔谈话时神情专注，只要她搞清了一个问题，马上就会转入下一个议题。她的私人助理舍尔根也这么说：“她的全神贯注，她令人佩服的智慧，她抓实质问题的能力给我留下深刻印象。”同事哈德维希·默伯斯如此评价道：“默克尔在和同事讨论复杂的政治问题时就像‘政治动物’，有着本能的直觉，总能神奇般地指出立论的缺陷。”只要默克尔感到事先计划内容对她的决策会产生影响，就会立即作出反应。

她是一个十足的“工作狂”，人们觉得，“根本别想和默克尔一起喝点什么”，她工作起来就没有过休息，她似乎没有一点时间做点私人的事情。

1991 年 9 月，默克尔随同科尔夫妇出访美国，会见了美国前总统里根，当时《斯图加特新闻报》尖锐地指出："在4天访问中，默克尔显得有些不知所措，但同时也表现出正常的自信。当所到之处无不显示出科尔的高大形象时，波恩人眼里过于腼腆的勃兰登堡州牧师的女儿更想往后站，即使是科尔的妻子哈内罗尔和默克尔的私人助理舍尔根不断轻轻地把她往前排推也无济于事，按照礼宾排列，她是德国代表团政治上的第二号人物。"

1991年11月初，离竞选只剩不到一个月的时间了，默克尔突然决定竞选州主席，她刚一宣布，她的对手埃佩尔曼当天就宣布放弃竞选，他在演讲中说，默克尔对他来说"值得信服和信任，这对将来也是明智的"。不过11月23日在勃兰登堡州基民盟的投票表决中，默克尔以67张票的成绩败给了获得121张选票的芬克。默克尔大为错愕，但是她不得不承认，芬克比自己老练得多。这是迄今为止默克尔遭到的唯一一次政治上的失败，但这给默克尔上了重要的一课。好在默克尔在12月的德累斯顿基民盟党代会上以超高的支持率当选了联邦基民盟的副主席一职。

1994年联邦大选后，默克尔出人意料地在科尔内阁当上了环保部长，开始负责的领域是政治争论的中心，其决策对于经济发展起着深远的作用。她自己认为这个职位是一次很好的机遇："很明显，曾经被分解开的妇女及青年部和家庭及老年部又将重新合并，我不可能做家庭部长，因为那时我自己还没结婚成家。而环保部涉及一系列自然科学问题，这正是我的强项。"不过一些环境与自然保护组织嘲讽环保部任用了一名"轻量级环保部长"，但默克尔上任不到三个月就让长年担任国务秘书的施特洛特曼提前退休，来宣告自己对政治有着充分的决定权，尽管许多人认为在环保部似乎"没有施特洛特曼的时代"是不可思议的。

无疑，默克尔想要尽快把自己塑造成一个目标明确、独具个性的女部长。前任部长特普费尔与默克尔交接得很快，默克尔再也没请有经验的特普费尔提什么建议或发表看法。此时此刻，没有人再怀疑默克尔获取权力的强大力量。

1995年联合国气候峰会拟在柏林召开，默克尔作为东道主国环保部长将会主持这次会议，这对她在世界面前贯彻和实施政策的能力是一次严峻考验。大会接近尾声时的一次夜间会议快要结束时，默克尔身心俱疲，甚至落泪想要放弃，与她关系最密切的女同事贝特·鲍曼在不少人能听见的情况下，低声但态度坚决地对默克尔说："你一定要振作起来！"这句话让在座的德国代表团成员吓了一跳，但默克尔就像得到了一支兴奋剂，继续坚持并取得了有效的成果。经过两个星期的反复谈判，终于在4月的一次夜间马拉松会议上通过了旨在减少温室气体排放的《柏林议定书》。默克尔对此十分骄傲："我刚开始担任环保部长，就在1995年作为大会主席领导柏林气候峰会。会议结束时形成了所谓柏林议定书，在14天会议期间我赢得了与会者的信任，保证了大会取得圆满结果，我认为这是最好的业绩之一。"

但在不久后的5月，默克尔竟然在一次内阁会议上再次痛哭流涕。因为入夏后臭氧值超常，公众强烈要求采取相应措施的呼声非常强烈，默克尔也想制定夏季废气规定，不过她的提议很难得到内阁多数成员的支持。当默克尔坚持己见时，科尔却表示，他理解生态环境的重要性和民众对环境的担忧，但他觉得，在夏季休假前仓促出台相应措施不妥，而且主管部门还须与议会党团进行细致的商讨。在默克尔意识到自己的大胆提议已没有希望实现时，再也无法克制自己的感情瞬间落泪。

对于那次内阁会议上的表现默克尔至今还记忆犹新："长期以来的压力，又赶在夏季来临之前把这个议题提到内阁日程，很显然科尔此前没太注意这个问题，但他问我是否与基社盟和自民党即米歇尔·格罗斯和赫尔曼·奥托·索尔姆斯商量过，而这两人恰恰是我唯一没有征求过意见的人。长话短说，我感觉自己上了圈套。我担心夏季之前规定难以出台，面对这种局面，一个男人会大声叫喊，而我只能流泪。”不过感情牌还是有效的，默克尔的泪水推动了夏季废气规定的出台。而落泪之举也成了无人不知的政治事件。

在环保部长的任期上，默克尔最大的危机莫过于核废料的问题，她认为放弃核能只会是空想，她一直主张由本国自己解决核废料问题，包括最终埋藏。她邀请各联邦州环保部部长到波恩参加危机峰会，但有的州并不配合，反对党一直叫嚣让她辞职，尽管科尔还是一如既往地支持她，但他也提出，作为环保部长对核污染丑闻应承担责任。

可如果在大选前几个月辞职，等于默克尔承认了发生的一切都是自己的过失，自己的政治生涯也将会宣告结束。她急中生智，顿时变得果断起来，迅速要求核能企业尽快落实十点安全措施。最终人们还是找不出默克尔对事故的直接责任，对她的指责还是集中在监督不力的层面，她最终克服了危机。也正是因为默克尔熟知权限范围，她才得以在政治的倾轧中保全自己。经过这番险难，默克尔克服危机的能力已被人们深深记住。

在这些政治风波的间隙，1998 年 12 月 30 日，默克尔出乎意料地与量子化学家绍尔开始了第二次婚姻，可婚后默克尔并没有改姓。绍尔比默克尔大 5 岁，也曾经结过一次婚，有两个孩子。绍尔和默克尔是在科学院物理化学中心研究所时进一步相互熟悉的，他们结婚时已相识 17 年之久。可默克尔的两次婚姻都没有孩子，她说：“我并不是不要孩子，只是没成功。从政时我已经 35 岁，也就不再提要孩子的事了。”不过她也说过：“也许到 70 岁时我会后悔没有孙子，我也说不好。”有些人觉得这对夫妇对环境安静的要求过高，尤其是绍尔，有一次他们住所附近露天上演完话剧《阿姆菲特利奥》之后，绍尔向中心区环保局状告喧哗声音过大，结果演出组织者被警告，并要求以后演出时要测试噪音量。

1998 年 11 月 7 日，在波恩联邦基民盟党代会上，科尔不得不把党主席的宝座拱手让给了朔伊伯勒，默克尔有机会再次在政治上更进一步。的确，几天后，她登上基民盟总书记的位置。可惜她在这个位置上的时间很短，确切地说只有 12 个月。在这短短的 12 个月中，她成功地塑造了自己的政治形象：

11 月 5 日，奥格斯堡地方法院开始对科尔时期担任财务主管的基普发出逮捕令，有证据表明基普在 1991 年接受了 100 万马克贿赂金，更令人跌破眼镜的是这笔钱与向沙特阿拉伯出售装甲车和购买空中客车的生意有关。可基普却辩称，100 万马克不是他中饱私囊，而是将这笔钱作为捐款献给了基民盟。一时间，被揭发出的丑闻像箭雨一般把基民盟伤得体无完肤，媒体每天都在寻找新的证据来攻讦基民盟。一年多的时间里，它几乎无法正常履行自己作为在野党的职能。而这位女总书记呢？她一门心思地向而今的名誉主席科尔发起挑战。但这正是默克尔的黄金时代，她利用每一次集会的讲话机会，成功塑造了自己铁面无私和一尘不染的形象，决心把献金案彻查到底，为了这个目的，她不得不从科尔下手。

1999 年 12 月 22 日，默克尔在《法兰克福汇报》发表了署名文章，她坚定地宣称，科尔时代已经一去不复返了："党必须学会自己走路，学会自信，在将来即便没有像科尔这样的老战马——他经常喜欢这么称自己，也能与政治对手战斗。我们的党要像青春期的少年一样，离开家走自己的路。"对于科尔对捐款人承诺的"誓言"，她是这么说的："如果在法律规定范围内对一件合法的事情信守诺言还可以理解，反之就不可思议了。"默克尔呼吁自己的党从科尔的束缚下解放出来。这篇文章彻底摧毁了朔伊伯勒与科尔的关系，也将基民盟推向了一个新的时代。

不过，这时的默克尔没有充当朔伊伯勒的危机处理人，而是按照自己的意愿实现自己的野心：她越来越有力地向公众证明自己是那个唯一不受科尔体系牵制的基民盟成员，如果党在政治上有新的开端，最有可能从她开始。终于，2000 年 2 月 16 日，朔伊伯勒在“基民盟处于历史上最严重的危机中”提出辞去党主席和议会党团主席职务。默克尔理所当然地抓住了这个时机，在埃森党代会上取得了胜利。

在默克尔当上主席还不到 100 天，联盟党在税收改革问题上出现了一些漏洞，而在联邦参议院内，联盟党执政的州席位虽然占多数，但一些州被联邦政府收买导致税收改革方案通过，《时代》周刊将整个过程讥讽为“联邦制的贿赂闹剧”，这也或多或少地助了默克尔一臂之力。

不过默克尔还是遭到指责，媒体评价她缺乏鲜明的施政特点。但默克尔正想成为基民盟历史上的“挽救者”，她在 2000 年 11 月 18 日的《法兰克福汇报》发表了一篇题为“我们的社会——关于新社会市场经济的必要性”的文章，提出了“新社会市场经济”的概念，对德国经济走向提出了高瞻远瞩的规划，赢得不少好评。

可是在基民盟内部，不少人都再次成为她的竞争对手，这对默克尔而言可谓严峻，她的问题“不在于她没有足够的能力，而在于她的周围没有凝聚一批人”。当基社盟表现出协调一致的信心时，默克尔却没能力把基民盟领导层的政治家团结在自己周围。在竞选总理前夕，基民盟将会推举谁为候选人，这一盘散沙确实让人觉得前途未卜。

“我准备当总理候选人”，2002 年 1 月 6 日，默克尔在《星期日世界报》

上向读者这样透露，她当然希望借此促使对手施托伊伯放弃与其竞争。但基民盟主席团和基民盟联邦理事会在开会时，州长们都要求原则上作出支持施托伊伯为候选人的决定，只有少数人仍坚持让自己的基民盟党主席作为候选人。这场“政变”已经要开始了，默克尔不会不清楚，她不能再坚持“闭上眼睛坚持到底”的战略，在其他理事会成员不知不晓的情况下采取了紧急刹车。她与施托伊伯商定，第二天在施托伊伯的私人官邸与其共进早餐。随后默克尔又赶回马格德堡参加基民盟年会，并向与会人宣布：“我一直说，联盟党的候选人应让最有希望获胜的人担当，而最有希望的标准是什么呢？除了被党内推荐和本人意愿之外，我认为最重要的一条是团结一致。我相信，基民盟会与总理候选人施托伊伯建立高度的团结一致。”

默克尔智慧地在最后一刻以著名的沃尔夫拉特豪森早餐挽救了自己。因为如果不是默克尔自己提出，而是党违背她的意愿，推举施托伊伯成为总理候选人，党内就会形成对主席的不信任案，这位主席就一定得辞职。经过这次早餐，默克尔又争取到了一定的回旋余地，大多数人也为能够避免了一次痛苦的抉择而高兴，后来，施托伊伯的竞选也不出意料地失败了。

为巩固党主席的地位，默克尔用了两年时间不断奋争着，好在她可以在正常环境下潜心于党主席的日常工作了。现在她终于抓住了议会党团主席这第二顶桂冠。疑惑、迟疑曾不断地折磨过她，可当初科尔不是也有过同样的经历吗？而她的目标是以自己的名义更新基民盟的纲领，她知道别人说她缺乏纲领。而她很懂权力的滋味，已用事实做了充分的证明。

2003 年 2 月，默克尔在华盛顿受到了高规格的接待，但此时布什无暇与之会见。而一个在野党领袖访问华盛顿显得十分特别。就在她出访的前几天，默克尔在《华盛顿邮报》上发表了题为“施罗德并不代表全体德国人”的文章，她攻击这位在任的德国总理损害了德国人的利益，影响了与美国良好的大西洋两岸关系。默克尔的文章得到了美国政府的赞许。而社民党则认为，默克尔的文章破坏了德国一条不成文的法律，即在国外不能公开批评自己政府的政策。社民党相关负责人抗议说，默克尔的举止使德国的形象在国外受到影响，甚至谴责默克尔对美国政府卑躬屈膝。

总理的日常生活

2003年，默克尔终于要竞争总理宝座了，她要在最佳改革方案中拿出最好的、即便与基民盟的姐妹党基社盟相比也是最杰出的方案。在莱比锡基民盟党代会召开前的几个月，默克尔于2003年10月1日发表了“德国向何处去?”的演讲，显示了一个信心十足的主席形象。她在讲话开始时重复了一个记者的提问：如果默克尔没有进入政治舞台，您认为基民盟缺少什么。默克尔当时只是简短地回答了一个“我”字。她用这个例子作为演讲的开场白并用“这种情况不会发生在我身上”的表述，显示着她个人的特性和领导力量。此时大多数人已经把她视为2006年最有可能的总理候选人，默克尔的讲话回击了施罗德的批评，不会拒绝所有面临的改革题目，也不惧怕意见分歧。默克尔还对勃兰特大加赞扬，“是阿登纳、勃兰特和科尔的政策使德国统一成为现实”。默克尔试图通过这次讲话回答她的主张，不仅阐述了对德国统一的评价，而且还在自由、公正和团结这三个基本价值观的基础上推崇一种“现代效率公正”。

我们的共同天性需要这三种价值观……但事实是，共同的天性要求我们对三种价值观重新调整，就是一切都应保证自由这个前提，或者换言之，为了使团结和公正能够长存，必须把自由从价值观等级中提到最重要的位置。

不必赘言，2005年5月30日，她正式代表基民盟、基社盟，在9月18日举行的联邦选举中与总理施罗德角逐下任总理。10月10日，大选中几乎打成平手的基民盟与社民党在近两个月的联合组阁谈判中取得共识，确认由默克尔出任联邦总理，内阁人事由社民党主导，组成40年来首个“左右大联盟”。默克尔正式成为德国第一位女性联邦总理，也是1000年前神圣罗马帝国的狄奥凡诺女皇之后，第一位领导日耳曼的女性。她也是两德统一后首位出身于前东德地区的联邦总理，而且她在2009年和2013年的大选中成功连任。

而默克尔在当天举行的记者会上强调说，在她领导下的新一届德国大联合政府将继续保持德国政府对华政策的连续性。她说，在科尔和施罗德担任德国总理的任期内，德国对华关系都得到了进一步的良好发展。确实，在十年中，默克尔七次访华，还曾在中国社科院发表演讲。默克尔说，德中关系有三大标志：文化领域的合作、政府间磋商和经济关系。两国建交40周年，“中国文化年”活动也在德国启动，这为德国民众了解中国历史、文化提供了机遇，有助于双方间的对话。她表示，尽管两国间对话、讨论会产生各种不同意见，但正是对话使双方建立起相互信任的关系，这是使两国关系开花结果的基础。

虽然身为大国总理，但是每个清晨，默克尔起床后的第一件事并不是着手解救欧元。此时的她，表现得完全不像是在掌控着欧洲，更不是德国的“铁娘子”。她起床后的头等大事，是给丈夫阿希姆·绍尔准备早餐，好让他在出门前有美味可口的食物填饱肚子。

准备早餐这件事，是她2011年7月在从尼日利亚飞往柏林的飞机上讲的。在与尼日利亚总统古德勒克·乔纳森的一次午餐中，默克尔问他会不会自己在家做饭。乔纳森身为堂堂大总统，一个彻头彻尾的大男人，怎么会干做饭这种事？

但默克尔却说，她很喜欢烹饪，甚至会为她的丈夫准备早餐。乔纳森听后起身举杯，说：尼日利亚女性应当以德国总理为榜样，每天清晨为自己的丈夫准备早饭。

在飞往柏林的飞机上，默克尔讲起这件事时兴趣盎然。她当初说起这件事，完全是把乔纳森当作一个普通人看待，觉得他很可能也会在家做饭，就像她会亲自下厨做早饭一样。然而乔纳森却借此告知尼日利亚的女人，要承担好照顾丈夫的责任。默克尔拉家常式的谈话居然被视为一种政治信号，无形之中为尼日利亚妇女同胞增加了负担。

人们很难想象默克尔一大早在厨房做早饭是怎样的场景：煮好一壶咖啡，把果酱放在桌子上，带着蒙眬的睡意，兴许脑子里还想着如何解决欧元问题。作为德国总理，默克尔的职务赋予了她一种光环，这种光环令人忘记她作为一个人也得像我们一样过日子。

默克尔给人的感觉始终是冷酷、镇定、难以接近。她永远穿着得体的套装——长裤和系扣的外套，这更强化了她在人们心目中刻板的印象。这种定格在人们脑海中的形象，让人以为她不可能是那种自己下厨做早点的人。

默克尔并非是毫无感情的官僚机器。总有那么些时刻，她会展现出不同的形象，让天性中活泼、充满生气的一面展露无遗。实际上，在少数人面前，她的表现总是和在公众面前大相径庭。

有一次默克尔造访马耳他。一天中，她参加了各种政治会议，参观了一处教堂，并出席了国宴。工作结束后，她邀请随行的媒体人员出席非正式会谈。她的工作人员将沙发和座椅摆放就位，让媒体人员和总理能够面对面交谈。

默克尔来到房间，脸上挂着失望的神情，她说想要“和大家坐在一起，不要那么正式”，默克尔设想大家像坐在酒吧中一样闲谈。坐定后，她突然问道：“是什么东西激励着你们?”

这种提问来得太过突然了，没人知道该如何应对。默克尔以往都是被提问的人，现在却变成了发问的一方，这个从不谈论私事的女人开始不断向大家询问私人问题。工作人员原本预计的非正式谈话，很快就变得拘谨起来。

大约一个小时后，默克尔突然站起身说：“回头见，我们明天一早还要赶飞机。”走出房间时，默克尔看了一位工作人员一眼，抬手和他打了个招呼。

此时，她的动作看上去机械而生硬。

那晚非公开会谈的话题之一就是孤单。身为德国总理，默克尔所有的人际关系都将受到这个身份的影响。就连默克尔想去买一双鞋，也意味着是德国总理在买鞋。每当销售人员看到这名位高权重的女总理长着一双秀气的小脚时，往往会惊讶地睁大了眼睛。默克尔说，这就是她不愿去买鞋的原因。

人与人之间的偶遇，在默克尔身上也变得不再自然。还有一次她参观河内文庙时，有几位游客主动跑来与她搭讪。有人说“我从杜塞尔多夫来”，有人说“我来自图林根”……默克尔一一回应：“啊，你是从杜塞尔多夫来呀，你来自美丽的图林根。”在这种看似普通的寒暄里，真正想了解她的人没有几个，大多数人只是想跟她合个影，留个纪念。可能默克尔本身也意识到了这点，在合影中，她笑得并不自然。

默克尔是一位朴实、内敛又与众不同的政治人物。她的这种性情会对她的决策产生不可避免的影响。通过了解生活中的她以及其不为人知的一面，也可管窥其执政策略的一角。

有批评家指责媒体将政治过分个体化，却没对事件本身给予足够关注。当然，事件本身确实很重要，然而政治领袖的性情也同等重要。默克尔担任总理，或是社会民主党政治家、前财政部长佩尔·施泰因布吕克担任总理，之所以会有很大区别，决定性因素并不在于政党的纲领和指导思想，这些都不会起到决定性作用，最主要是他们个性上的不同。在政坛身处高位的人，方方面面都会受到其脾气秉性的影响，因为在这样的位置上，其性格中的所有方面都将发挥作用。

抛开爱与恨这两种极端的情感不说，默克尔的情绪并不缺乏变化：她也会生气、高兴和伤心。

赖斯

荣耀说不尽，哀愁道不完

成长在种族仇恨与民权运动的斗争中，家庭为她精心构造了一个色彩斑斓又富有尊严的童年；以演奏钢琴为名字与学业，却在成年之际投入政治的事业，用艺术的智慧演绎政治的奥义；在象牙塔里孜孜不倦，沉浸在俄罗斯文化的海洋中，却以美国的政治利益出发，以苏格拉底式的严谨和通俗引导一代青年；在众人的期待中走入富丽堂皇的白宫，却轻率地在伊拉克燃起战火，将整个国家推进了战争的漩涡，引来全世界的抗议与质疑……

从“小明星”到“好斗的公主”，从“学者”到“政治家”，康多莉扎·赖斯的一切都显得与众不同，在标榜自由、民主的美国梦背后，现实容不得一丝天真和软弱，她从小要靠自己的努力才能从一层层的歧视中解放出来，捍卫得之不易的尊严，兼具黑人与妇女双重身份，她成功地跨越了这两层障碍，成了美国有史以来第一位黑人女国务卿，用人生谱写了“至高荣誉”的乐章！

她的祖父母曾经身陷奴隶制度苦难的深渊，她却成为世界政治舞台上最引人注目的女性，指点着美国总统的政治策略。第二次世界大战之后无数的戏剧性时刻，她代表着美国躬逢其盛，成为历史有力的推动者之一，引发了国际格局的强烈地震，直接影响了世界历史发展的进程。

没有人会对这位女教授渊博的学识和卓绝的智商提出疑问，她的魅力与教养足以树立起超级大国的形象，她激情澎湃，逻辑清晰，智谋过人，有着过人的判断力和超常的耐心，果敢严肃又雄心勃勃，甚至有人称她为“隐秘的女总统”。

但是面对媒体与质询，她那“过人的智慧”引来一片嘘声；面对伊拉克动荡的残局和盛世日益浩大的反美浪潮，她没有理由避开“好斗的战争引爆者”的指责；而在八年华盛顿岁月里，她僵硬的外交政策将美国一次又一次置于尴尬的境地，让人们不禁扼腕叹息。

她从来不在人前暴露出自己的弱点，即使在弥漫着诽谤与中伤的华盛顿，她的私生活也显得平淡如水，没有兄弟姐妹，也没有过丈夫和子女，她似乎把自己完全地奉献给了学术研究与政治事业。

她的古铜色的皮肤与丰满的身材堪称完美，一颦一笑优雅自若，一举一动潇洒大方。她的个性如刀锋般锐利无比，修养却如流水般柔和谦逊。她征服了诸多挑剔的目光，为自己的政治生涯弹奏出波澜壮阔又动人心弦的曲调，赖斯迷们为她喝彩：“冲吧，康迪！”

多彩童年：被庇护的艺术天才

1954年11月14日是一个明媚的周末，伯明翰一对30岁的黑人夫妇迎来了他们的女儿——康多莉扎·赖斯，乳名唤作康迪。康迪的母亲安吉兰娜对女儿抱有相当高的期待，并相信她有着过人的天赋。安吉兰娜之所以给女儿取名为“康多莉扎”，就是希望她能够成为一名杰出的钢琴家，“康多莉扎”源自于意大利一个音乐术语condolcezza，寓意“甜美地弹奏”。赖斯先生亲切地呼唤着女儿的乳名，无比自豪地向所有人说：“康迪不是属于我们的，她是属于上帝的。”

赖斯先生年轻时从斯蒂尔曼学院毕业之后，子承父业，成了第十六大街威斯敏斯特长老会教堂的牧师，一直以来为黑人孩子能够享受到与白人后裔同等的权利而努力奔走。

他的妻子安吉兰娜是一名女钢琴家，在中学担任音乐和生物教师，还承担了威斯敏斯特长老会教堂的祈祷仪式上伴奏管风琴的任务。

安吉兰娜的父亲阿尔伯特·罗宾逊·雷相信天道酬勤，为了家庭的生存和尊严努力工作，从事过矿工、铁匠、建筑工人等许多行当，带领着家庭过上了简朴但富足的生活，在伯明翰树立了自己的威望，他成了黑人区中产阶级的代表，也代表着非洲后裔创业致富的梦想。

阿尔伯特·罗宾逊·雷夫妇对几个孩子十分关心，尽力去维护着孩子们的美好童年，不让他们受到歧视与伤害，将“劣等民族”的阴霾从他们的世界里驱散开来。为此，安吉兰娜从小家教严格，父母禁止她去存在着严重种族歧视的场所，譬如有为白人设置特别入口的公交车。

可他们所生活的地方，是种族隔离最严重的地区——亚拉巴马州南部的钢铁中心伯明翰，有着美国的“约翰内斯堡”之称，那里充满了白人对黑人的刁难与攻击，许多种族主义者以攻击黑人为荣，他们身上散发出的是投身“圣战”的狂热。

在康多莉扎·赖斯很小的时候，就不得不面对白人种族主义者的侮辱与中伤，也目睹了黑人与白人之间的对峙和冲突。得益于父母的悉心照顾，康迪四岁时才第一次见到白种人，那是在圣诞节前夕，赖斯夫妇想带着孩子看一看圣诞老人，她安静地走近圣诞老人，看见一个白色皮肤的男人穿着厚厚红色袍子，下颚一根根雪白的胡须和皮肤的颜色如此相称，在夜晚的灯光下显得明亮而静谧。赖斯夫妇从不让心爱的康多莉扎在白人面前受到侮辱，只是在黑人社区里过着安稳而富足的生活，但是种族间的仇恨终于大规模爆发了，康多莉扎目睹了血腥的暴乱。

1963 年 5 月，上千名手无寸铁的黑人中学生为了争取与白人平等的权利上街游行，却被警察用高压水枪攻击，警棍与警犬在人群中凶残地伤害着学生。为了维护权益，越来越多的黑人加入到反抗的队伍中，康多莉扎的父亲约翰·赖斯也加入了夜巡队，防止恐怖袭击的再次发生，可是这却引来了种族主义者更猖狂的攻击。

1963 年的 11 月 15 日是礼拜日，第十六大街的浸礼教堂聚集了 400 多名正在做礼拜的平民，四个黑人女孩正高兴地走向地下室的更衣间，准备换上唱诗班的礼服，10 点 24 分，地下室突然发生了爆炸，灼热的碎片四射开来，浓浓的烟雾在教堂里弥漫，硝烟几乎让所有人在一分钟里无法呼吸，血肉四溅的大厅里满是哭喊声。此时的康多莉扎在两英里以外的威斯敏斯特长老会教堂，九岁的她在感受到地面震动的同时听到了急促的警报声，她知道这意味着白人种族主义者对黑人的戕害正威胁着自己的家人与朋友。

几天后，她在教堂里与躺在棺材里的小伙伴告别，遇难的黛纳斯是她从幼儿园开始就一起玩耍的好朋友，她们有着相同的肤色和社会地位，遭受着同等的仇视和限制，他们的童年被所谓《黑人行为法》歧视与恫吓。她看着前来哀悼与送行的人群，深切感受到父母平素里给予的保护与关爱如此脆弱，她也感受到了黑人世界力量的强大与沉默。

可是这样的恐怖事件发生以后，偏执的三 K 党肆无忌惮地继续制造恐怖，奉行“白人至上”的牧师瑞弗伦德·康尼·林奇傲慢地叫嚣着给制造这场袭击的人颁发勋章，行政司法长官康诺拒绝开展第十六大街浸礼教堂爆炸袭击案的调查工作，警察局长西奥菲勒斯·尤金依旧严格地监视黑人是否遵守种族隔离制度……

尽管证据确凿，美国司法机关直到 14 年后，才对这场恐怖袭击的策划者伯明翰三 K 党小组的首领埋查德·钱布利斯提出诉讼，而经过近 40 年的努力所有这场恐怖袭击的罪犯才被逐渐绳之以法，正如赖斯和她的家人朋友们所等待的尊严与平等一样，正义来得如此迟缓而艰难。

甚至在当时的美国南部，许多黑人还是被禁止参加选举，但是康多莉扎的父亲约翰·赖斯依然对女儿给予极大的鼓励：“种族隔离本来就存在，生活本来就是这样，但是不要让自己相信这是一个问题。我们会想尽一切办法让你和别的小孩一样有同等的机会。”不仅如此，他与妻子以身作则，为孩子树立了良好的榜样，并提出了当时让黑人世界十分震撼的期许：“即使你可能在餐馆里连一个汉堡包都买不到，但你仍然能当上美国总统。无论怎样，你必须付出两倍的精力才能和别人一样优秀。”

康多莉扎从小就接受父母所能给予的最优秀的教育，得益于父母的修养和远见，康迪自幼就受到了良好的文化和纪律教育。当康迪还很小的时候，就在父母的帮助下，培养起对音乐、舞蹈、艺术和运动的兴趣，对世界充满了好奇与探索的欲望。

康迪年仅三岁时，母亲亲自教她古典钢琴，音乐禀赋极强的康迪延续了家族良好的音乐基因，沉醉在音乐的海洋中，投入地练习。五岁时，她举行了属于自己的首场独奏音乐会，在一个大家喝咖啡的场地演奏了柴可夫斯基的经典曲目《木偶的葬礼》，回想起这个特殊的时刻，她饶有趣味地说道：

“我现在仿佛还能看到自己穿着一条塔夫绸的连衣裙坐在那里，头上戴着一顶彩色大方格的帽子。我不知道我妈妈怎么会有这样的一个主意，但是这是我第一次在那么多人的面前登台演出。”

当她还够不到琴键的时候就开始学习音乐，在她还没有入学，母亲就辞掉工作成了她的全职教师，父亲则带着她一起玩橄榄球，还为她讲解历史与政治，这样一个关心民权运动的牧师或许并没有想到过，自己培养出来的孩子有一天真的会因为自己教授的这些知识成为左右国际政治的国务卿。天赋极高的她不仅在音乐领域技惊四座，她的芭蕾舞技也十分高超，精通网球等体育项目……

和父母的想法一样，康多莉扎一直以最高标准来要求自己，享受着学习的乐趣，从不让自己松懈下来，因为父亲对她说“你和那些孩子不一样”，康多莉扎也相信自己的未来会与别的小朋友不同。九岁那年，康多莉扎和父母一起去华盛顿游玩，他们却因为肤色被拦在了宾州大道的白宫栅栏之外，赖斯夫妇十分心痛，他们不想孩子在首都遭受歧视，可是年轻的康多莉扎竟然平静地对身旁的父亲说：“今天我因为肤色无法进去，可是总有一天，我会在这里工作的。”毋庸置疑，做过白宫梦的人有无数个，但40年后的赖斯却成功地走进了华盛顿，在白宫拥有自己的一席之地，对全球的国际局势有着至关重要的作用。

在光怪陆离的伯明翰，康多莉扎享受如此优质的教育，养成自信果敢的品格，她总是为自己设计好生活，开明的父母也会支持她的抉择，并给予适当的建议。

在她十岁时，借着取消学校种族隔离政策的东风，康多莉扎进入伯明翰南部音乐学校学习，成了来到这里的第一名黑人学生，她将勃拉姆斯音乐流畅地演奏出来，让老师都为之倾倒，在种族歧视严重的伯明翰，创造了一个小小的奇迹。

那时的伯明翰随着种族冲突日益剧烈，愈发动荡不安，康多莉扎的父亲约翰在斯蒂尔曼学院谋得教职，带着全家去了工作所在城市塔斯卡卢萨，这里距离伯明翰仅仅60英里的距离，赖斯一家和从前的亲戚朋友们还保持着密切的联系。1969年，约翰取得了丹佛大学的硕士学位后直接留校，担任了招生主任的助理，不久又开始在学校里授课，他们全家终于搬离了炎热动乱的南方，来到了1300英里之遥的科罗拉多州丹佛定居。

丹佛位于一片紧邻着洛矶山脉的平原上，市中心位于南佩雷特河东岸，接近南佩雷特河与樱桃溪的交汇处，洁净而繁盛，在这里没有种族主义者造成的冲突，也没有“白人专属座位”，尽管赖斯夫妇从来不允许康多莉扎到这些地方。在这个新的地方，赖斯一家终于不再被社会孤立而生活在狭小的社区里了，他们可以去所有地方，和开明的白人享受一样的服务。

康多莉扎可以在最好的学校里学习，她进入了一所天主教女子学校——圣玛丽学院学习，在这里有69个同龄的孩子，虽然与她肤色相同的仅仅两人，但是这70个孩子受到同等的教育与对待，并不因为种族与历史而受到不公正的对待。

令人惊讶的事情发生了，在进入学校的第一次水平测验中，向来名列前茅的赖斯遭遇了滑铁卢，表现得并不优秀，当时有一位老师武断地说：康多莉扎·赖斯或许并不适合上大学，她的智商可能不足以支持她完成学业。震惊之余，赖斯夫妇对女儿有着充足的信心，他们告诉康迪：“不必理会那个老师毫无根据的看法，相信自己，用心学习，你一定能够适应在这里的生活！”

在圣玛丽学院学习时，康多莉扎付出的努力让人惊叹，每天四点半起床，开始练习花样滑冰，然后到教室里上课，音乐、体育、语言……各门课程占据了几乎所有的时间，只有在课间的几分钟可以稍稍休息，回到家里以后，她又勤奋地练习钢琴，完成每天至少12个小时的课程才会上床休息，每周7天，从未间断。

果然，康多莉扎在圣玛丽学院又创下了奇迹——连跳两级，在英语和历史两门课上表现尤为出色，证明了黑人的后裔也能够比白人做得更好，让人们对她由衷地竖起了大拇指！16 岁时，康多莉扎就修满了高中的学分，父母对她抱有很高的期待，热切希望能够把她送往丹佛大学学习，但是康多莉扎却有着自己的想法，她想要继续学习音乐，并且梦想进入纽约的茱莉亚音乐学院学习，完成自己钢琴家的梦想，但是目前她却想要拿到圣玛丽学院的文凭，和班上的同学一起毕业。经过仔细的讨论，父母尊重了她的想法，并为她进行了妥当的规划—— 一边在圣玛丽学校完成高三的课程，一边在丹佛大学拉蒙特音乐学院学习钢琴演奏。父母见到康迪学习这么辛苦，每天在琴房练习到很晚，心中十分怜惜，就送了她一架贷款买来的二手斯坦威三角钢琴作为礼物，这样她就能在家中练琴了。

斯坦威钢琴在当时音乐界的地位无可取代，一如劳斯莱斯在汽车界，品质出众，亦极为昂贵，康多莉扎为父母的苦心感到震惊，她发奋练琴，在当年的全美青少年钢琴比赛中荣获一等奖，并获得和丹佛交响乐团合作演出的机会，使得父母极为欣慰。

在丹佛大学还流传着一个 16 岁的康多莉扎·赖斯当堂反驳种族歧视言论的故事。那个时候美国物理学家威廉·肖克利发明出了检测智商的机器，却不顾当时儿童受到教育的差异，以白人孩子普遍受到训练的能力为检测智商的标准，但是这些能力训练对于黑人孩子来说是完全陌生的，肖克利教授得出了黑人智商不如白人的结论，引起了巨大争议。一位教授在丹佛大学的课堂上鼓吹肖克利的观点，并高傲地说这可以从平时行为处事的方式看出来，而当场 200 多名学生竟没有一人提出反驳意见，康多莉扎激动地站起来辩驳说，并没有确凿的证据可以证明不同人种之间存在着因为基因不同导致的智力差距。她说："您不应当将这个观点当作事实来论述，因为有充足的证据证明这个观点的谬误，以我为例，我不光会说法语，还会弹贝多芬的曲子，对于你们的文化，我掌握得比你还要好！"

师生情谊：象牙塔里的外交学者

在丹佛拉蒙特音乐学院就读的这一年里，康多莉扎·赖斯粗略地了解了许多人学的专业，开始考虑自己正式毕业以后将会进入哪所大学开始自己的大学生涯。最开始她依旧憧憬着茱莉亚音乐学院的美好生活，那里被称作“音乐界的哈佛”，走出了无数音乐大师。可是这时父亲却坚决反对她的决定，约翰认为女儿的才华绝不局限于成为一名音乐家，她在许多方面的才能可以为今后争取更为广阔的天地，如果一旦进入了以音乐为主的艺术大学，如果想要转变发展方向，就会十分困难。

康多莉扎听从了父亲的建议，因为在这个时候，她已经发现自己并不适合音乐了，或许爱好广泛的自己会有更多的选择。毫无疑问，她在音乐方面极具才华，继承了母亲家族里祖传的音乐天赋，已经可以轻松掌握大部分曲子，但是自己并不是真正的音乐天才。在阿斯彭音乐节上，赖斯见到一个年幼的孩子，对钢琴有着天然的亲切感，随手一弹就是流畅轻快的旋律，居然即席演奏出了自己需要练习一年才能完成的乐曲。她不得不承认，经典卓绝的艺术天才并不是仅仅依靠天赋就能够造就的：“莫扎特不需要练习，但我必须每天不断地努力，因为我从来都不是个天才。”

曾经一心扑在音乐上赖斯要鼓起勇气向母亲说明自己的决定并不那么容易，她鼓起所有的勇气对她说，“我想要重新选择自己的专业。”此时的赖斯夫人显得有些失落，她并不能立即接受孩子的想法，不过很快地，她向康多莉扎表达了自己的理解与尊重，关切地询问今后将要选择什么专业。

赖斯对世界充满了好奇，还在思索着出路，希望寻找到新的乐趣。在大三的春季学期刚刚开始的时候，赖斯无意间走进一间正在讲授国际政治导论课程的教室，这一天的课程内容是苏联在斯大林时期的一段历史，授课的老师是前外交官约瑟·考贝尔，赖斯一下子被考贝尔先生的风采所吸引，对他讲的内容十分入迷。赖斯后来回忆起这堂课的时候说：

“我当时幸福的感觉就像堕入爱河一般，几乎在一瞬间，我就知道我跟定他了，我不光很想知道苏联的政治，更渴望知道苏联的所有。”

赖斯找到了考贝尔谈了自己的想法，考贝尔对这位年轻干练的女学生十分欣赏，当即就鼓励她到国际关系学院学习。这个时期里，赖斯并没有时间去修完全部的政治系学分，但是她阅读了大量这一时期的资料和书籍，并坚持认真练琴，以此为终生爱好。赖斯曾说起：

“我不后悔放弃音乐，音乐之伟大之处让我终生以此为爱好，在人生的任何阶段我都会拾起音乐。”

据赖斯说，对她影响最大的两个男人是父亲约翰与老师考贝尔，约瑟夫·考贝尔先生于1919年出生于捷克斯洛伐克，第二次世界大战时曾流亡伦敦，担任过捷克流亡政府贾恩·马沙里的秘书，1948年捷克在苏联的帮助下光复时，考贝尔正在联合国担任印度与巴基斯坦委员会主席，新旧政府水火不容，考贝尔被判处死刑，又开始了逃亡生涯，带着家人到了美国，于1949年在丹佛大学获得教职，讲授国际关系课程，因其在苏联与社会主义体制领域研究深入，先后兼任了牛津、哈佛、麻省理工等多所大学的客座教授，他的女儿在1997年时成为美国的第一位女国务卿。

考贝尔渊博的学识、敏锐的政治洞察力和对弱者的同情给赖斯留下深刻的印象，他倾力指导赖斯，将她引入了国际关系领域的研究学习中。此时的赖斯已经掌握法语、西班牙语、德语等多门语言，并且阅读过陀思妥耶夫斯基和索尔尼仁琴等作家的作品，如今开始迫不及待地开始学习俄语，虽然斯拉夫语的西里尔字母对于母语是英语的人而言显得十分艰涩，但是赖斯还是发挥其学习的天赋与勤奋的精神，进步神速，她还广泛涉猎俄国的文学、音乐、舞蹈各个领域的文化艺术，希望全面了解这个民族与国家。

赖斯经常拜访考贝尔，她在学术研究上打下了深重的考贝尔式的烙印，在演讲与辩论等言谈举止方面也受到老师的耳濡目染，有着颇多相近之处。

在老师家中做客，考贝尔也热情地给她“开小灶”，经常带着36岁的女儿马德琳·考贝尔·奥尔布赖特一起讨论国际局势，赖斯少年老成的精辟与清晰稳重的分析能力引来考贝尔父女啧啧称奇。考贝尔常说“领导人一定要把外交政策解释得很清楚，让一般人都能了解”，这对他的两名女学生都影响巨大，或许此时的考贝尔没有料到，自己的女儿马德琳和得意门生赖斯日后都成了美国外交部门的掌门人，分别是美国历史上的第一位女国务卿与第一位黑人女国务卿。

1974年，20岁的赖斯从丹佛大学政治学专业毕业，并获得了多项荣誉，如“年度最优秀毕业生”、“全美政治学荣誉奖”、“杰出高年级女生奖”等。在父亲的建议下，赖斯进入印第安纳州的圣母大学攻读国际政治，圣母大学是一所价值取向较为保守的天主教学校，倡导精神与学业并重，还有一个全国文明的俄罗斯研究中心。

赖斯的研究生导师乔治·布鲁科林为每一位学生量身打造了专门的学习计划，赖斯的学习重点就是苏联军事、苏美关系等方面。她阅读了大量书籍，进步飞速，俄语进步也非常快。布鲁科林开始给赖斯安排一些专门的课程，并开始指导她进行独立研究。在这一年里，赖斯还得到了许多苏联研究领域的专家一对一点拨的机会，收获匪浅，慢慢形成了自己的政治观点。那个时候，赖斯对冷战时期各国之间政治力量的较量十分感兴趣，推崇汉斯·摩根索的学说，将他的《科学的人和强权的政治》、《国家间的政治——为权力与和平而斗争》等著作熟记于心，深入地探索了大国间的利益冲突等课题。

1975 年 8 月，赖斯从圣母大学的政府研究专业毕业，获得了文学硕士学位，又开始思考今后的道路该如何走下去，原本打算进入法学院学习的赖斯被考贝尔劝阻了，他不希望赖斯浪费自己的才能，只是做一名普通的律师，而希望她能够发挥自己的天赋，考虑把学术作为毕生的职业，“应该成为一名教授”。

赖斯回到了丹佛大学，在考贝尔身边攻读博士课程，毫不意外地，赖斯在国际关系学院里脱颖而出，选择了军事专政国家对政治与社会的影响课题，并以老师的祖国——捷克作为研究对象，甚至开始学习捷克语。在就读博士期间，赖斯对俄罗斯进行了为期七周的访问，认识到了书本上学到的知识与实际社会状况的差距，对自己的研究进行了补充。俄罗斯人们热情豪爽，其深厚的文化让首次亲自接触的赖斯深深着迷，不论是柴可夫斯基的管弦乐演奏，还是鲁宾斯坦的钢琴表演，赖斯都在现场陶醉地聆听……

1977 年夏天，赖斯还获得了在美国国防部担任实习生的机会，在华盛顿的五角大楼里，她与掌握着全球最先进军事力量的指导机构零距离接触，亲眼见识了紧张的备战氛围和决策的制定。1978年，她又到全球最负盛名的决策机构——兰德公司实习，兰德公司是美国最重要的以军事为主的综合性战略研究机构，它起初以研究军事尖端科学技术和重大军事战略而著称于世，继而又在内政外交各方面进行战略研究，逐渐发展成为一个综合性思想库，是世界智囊团的开创者和代言人。美国一直想了解苏联的卫星发展状况。1957年，兰德公司曾在预测报告中详细地推断出苏联发射第一颗人造卫星的时间，结果与实际发射时间仅差两周，这令五角大楼震惊不已，兰德公司也从此真正确立了自己的声望。在兰德公司实习时，赖斯心中感到十分幸运，在这里她接触到世界最顶尖的头脑和丰富的资源，也学会了许多追踪时政热点的能力和高远的眼光。

可惜的是，1977年考贝尔因为癌症与世长辞，没能够看到女儿和学生在国际舞台上闪耀的时刻，但是他的理念无疑影响了世纪之交的美国外交政策，也影响着整个世界的政治局势。奥尔布赖特对父亲的热爱与崇敬人人皆知，在她宣誓就任国务卿之职时，无比缅怀地称父亲为“教我热爱自由和政治的人”；赖斯在她成为大学教授以后，也以自己对考贝尔老师的深厚情感鼓励自己的学生：

“如果你们不知道自己想要什么，那就去探索吧，去听自己喜欢的课，找到一位志趣相近的教授，他将改变你的一生！”

在闲暇的时间里，赖斯依旧将情感寄托在钟爱的钢琴上，并继续参加蒙特利尔合唱团的活动，常常陪伴着父亲一起观看橄榄球比赛。就在此时，丘比特的箭意外地射中了这个美丽的女孩，赖斯结识了自己男朋友——丹佛大学野马队的一名橄榄球员。小时候康迪就曾经说过，自己长大以后想要嫁给一名橄榄球运动员。家人和朋友们对康迪能够找到自己的归宿十分欣喜，似乎康迪自己也对男朋友有着热烈的情感，他们甚至到了谈婚论嫁的地步。戏剧性的一幕发生了，就在订购了婚纱以后，这位极富才气的女孩和阳刚奔放的男朋友分手了！爱情如此神秘，如瀑流一般瞬间降临又在刹那间逝去，谁也弄不懂赖斯为何会如此决绝地结束自己的恋情并终生未嫁，或许真的如朋友所说的那样“康迪太理智了”，与感性浪漫的爱情太远了。

1981 年，27 岁的赖斯正式博士毕业，她的博士论文《客户指挥政治：以 1948-1975 年的捷克斯洛伐克为例》引来了学界关注。3 年后，她以这篇论文为底稿，由普林斯顿大学出版社出版了其处女作《不确定联盟：1948-1983 年的苏联和捷克斯洛伐克军队》。

凭借着出色的研究成果，赖斯在取得博士学位以后不久收到了斯坦福大学的邀请函，他们愿意提供一间窗明几净、设施先进的办公室与 3 万美元补助。于是赖斯参与了斯坦福大学国际安全与军控中心一个关于军事管理与裁剪军备的项目研究。通过这个平台，赖斯有了更加广阔的研究平台，虽然只有 27 岁，但是其出色的领导才能与杰出的口才很快赢得了同事的赞赏和学生的尊敬，她的优秀让这个蜚声全球的著名学府侧目而视，当年秋天获得了助教职位，不久以后又被提升为国际安全与军控中心的主任助理。

1982 年，赖斯放弃了原有的民主党员的立场，加入了共和党。她对大家说，卡特总统的政策是导致自己转向共和党的主要原因，卡特对苏联入侵阿富汗的冷漠态度让自己十分失望。从那时起，她就以共和党人身份为自己的保守价值取向而奋斗。

在教学中，赖斯为了让同学们对国际形势有深入的认知，让同学们进行角色扮演。在一个课题提出时，赖斯就会假设出某个特定的国际环境，让学生表演其中的某个角色来制定外交政策。首先，同学们会以某个政治事件的来龙去脉进行研究并写出论文，然后每个人都根据自己在这场游戏中所扮演的角色，随着局势的变化来拟定外交策略。这种方式为学生提供了一个全新的视角，许多同学在这场游戏中认识到议会、民族情感、文化传统、社会舆论和利益集团等各个方面对政策产生的影响，感性地接触到真实的政策制定，远非单纯地阅读材料所能比拟。在后来的教学中，各国的学校都采用过这种方法，但是能够在20世纪80年代就用这样的方式进行启发式的教学，不得不说赖斯确有独到之处！

赖斯在斯坦福大学的10年里讲授过许多关于军事、国家安全和外交政策方面的课程，她继承了父母对教学的热爱，对待学生十分关心，竭力用最通俗的方法将深奥的知识和严谨的研究方法传授给学生，还会通过自身的经历给学生建议与忠告。在讨论冷战问题时，赖斯一针见血地对同学们说：

“为解决任何问题做出的贡献，不管大小，都是有价值的。你在面对庞大、艰巨、十分吓人的问题之时，所要做的就是贡献才智。如果你只是为了解决问题，而不是为了解决问题做出贡献，你恐怕会在庞大的任务面前瘫痪，最终一事无成。人们常说，我们的时间正在流逝。哦，也许是这样……我们所能做的就是希望我们能有时间，并能持续工作，确保很好地利用时间。”

赖斯给予学生以悉心的指导，往往长时间地与学生通话，提出论文的修改意见，她让每个学生都觉得自己是老师最器重的学生。在课堂上，赖斯的讲授深入浅出，引起了同学们的极大兴趣，有的学生甚至把她比作苏格拉底，博学却谦逊，课程复杂却有趣，有着令人仰慕的学者所具备的一切素养。

赖斯在斯坦福大学的学术道路上一帆风顺，1985年与1986年在胡佛学院进行课题研究，并出版了与国际历史教授亚历山大·达林合编第二本专著《戈尔巴乔夫时代》。1987年，33岁的她获得了副教授职称，六年后被提拔为教授。赖斯不仅赢得了学生的尊敬与学术界的赞誉，还破天荒地成了斯坦福大学的教务长。一般来说，教务长的人选都是60岁以上的白人男性，而且斯坦福大学的教师大多是民主党人，而年仅39岁的共和党黑人女性赖斯，从未担任过系主任、院长等职务，直接被聘任为这个顶级学府的二把手，为庞大的财务运转负责，并监督15400多名师生的学术规划，不可不说是一个艰巨的挑战。

受到20世纪90年代经济衰退的影响，斯坦福大学的财政陷入危机，赖斯不得不减少拨款并进行一定程度上的裁员，大家对她的计划并不满意，更断定减少学校的财政赤字根本不可能。对此赖斯却很有信心，力排众议，在第一年就削减了600万美元的开支，缓和了研究生宿舍紧张问题，并对学校的人文课程设置进行了改革，说到这些举措，赖斯并不惧怕反对的声音，她认为“如果每个人都赞同你的观点，那绝不是一个好主意。”

可惜的是，直到1999年赖斯辞去教务长一职，她都没有能够解决宿舍的问题，也没有能够妥善处理斯坦福大学的性别与种族歧视严重的现状。当她离开这里的时候，学校为她开了一个欢送会，校长格哈特·卡斯帕还代表全校送给她一套十分难得的礼物——《战争与和平》六卷本的初版。书的扉页写着大家对她的祝福：

献给康多莉扎·赖斯：

愿战争只是小说，

和平才是现实。

对她就任斯坦福大学第九任教务长，

表示最强烈的欣赏与最深沉的感激。

蜚声政坛：内阁权谋与外交斗争

“很多人只要在华盛顿待过，就想要一辈子都留在那里。但是我和他们不一样，只要我清醒着，就从未考虑过再到华盛顿去。”赖斯在1995年说出这番话，相信自己在美丽的校园里比在冷酷的五角大楼里要惬意得多，可是在这一年，她恰好结识了刚刚出任德克萨斯州州长的小布什。1999年，她改变曾经的想法，决定离开象牙塔，接受小布什的邀请，回到真正的国际政治的前线，她说：“我已经两年没有去过俄罗斯了，俄罗斯简直是我的氧气，我需要再去感受它的气息。”

其实早在20世纪80年代初期，赖斯曾经为民主党参议员加里·哈特担任过竞选的外交政策顾问，可是哈特因为一则桃色新闻震惊全国，输掉了总统竞选。而她真正参与到政治事务中是在1986年，在布鲁科林的帮助下，赖斯被派到五角大楼担任参谋长联席会议特别助理，“增加美国对世界的了解，为美国外交出谋划策”，主要负责有关战略的咨询工作。在这里，赖斯发现学界对军界误解颇深，她在此次工作中领略到了真正的军队文化，对国防部和军方人士有了更深的了解。她曾对媒体说起过，在五角大楼的这段时期是“生命中最棒的经历之一”。

1987年，前国家安全事务助理布伦特·斯考克罗夫特将军应邀前往斯坦福大学演讲，在欢迎宴会上，斯考克罗夫特将军发现了赖斯在政治和军备控制方面良好的专业素养，非常欣赏她新锐的观点，并迅速引为知己。一年多以后，赖斯接到了再次出任国家安全事务助理的斯考克罗夫特的来电，他希望赖斯能够离开学校一段时间，将自己的政治理念在华盛顿付诸实践。说起为何在选择同事时“打的第一批电话中就有给赖斯的”，斯考克罗夫特毫不掩饰自己对她的赞赏：

“我之所以选择了康多莉扎·赖斯，是因为她对苏联的历史、政治军事都有深刻的认识，对于形势能够做出准确的判断，善于进行战略思考并且总结，她对于军事动态密切关注。另外，赖斯还具有性格上的优点，她优雅而平易近人，但是一旦情况需要，她比谁都表现得立场坚定。”

1989 年 1 月，赖斯接受了邀请，出任国家安全委员会苏联事务司司长，3 月接到了一份重磅任务 撰写 份关于对苏政策的“内幕材料”，这是赖斯第一次运用自己专业知识对国家政策施加影响的机会，她领导自己的工作团队，拟定了这份文件，并附上一份关于苏联内部局势的备忘录，指出苏联的状况已经发生了改变，提醒美国及时转变对苏联的政策。这份文件奠定了老布什政府对苏联政策的基调。5 月，赖斯被提拔为了总统国家安全事务特别助理。

这一年 9 月，时任苏联国会议员、莫斯科市委书记叶利钦应邀访问华盛顿，那时美国政府考虑到他与当时的最高元首戈尔巴乔夫之间尖锐的矛盾，不知该以怎样的规格迎接这位客人，后来他们想到一个方案：由赖斯在白宫西门迎接叶利钦，并引他去往斯考克罗夫特的办公室进行会晤，此时老布什假装恰好经过，加入他们之间的会谈。

可是就在叶利钦的轿车出现在白宫时，白宫显得十分平静，一个记者的身影也没有，而赖斯带他走进白宫时，叶利钦感到自己被轻视了，直接抱怨道："这不是与总统会晤应该走的门！"

赖斯直截了当地告诉他："我们并不是去见乔治·布什总统，而是去和国家安全事务助理斯考克罗夫特先生进行会谈。"

"我从没听说过斯考克罗夫特这个名字，你们这是对我极大的不尊重！"叶利钦愤怒地坐在车里，像一头凶狠的北极熊。

赖斯却冷静地对叶利钦说："您可以现在就返回酒店，我去告诉斯考克罗夫特先生，您并没有来。"

叶利钦双手交叉，气冲冲地，足足瞪了赖斯5分钟，赖斯也沉着地瞪着他。终于，叶利钦走出轿车，前往斯考克罗夫特的办公室，在这里他也如愿见到了老布什。

在接下来的短短几年里，发生了第二次世界大战以后最富于戏剧性和划时代意义的事件：柏林墙倒塌，东西德合并，波罗的海三国独立……赖斯有幸见证这些历史的时刻，并在各类外交场合大显身手。

1989年12月，老布什访问苏联时，赖斯与之同行；而几个月后时任苏联主席戈尔巴乔夫访美，赖斯率领美方人士全程陪同。但是当她陪着戈尔巴乔夫参观旧金山时，尴尬的一幕出现了：由于赖斯是整个陪同团里唯一的黑人，当时不知出了什么故障，赖斯和代表团想要下飞机时，竟然受到了特工的阻挠。这一场景让美国的种族关系状况大大影响了其在全世界媒体面前的形象，但是赖斯全程保持着冷静，淡定地处理这突发的状况，回忆起这件事的时候，她直言不讳地说："他就站在我的面前跟我对峙，这大大激起了我的对立情绪。"

说起这段时期的出色表现，老布什在几年以后都难以掩饰对她的赞赏：

“康迪很出色，但她与外国领导人会见时从不炫耀这一点……她的风格是：与他人打交道的能力令人惊讶，她可以提出自己强有力的观点，同时不和持有异见者发生不快……她具备一种令大人物折服的风度和举止，因为他们知道她明白自己在说什么。”

1991年，赖斯拒绝了斯考克罗夫特的挽留，重返斯坦福大学，继续自己理想中闲适的学者生活，她将自己在政坛的经历和学术研究紧密地结合起来，使自己成为一名深受欢迎的社论作者。

此时她还迅速进入商界，接受雪芙龙石油公司、全美人寿保险公司和惠普公司等名家企业的邀请，成为董事会成员，并利用自己在学校的力量支持父亲创办的教育公益事业。

1999年，老布什的儿子小布什决定竞选总统，可是他对外交方面的知识几近空白，急切地需要一个军师，无疑赖斯是最佳的人选，更何况一名黑人女性会为整个竞选团队增色不少。此时的赖斯正对克林顿的外交政策感到失望，当布什向她求助时，她很快就接受了邀请，从商界与学界辞职，加入到最高权力的角逐之中。

在“智多星”赖斯的帮助下，布什在大选中就国际事务侃侃而谈，并接受赖斯的建议提出了明晰的外交政策。对布什的进步，赖斯十分满意，她曾经如此评价道：

“准确的直觉和极好的天赋弥补了他对国际知识的欠缺。他非常有天赋，非常明智。他提出总体上的框架构想，然后我们再研究一些细节。他的天赋突出表现在领悟力上，他总是能迅速而准确地抓住问题的关键。他不喜欢我说：'这个问题非常复杂。'我知道总统先生总是先问原则上要做的是什么，最重要的是什么。”

布什在那场充满着争议的总统大选中获胜之后，提名他这位外交方面的老师出任国家安全事务助理。赖斯成了第一位成为国家安全事务助理的女性，也是第一位担任此职位的黑人。2011 年 1 月，她在白宫西翼拥有了一间自己的办公室，实现了自己在 38 年前许下的愿景。

赖斯被美国政坛比作“温柔地握着阿尔特式自动手枪的手”，她彬彬有礼却十分强硬，在布什内阁的权力游戏中，她最初还只是个幕后英雄，却迅速成为小布什外交活动的核心，在国际舞台上成为一颗不可忽视的“新星”。在布什的第一个总统任期内，前参谋长联席会议主席、退役的四星上将鲍威尔成为美国历史上第一位黑人国务卿，负责外交事务，但在重大的外交场合中时，小布什日益依赖这位灵性智慧的黑人女性。代表美国宣布从《东京议定书》中退出，出访俄罗斯与普京总统讨论导弹防御系统，督促加快伊拉克战争的步伐……这一切充满争议的政治事件，都是赖斯出面为白宫与美国代言。

2001 年 9 月 11 日，是美国乃至全世界都无法忘记的恐怖一天，110 层高的世贸大厦遭到恐怖主义分子所挟持的飞机袭击，在闹市中轰然倒塌。小布什虽然向全世界宣布“恐怖主义在美国是没有未来的”，但他本人却陷入了极大的压力之中。善解人意的赖斯总在他的身旁开导他，“越在这种时候，越应该镇定和谨慎”，并向他提出了新的安全战略建议，给整个华盛顿吃下了一颗定心丸。

小布什与赖斯认为，针对伊拉克和阿富汗发动大规模行动的时机已经成熟，“基地组织和伊拉克之间肯定有关系”。此时的赖斯成为战争的代言人，对斯考克罗夫特的忠告不以为意，竭力为这场“将‘民主’引进中东国家”的“正义之战”呐喊助威。斯考克罗夫特毫不客气地对布什政府提出警告：没有任何确凿的证据可以断定萨达姆和恐怖组织之间的联系，伊拉克战争并不是轻松的“野餐”，一旦美国展开侵略，便注定是一场把整个中东变成哈米吉多顿的“灾难”，如果脱离了国际合作，美国几乎不可能在这场战役中获得胜利。

在刚刚出任国家安全事务助理时，赖斯还呼吁过：“让军人们回来吧！”“美国想让他们在科索沃为什么而战？”……可面对持久的伊拉克战争，她不顾国内外反战的声音，坚定地下发自己的指令：“我们的小伙子们必须暂时留在伊拉克，完成小布什总统的任务。”其实赖斯的行为不难理解，在阿拉伯世界广袤的沙漠之下，埋藏着珍贵的石油，美国不能对那里的反美势力坐视不理，一旦恐怖主义蔓延开来，石油支撑的美国市场必将发生毁灭性的灾难。

2004年，令人震惊的秘密被披露出来：曾经在联邦调查局工作的翻译西贝尔·埃德蒙向美国“9·11”调查委员会指出，2001年春夏，联邦调查局就得知恐怖分子将在几个月后使用飞机发动袭击。但是赖斯对这一说法矢口否认，埃德蒙怒不可遏指责赖斯“卑劣”！赖斯不得不在舆论压力下接受美国“9·11”调查委员会关于反恐政策的听证，她安静地坐在国会作证者的位置上，接受了10名委员轮番质询，这场听证会可谓是赖斯从政以来面临的最严峻的考验，这不仅决定着布什政府能否连任的命运，也决定了赖斯整个政治生涯的声誉。

4月8日，听证会开始的时候，赖斯面对着媒体与遇难者的家属，表达了自己的态度："作为一名在那天当班的政府官员，我无法忘记那一刻的难受与气愤。"那一天赖斯亲切地与遇难者家属握手，表达自己的慰问，可是她既没有向他们道歉，也没有为自己的失职表达悔恨的情绪。

在听证会上，赖斯舌战群儒，与委员会针锋相对，一度场面失控。尽管过程曲折，但结局平平，既没有爆出四下哗然的内幕，没有得出石破天惊的结论，擅长辩论的赖斯巧妙地绕过了一个个尖锐的问题，并有力地回应了长久以来关于"反恐不力"的指责，平息了民众的愤怒和质疑。7月，一份长达575页的"最终报告"得出一个四平八稳的结论："基地"组织多年来一直在美国本土耐心地寻找机会，最终利用政府内长期存在的制度漏洞实施了这场惨绝人寰的恐怖袭击。

但是赖斯再也没能从指责与争议中抽身，特别是大量美国士兵在伊拉克的虐囚照片一次次披露出来以后，她关于民主和人权的许诺已经成为众矢之的，赖斯不得不一次又一次地声称这些消息来源不可靠，战俘们"没有任何生命危险"，只是"寿命太短了"。她努力控制着伊拉克的监狱带来的负面影响，为了挽救美国的公众形象，带着迷人的微笑开始了在欧洲各国的"亲密访问"，甚至在德国电视台直播节目上征集对小布什政策的意见。

自伊拉克战争开战以来，赖斯一直试图用爱国主义来掩盖她和布什在政治上和道义上的无能以及她的错误。对赖斯的指责从来没有终止，对中东与亚洲知之甚少，热衷于战争却忽略反恐工作……有人无情地嘲讽赖斯的愤慨是"鳄鱼的眼泪"，有人则称她为"好斗的公主"。但是赖斯处理危机与进行公关的能力毋庸置疑，《纽约时报》驻华盛顿记者尼古拉斯·雷曼这样写道：

“无论什么时间，无论面对什么事，她总是充分准备，精密筹划。无论多琐碎、多复杂的小细节，只要一到她手里就通通变得有条有理。她很有教养，十分自信，也很迷人。可她又有些死板，有些傲慢。人们喜欢她，也喜欢她那无拘无束的笑容。好像没有什么事能让她惊慌失措。她会把一切事情安排得井井有条。”

至高荣誉：首位黑人女国务卿

无疑在小布什的总统生涯中，赖斯是对他最忠诚的，他们二人的政治生涯紧密地联系在了一起。赖斯刚刚度过50岁生日两天，获得连任的总统小布什正式提名赖斯接替鲍威尔担任国务卿的职位。

但是赖斯当天的表现十分谨慎，她并不确定自己能否如愿领导国务院3万名雇员，继续自己的政治规划，虽然布什十分乐观地声称，“国务卿是美国的脸面，世界即将从赖斯博士身上看到美国的力量、仁慈和风度”。当天她只是不吝溢美之词，高度赞扬了布什总统与前任国务卿鲍威尔为国家作出的贡献，并谦虚地表示：“如果能够获得参议院批准的话，我希望作为国务卿继续追随您参与充满希望和伟大的事业!”

的确，充满争议的赖斯成为国务卿的道路并不顺利，参议院经过了两天共11小时的质询和讨论才投票通过了这一提名，又经过了9小时关于对伊拉克政策的辩论，才通过了任命，但是13张反对票创下了参议院对国务卿任命案的最高反对记录。2005年1月26日晚上，赖斯在白宫宣誓就职，担任了美国第66任国务卿，成为美国历史上第一位黑人女国务卿。

人们对布什与赖斯的关系有着种种合理的推断与臆造的猜想，显然，这个相比于美国最有权力的男人，赖斯在才智上更胜一筹。人们不禁怀疑，对康多莉扎·赖斯来说，总统小布什或许只是权力游戏中受她操纵的玩偶?

实际上，尽管赖斯不是美国的第一夫人，却是小布什总统政治生涯中最重要的女人，也是他最具影响力的政治调解人。小布什的家庭对赖斯来说好像是另一个家，她的周末很少在自己位于华盛顿水门高尚住宅区的简朴住宅中度过，更多的是和小布什夫妇以及他们的小狗一起在戴维营的总统度假农庄享乐。她和小布什一家一起吃饭，和总统一块儿看电视中的棒球比赛。两人私下里的关系也引来了太多猜测，早在2006年，美国《国民问询报》就爆出当时的美国第一夫人劳拉和丈夫小布什婚姻出现危机的传闻，因为劳拉一直怀疑丈夫和当时的美国国务卿赖斯之间存在“私情”。

饱受小布什“私情”绯闻困扰的劳拉和小布什进行了激烈的争吵，2006年6月的一次争吵后，劳拉一度连夜离开白宫，住到了五月花宾馆中，美国媒体甚至一度传出劳拉打算离婚的消息。即使当小布什2009年离任并回到得克萨斯州农场生活后，心存芥蒂的劳拉大多数时间都生活在达拉斯市，和小布什事实上处于“分居”的状态。

2013年8月初，小布什因为心脏动脉遭遇一处致命的血管堵塞，在达拉斯市的得克萨斯健康长老会医院中接受了重要的心脏支架手术。在被推向手术室前几分钟，躺在医院病床上的小布什突然向陪伴在他身边的妻子劳拉进行“忏悔”，痛陈自己过去的诸多“过失”，包括他和赖斯之间令劳拉耿耿于怀的“私情”绯闻。

不过最让赖斯不知所措的或许是黑人世界对她的敌视，尽管有许多人为她大呼冤枉。哈佛大学黑人教授劳里指出，“‘白宫的黑人女士’并非贫民孩子的榜样。年轻的黑人觉得某些人，比如赖斯，虽然有着黑色的皮肤，但并不是真正的黑人。”她的成功并不意味着黑人与白人的融合，赖斯在白宫愈是显赫耀眼，美国黑人青年对她愈是充满戒心。激进的右翼黑人公民声称，她仅仅是“法定意义上的黑人”，并不能代表千千万万“贫民窟的奋斗者”，作为黑人，她自我放逐到“白人权贵阶层”，并且适应了那里的环境。人们甚至相信，赖斯对小布什来说只是一个亲善的象征，一个用来争取选民的“吉祥物”。

即便她确实没有因为肤色享受过任何特权，也花费了很多精力来向人们证明这一点，但赖斯不得不带着很多美国黑人对她冷酷无情的偏见生活，这或许对于民权意识强烈的康迪而言，是上天给她开的一个残忍的玩笑。

说到新任国务卿的工作，赖斯无疑面临着巨大的压力，但是赖斯处理起危机来毫不弱势，即使面对基辛格也不卑不亢。有一次基辛格没有预约就出现在椭圆形办公室门前，想要面见布什，没想到瘦弱的赖斯挡住了他的去路：“如今一切涉及美国外交的事都必须经过我，任何人都不得例外。”这让基辛格也不得不承认她的力量。

面对收拾战争残局与修补盟国关系等众多挑战，还需要应付全球各地的反美浪潮，赖斯不再以武力为基础，而是走向外交前台，积极地应对，但是她拒绝给出美军撤出伊拉克的时间表，甚至在面对世界诸多正在崛起的强国，展现出极为强势的风格，她的外交政策十分明确：不需要“多足鼎立”，只需要“一极世界”。有一次她在演讲时直截了当地说：“我奉劝大家，特别是欧洲国家，放弃对所谓多‘极’的追求，请团结在自由、和平与正义的一极周围！”

而研究苏俄问题出身的赖斯早在担任国家安全事务助理之时，就不得不面对一个事实：美俄关系已经不像冷战时期那样举足轻重了。但是俄罗斯依旧不容忽视，在出任国务卿后的四月间，赖斯访问俄罗斯，但在西方媒体的报道中，批评之辞似乎成了这位苏俄问题专家带给莫斯科的唯一“见面礼”。

赖斯在与俄罗斯总统普京会晤之前，对俄罗斯的民主和经济等问题发表了一系列批评意见。她非常尖锐地指出，如果普京修改宪法以争取第三次连任总统，那将“不是一个积极的进展”。

赖斯在四年任期中曾多次访问中国，甚至在卸任前的最后一次出访目的地是中国。她在接受采访时说：“新年过后，我将为纪念美中建交 30 周年访问中国。我认为这次访问很重要。”

纵观在赖斯华盛顿的岁月里，尽管她一再鼓吹“一极”世界，但国际政治发生了翻天覆地的变化，美国不再独占说一不二的霸权地位。但赖斯并没有改变她对美国国家利益的定位，大谈美国的价值观，坚称美国的价值就是“普世”的价值，追求美国的利益是造福世界的基础。

虽然赖斯一再通过各种外交场合对中国的飞速发展喝彩，但是她并不认为中国的经济发展与分配模式是可以长久持续的；从美国的国家利益出发，赖斯不断在台湾、西藏、南海诸岛的问题上给中国“找麻烦”。

赖斯固执地认为“二战之后对国家利益的追求使得这个世界更加繁荣和民主。这样的情况还会发生”。她对美国利用其最有威力的工具——市场经济和信息技术来推动“华盛顿模式”的渗透和扩展、实现世界大同的计划信心百倍。她一贯坚持美国关于选举、言论和信仰自由的价值观和制度安排是普世的，是其他国家必须和应该去努力推行的。

不少人认为，过于成功的事业已经成了赖斯组建家庭的强大阻力。《莫斯科新闻》就曾经这样犀利地评价过：“男人们都不免奇怪：她应该忙于做饭和使她的爱慕者发疯，但她却能迅速地从口中蹦出导弹和坦克的数目以及多次首脑会谈的日期。”赖斯对事业的进取心让不少男士望而却步，但她自己并不认为忙碌事业影响了个人生活。还有人分析说，赖斯身边的男人都太优秀，令对她有意思的男人颇感自卑，望而却步。

不过赖斯自己很喜欢孩子，也很想组建自己的家庭，她说：“我不成家是因为我从来没有碰到过任何想与之共同生活的人。我认为，我在生活中保持了平衡。我不是一个工作狂，我也有休闲时光。”

的确，即使是在很多政事中她也没有忘记休闲，特别是一生钟爱的钢琴，在赖斯的办公室，还挂着一幅她和大提琴家马友友的彩色大照片，那是他们2002年4月22日在华盛顿宪法大厅演奏完一首勃拉姆斯奏鸣曲后接受观众喝彩的情景。照片上的赖斯容光焕发，目光坚定，有力量的嘴唇顽强地向上扬起。当批评人士指出，赖斯没有在伊拉克问题、推动巴以谈判和解决朝鲜核问题上发挥积极的作用时，她用最为了解的钢琴举例为自己辩护：“我的工作就像一个乐队里的钢琴师，是乐队的一份子，而这个乐队只有成为一个整体，才能奏出美妙的音乐。”

2009年，新任总统奥巴马将国务卿一职委托给了曾经的第一夫人希拉里·克林顿，“终身教授”赖斯卸任以后回到斯坦福大学，继续进行国际问题的研究。2014年6月18日，美国国务院高调表彰首位非裔女性国务卿康多莉扎·赖斯的历史成就，她的肖像画将与美国第一任国务卿杰斐逊等人的肖像画一起，被国务院永久珍藏。

无疑，康多莉扎·赖斯在21世纪的前10年发挥着举足轻重的作用，她为世界上唯一一个超级大国做出外交决策，造成了全世界的动荡，或许她在国际政坛上的弹奏并不像她的名字那样甜蜜曼妙，但她对历史与未来所造成的影响，会随着时间的勘验被人们慢慢了解。

图书在版编目(CIP)数据

为权力而生:世界政坛传奇女子 / 华云著. —北京:时事出版社,2015.9

ISBN 978-7-80232-868-6

Ⅰ. ①为… Ⅱ. ①华… Ⅲ. ①女性-政治家-生平事迹-世界-通俗读物 Ⅳ. ①K817-49

中国版本图书馆 CIP 数据核字(2015)第173875号

出 版 发 行:时事出版社
地　　　址:北京市海淀区万寿寺甲 2 号
邮　　　编:100081
发 行 热 线:(010)88547590　88547591
读者服务部:(010)88547595
传　　　真:(010)88547592
电 子 邮 箱:shishichubanshe@sina.com
网　　　址:www.shishishe.com
印　　　刷:北京建泰印刷有限公司

开本:787×1092　1/16　印张:19　字数:232 千字
2015 年 9 月第 1 版　2015 年 9 月第 1 次印刷
定价:33.80 元
(如有印装质量问题,请与本社发行部联系调换)